中国软科学研究丛书

丛书主编：张来武

"十一五"国家重点图书出版规划
国家软科学研究计划资助出版项目

科技园区与新兴产业集群

以长吉图先导区为例

毛 健　李北伟　编著

科学出版社
北京

内 容 简 介

新兴产业是代表未来科技和产业发展新方向，目前尚处于成长初期、未来发展潜力巨大，对经济社会具有全局带动和引领作用的产业。本书以科技园区作为创生新兴产业的着眼点，研究长吉图新兴产业带发展战略定位及具体目标、科技园对长吉图新兴产业带发展的作用机制、科技园与长吉图新兴产业发展的过程组织、协同发展的模式和协同发展途径等问题，对新兴产业的创生与培育发展具有重要理论价值和实践意义。

本书适合相关科研机构、高等院校研究人员阅读，可供从事区域创新政策制定实际工作的各级政府部门领导参考使用。

图书在版编目(CIP)数据

科技园区与新兴产业集群：以长吉图先导区为例/毛健，李北伟编著. —北京：科学出版社，2014

（中国软科学研究丛书）

ISBN 978-7-03-042256-9

I. ①科… II. ①毛… ②李… III. ①高技术园区-研究-吉林省②新兴产业-产业发展-研究-吉林省 IV. ①F127.34

中国版本图书馆 CIP 数据核字（2014）第 249866 号

丛书策划：林　鹏　胡升华　侯俊琳
责任编辑：樊　飞　刘巧巧／责任校对：张怡君
责任印制：徐晓晨／封面设计：黄华斌　陈　敬
编辑部电话：010-64035853
E-mail：houjunlin@mail.sciencep.com

斜 学 出 版 社 出版
北京东黄城根北街 16 号
邮政编码：100717
http://www.sciencep.com

北京凌奇印刷有限责任公司印刷
科学出版社发行　各地新华书店经销

*

2014 年 11 月第　一　版　开本：720×1000　1/16
2025 年 2 月第四次印刷　印张：17
字数：360 000

定价：99.00 元
（如有印装质量问题，我社负责调换）

"中国软科学研究丛书"编委会

主　编　张来武
副主编　李朝晨　王　元　胥和平　林　鹏
委　员　（按姓氏笔画排列）
　　　　于景元　马俊如　王玉民　王奋宇
　　　　孔德涌　刘琦岩　孙玉明　杨起全
　　　　金吾伦　赵志耘

编辑工作组组长　刘琦岩
副组长　王奋宇　胡升华
成　员　王晓松　李　津　侯俊琳　常玉峰

总 序 PREFACE

软科学是综合运用现代各学科理论、方法，研究政治、经济、科技及社会发展中的各种复杂问题，为决策科学化、民主化服务的科学。软科学研究是以实现决策科学化和管理现代化为宗旨，以推动经济、科技、社会的持续协调发展为目标，针对决策和管理实践中提出的复杂性、系统性课题，综合运用自然科学、社会科学和工程技术的多门类多学科知识，运用定性和定量相结合的系统分析和论证手段，进行的一种跨学科、多层次的科研活动。

1986年7月，全国软科学研究工作座谈会首次在北京召开，开启了我国软科学勃兴的动力阀门。从此，中国软科学积极参与到改革开放和现代化建设的大潮之中。为加强对软科学研究的指导，国家于1988年和1994年分别成立国家软科学指导委员会和中国软科学研究会。随后，国家软科学研究计划正式启动，对软科学事业的稳定发展发挥了重要的作用。

20多年来，我国软科学事业发展紧紧围绕重大决策问题，开展了多学科、多领域、多层次的研究工作，取得了一大批优秀成果。京九铁路、三峡工程、南水北调、青藏铁路乃至国家中长期科学和技术发展规划战略研究，软科学都功不可没。从总体上看，我国软科学研究已经进入各级政府的决策中，成为决策和政策制定的重要依据，发挥了战略性、前瞻性的作用，为解决经济社会发展的重大决策问题作出了重要贡献，为科学把握宏观形势、明确发展战略方向发挥了重要作用。

20多年来，我国软科学事业凝聚优秀人才，形成了一支具有一定实力、知识结构较为合理、学科体系比较完整的优秀研究队伍。据不完全统计，目前我国已有软科学研究机构2000多家，研究人员近4万人，每年开展软科学研究项目1万多项。

为了进一步发挥国家软科学研究计划在我国软科学事业发展中的导向作用，促进软科学研究成果的推广应用，科学技术部决定从2007年起，在国家软科学研究计划框架下启动软科学优秀研究成果出版资助工作，形成"中国软科学研究丛书"。

"中国软科学研究丛书"因其良好的学术价值和社会价值，已被列入国家新闻出版总署"'十一五'国家重点图书出版规划项目"。我希望并相信，丛书出版对于软科学研究优秀成果的推广应用将起到很大的推动作用，对于提升软科学研究的社会影响力、促进软科学事业的蓬勃发展意义重大。

科技部副部长

2008年12月

目录

◆ 总序（张来武）

上篇　依托科技园区培育发展战略性新兴产业带的理论基础

◆ 第一章　绪论 …………………………………………………………… 3
- 第一节　科技园区与产业集群的研究背景与意义 ……………… 3
- 第二节　科技园区与产业集群的研究区域及重点概念界定 …… 8
- 第三节　科技园区与产业集群的研究思路 …………………… 16

◆ 第二章　科技园区与战略性新兴产业发展的基本理论 ………… 18
- 第一节　战略性新兴产业创生理论 …………………………… 18
- 第二节　产业集群发展理论 …………………………………… 24
- 第三节　创新集群发展理论 …………………………………… 33
- 第四节　科技园区及其与战略性新兴产业发展的关系 ……… 39

◆ 第三章　产业布局、产业选择与产业培育理论 ………………… 44
- 第一节　产业布局理论 ………………………………………… 44
- 第二节　产业选择理论 ………………………………………… 57
- 第三节　产业培育理论 ………………………………………… 64

◆ 第四章　科技园区培育新兴产业集群的国内外实践 …………… 73
- 第一节　国外科技园区培育新兴产业集群的实践 …………… 73
- 第二节　国内科技园区培育新兴产业集群的实践 …………… 79
- 第三节　科技园区培育新兴产业的问题与经验 ……………… 84

下篇　依托科技园区培育发展长吉图先导区战略性新兴产业带

◆ 第五章　长吉图先导区的产业发展与开发区布局 ……………… 91
- 第一节　长吉图先导区的战略定位与发展目标 ……………… 91

　　　　第二节　长吉图先导区的产业发展现状 …………………………… 95
　　　　第三节　长吉图先导区内开发区的布局与发展情况 ………………… 104

◆ 第六章　长吉图先导区战略性新兴产业的发展战略 ………………… 126
　　　　第一节　长吉图先导区战略性新兴产业发展的战略目标 …………… 126
　　　　第二节　长吉图先导区战略性新兴产业发展的 SWOT 分析 ……… 136
　　　　第三节　长吉图先导区战略性新兴产业发展的战略选择 …………… 146

◆ 第七章　依托科技园区的长吉图先导区战略性新兴产业的选择 ……… 155
　　　　第一节　长吉图先导区战略性新兴产业选择的原则与基准 ………… 155
　　　　第二节　备选战略性新兴产业集的建立及重点发展领域的遴选 …… 160
　　　　第三节　长吉图先导区战略性新兴产业发展的技术路线 …………… 166
　　　　第四节　战略性新兴产业在长吉图先导区的发展模式 ……………… 200

◆ 第八章　依托科技园区的长吉图先导区战略性新兴产业带的培育 …… 205
　　　　第一节　长吉图先导区战略性新兴产业布局 ………………………… 205
　　　　第二节　长吉图先导区科技园区内战略性新兴产业带的
　　　　　　　　培育模式 ……………………………………………………… 213
　　　　第三节　长吉图先导区科技园区内战略性新兴产业带关键
　　　　　　　　要素的培育 …………………………………………………… 226

◆ 第九章　依托科技园区培育长吉图先导区战略性新兴产业带的
　　　　　对策建议 ………………………………………………………… 244

◆ 参考文献 …………………………………………………………………… 254

◆ 后　记 ……………………………………………………………………… 260

上篇 依托科技园区培育发展战略性新兴产业带的理论基础

第一章 绪 论

历史经验表明，战略性新兴产业兴起并成长为主导产业的过程中，有的国家和地区抓住有利时机后来居上，有的却因丧失机遇而衰落。任何一个国家和地区要跻身世界先进行列就必须在战略性新兴产业领域获得在全球市场的比较优势，这也是欠发达国家和地区获得跨越式发展、实现后来居上的有效途径。全球金融危机之后，世界各国把加大发展战略性新兴产业和科技创新作为实现经济振兴、抢占国际市场的重要突破口。近年来，吉林省经济发展虽取得了较大进步，但在全国（不包括港澳台地区）31个省级行政区中仍处于相对落后水平，而产业结构的不合理一直是制约吉林省经济发展的瓶颈之一。吉林省应抓住全球产业跃迁的历史机遇，大力发展战略性新兴产业，升级传统产业。

第一节 科技园区与产业集群的研究背景与意义

一 研究背景

（一）日趋复杂的国际经济形势必将迎来新的科技革命

目前，全球经济进入低速增长期，新的经济增长点不明显，国际经济环境日趋复杂，未来新兴国家保持高增长驱动力更加困难。从世界范围看，尤其是欧洲丹麦等国家的发展历程表明，虚拟经济、过度福利是导致发达国家经济危机的重要原因，因此，现在大多数发达国家为了实现经济复苏和避免经济危机，开始进行再工业化，实现实体经济回归。人类社会发展的历史经验表明，受益于技术革命力量的推动，新兴产业总能在战胜重大经济危机的过程中孕育和成长，并以其特有的生命力、成长力成为新的经济增长点，推动人类社会经济形态进入新的发展阶段。经济的低速缓慢增长是第五次科技革命的技术势能走向衰弱的表现，必然会有新的突破性的技术来冲破这个趋势，新的科技革命即将到来。

（二）复杂多变的地缘关系要求以产业立足

当前，我国周边地缘关系复杂。随着中国的崛起，经济增长、能源需求、海上权益、海外利益等，使得地缘空间成为制约中国持续发展的因素。目前，俄罗斯的远东、朝鲜的罗先地区、韩国的江原道，以及日本的鸟取等地都在制定地方经济振兴战略，这为东北亚在地方层面的合作上提供了新的机遇和平台。长吉图地区是中国唯一的沿边近海地区，地处东北亚地理中心，是中国内陆距离日本海最近的地区。从地理位置看，在东北亚区域内（中国、日本、韩国、俄罗斯、蒙古、朝鲜）长吉图处于几何中心的位置，成为我国面向东北亚开放的重要门户。然而，吉林省尽管身处东北亚区域的中心地带，但周边国家地区错综复杂的关系，使得吉林省这一地缘优势不仅无法充分发挥作用，反而成为地缘瓶颈。同时，偏低的外贸依存度，一直是东北地区经济的明显"短板"，在东北地区在全国的社会、经济地位被"边缘化"的过程中，长吉图地区更是无法伸展其"中心区位"的优势，被"憋"在了中部。早在1992年，在联合国开发计划署（UNDP）的倡导下，中、俄、朝、韩、蒙共同启动了图们江区域合作开发项目，吉林省政府、学术界（吉林大学、东北师范大学）积极参与该开发合作项目。最初，中国参与图们江区域开发的地区仅限于位于中、俄、朝三国交界地区的延边朝鲜族自治州的珲春市；1999年，延边朝鲜族自治州全境参与到地区开发中来。从整体开发进展来看，虽然取得了明显成效，但是由于自然条件、建港条件，以及周边国家的社会、政治、经济等发展条件和政策、制度因素的限制，与预期的目标差距较远。未能开发成功的原因被认为是："边境地区经济体量不大，人口集聚度不高，产业竞争力不强，不能够有效支撑国际性区域合作开发。"目前，东北亚地区各国经济水平和产业结构的客观层次性，决定其产业结构的演替方向不同。日本产业多属资本、技术高度密集型，经历了东亚金融危机后，夕阳产业亟待转移，也需要发展一部分高技术产业，补充产业空洞。韩国以劳动密集型产业和传统的资本密集型产业为主，正步入技术密集产业发展的新阶段。中、俄、朝的产业结构在该地区都属于低层次，以传统劳动密集型轻工业和高物耗、能耗的传统资本密集型重工业为主。蒙古则处于以农矿业、畜牧业为主的最低层次。图们江地区的国际合作开发已经带动中、俄、朝相关地区的加工业和能源工业的发展，为长吉图地区产业集聚发展提供了良好的环境和基础。

（三）国内经济发展速度减缓并寻求新的经济增长点

国内经济发展速度减缓，周边新兴国家的低成本优势明显，我国制造业的传统成本优势（资源价格、劳动红利等）正在减弱。国际贸易壁垒提高，出口空间受限，我国还未建立有效防范金融危机的机制。在制造业领域"关键技术"引进不灵，企业自主创新能力不够高，发展方式和发展结构存在缺陷，产业安全受到威胁，迫切要求产业技术自主创新。在此条件下，党的十八大报告指出：坚持走中国特色新型工业化、信息化、城镇化、农业现代化道路，推动信息化和工业化深度融合、工业化和城镇化良性互动、城镇化和农业现代化相互协调，促进工业化、信息化、城镇化、农业现代化同步发展。通过发展方式转变、拉动内需保持经济发展需要。

（四）实现东北地区振兴迫切要求发展战略性新兴产业

2002年，党的十六大报告中首次将东北振兴问题提升到了国家战略层面，提出"支持东北地区等老工业基地加快调整和改造，支持资源开采型城市发展接续产业"。经历了7年，十几次的专门会议，2009年8月17日，温家宝同志主持召开国务院振兴东北地区等老工业基地领导小组会议，审议通过了《关于进一步实施东北地区等老工业基地振兴战略的若干意见》。9月9日，《国务院关于进一步实施东北地区等老工业基地振兴战略的若干意见》（国发〔2009〕33号）正式发布执行。国发〔2009〕33号文件是继《中共中央国务院关于实施东北地区等老工业基地振兴战略的若干意见》（中发〔2003〕11号）下发执行后，国家出台的又一个指导东北地区等老工业基地振兴的综合性政策文件。《东北地区振兴规划》明确提出：选择符合条件的地区开展综合配套改革试点，在国有企业改革、对外开放、行政管理、投融资体制改革、金融和信用体系建设、不良资产处置、土地管理等方面，先行试验一些重大的改革开放措施，探索以改革开放促进老工业基地振兴的新路子。《东北地区振兴规划》提出优化区域空间格局。在优先发展哈大经济带中，提出包括建设以"长吉经济区"为核心区域的哈大经济带。在促进二级轴线健康发展中，提出重点发展"东部通道沿线""珲春—阿尔山"等二级轴线，推进城市经济区（带）建设和边境口岸城镇发展，支持有条件地区规划设立边境贸易区。《东北地区振兴规划》提出扩大开放。在积极发展对外贸易中，提出积极"巩固与东北亚国家的经贸关系"，大力发展边境贸易。在加强国际经济技术合作中，提出在主要边境口岸城市加快建设边境经济合作区、互市贸易区、出口加工区、跨境工业区；继续推进图们江区域合作开发。在优化对外开放布局中，提出将保税港区的部分功能延伸至腹地，开展"属地申报、口岸验放"的进出口通关改革业务试点；加快重点边境口岸城市基础设施及国际物流通道建设，积极发展内贸货物跨境运输和跨国陆海联运国际贸易大通道，促进对俄、蒙、朝的路、港、口岸和经济合作区建设。继东北振兴战略提出之后，辽宁省沿海经济带、长吉图先导区上升为国家战略，辽宁省借着渤海、黄海的优势发展沿海经济，而没有出海口的吉林省则主打"沿边"牌，谋求与东北亚各国进行经济合作。

（五）长吉图区域发展战略性新兴产业优势明显

一是区位条件独特。长吉图地处东北亚区域地理几何中心。图们江是我国内陆进入日本海最近的水上通道。珲春市最近处距日本海仅15公里，周边分布俄、朝的自由贸易区和自由经济区，以及俄、朝两国的10个港口。从世界物流格局来看，大宗货物航线主要包括太平洋航线、大西洋航线、印度洋航线这三大航线。长吉图地区偏离世界主要物流方向，但与其他类型的交通经济带不同，由于特殊的地缘政治与地缘经济环境，从中部穿过的阿尔山—白城—长春—珲春铁路、公路交通轴带作用明显提高。这条东西向的干线具有明显的跨国境特点，南部通过辽西走廊与京津塘经济区相接，向东南又有经丹东进入朝鲜半岛的支线。东北亚地区资源禀赋的互补性及利用哈大经济带的这种外向型特点，可以充分利用"两个市场、两种资源"的优势，在东北亚甚至世界的劳动地域分工中占据一定的位置，形成物流廊道，并在此基础上建立物流工业园区，从而形成物流中心城市。

二是区域城市化的推进与城市整合发展。作为老工业基地，长吉图地区城市化水平较高，处于城市化上升阶段，但首先得解决产业集聚、农业产业化、城市就业、中小城镇的发展等城市化问题。长吉图作为吉林省的经济、产业、人口的"汇水区"和"隆起区"，在相当一段时期内，对经济要素的"向心力"仍然大于"离心力"。作为吉林省经济中心的长春市、吉林市，将进一步强化向集聚带中心、地域中心和国际性城市的发展，对于延吉、图们等中等城市，也势必跳出行政区域界限的束缚，扩展城市地域空间，区域城市化进程加快，这种城市与区域整合发展的趋势极为明显，决定了其空间发展模式是点轴—网络模式。另外，长吉经济带上城市整合发展趋势明显。在实践上，近几年，长春市、吉林市都相继提出了大都市经济圈发展计划或规划，如长吉一体化空间经济发展战略，加上快速铁路的建设、吉林省中部的四平市的迅速发展及其与长春市形成1小时经济圈，有理由认为，在长吉图地区将形成在空间和功能上相互补充和叠加发展的长吉图大都市经济圈，这也必将促进长吉图地区的快速城市化进程。

三是科技和产业支撑能力较强。区域内大学、科研院所集中，产业基础雄厚，汽车、化工、农产品加工产业在全国具有举足轻重的地位。同时，东北各省区经济联系日益密切，互补性越来越强，腹地经济的支撑作用也将越来越明显。面对目前实体产业复兴的趋势和区域产业集聚要求，长吉图地区的产业需求和产业容纳能力、层次都在不断提升。长吉图地区处于东北亚的核心地域，区内的化工、造纸工业、农业及其农产品加工业、汽车、机械、轻工制造业等，一方面需要俄罗斯的资源，另一方面需要日韩的技术和资金；机械设备、钢铁制造等产业也需要改造升级，并围绕技术核心区形成产业集聚。

四是具有较强的资源环境承载能力。区域内生态环境优良，资源禀赋良好，水资源、能源和矿产等资源丰富；大量建设预留地可供开发利用。与图们江毗邻的境外地区拥有富集的石油、天然气、矿产、水产、森林等资源，合作开发空间较大。长吉图地区的发展是建立在自然资源的基础上的。产业结构体系属于资源导向结构，对自然资源依赖程度高、消耗量大，经济增长方式是粗放型的，产业基础形成时期走的是以高投入维持高产出的粗放经营的路子，在促进数量增长的同时，也加剧了环境污染。因而随着资源的不断减少，产业模式必然由资源型转变为资源加工混合型。长吉图先导区的生成和发展，诱发了沿线高新技术、外向型经济、商业及旅游业等各类产业的崛起和产业的集聚，促进了沿线经济发展的一体化、社会化、专业化。产业部门结构调整主要是实现用现代信息技术改造、提升传统优势产业和有重点地发展优势高新技术产业等区域性新兴产业，促使衰退产业退出，这同时也是改造东北地区老工业体系的动力和源泉。通过产业部门的调整来进行资源再分配，把工业区作为新的区域经济增长点，规划科技园区，对新兴经济区给予一定支持。发挥东北地区高校众多、科研力量雄厚的优势，通过科技教育机构的重组、学科整合，构筑综合性的教育产业体系，建设以电子信息、光电子、新材料、智能制造业、生物工程为重点的科研-生产基地。

按照《中国图们江区域合作开发规划纲要——以长吉图为开发开放先导区》，到2020年中国图们江区域对外开放水平要实现重大突破，长吉图地区基本形成我国东北地区经济发展的重要增长极。

二 研究的目的与意义

目前，战略性新兴产业尚处于发展的起步阶段，市场潜力巨大，同时，也成为世界各国角逐的重点，如发达国家为维护自身科技优势地位，在某些领域采取极为严格的技术封锁政策，高端技术仅供本国企业自用。因此，战略性新兴产业必须是由创新驱动来带动产业结构转换的产业，不仅具有创新的特征，而且通过关联效应，将新技术扩散到整个产业系统，引起整个产业技术基础的更新和传统产业的转型升级，并在此基础上建立起新的产业间技术经济联系，带动产业结构转换，为经济增长建立新的潜力和可能性，从而推动经济进入新的发展时期。随着中国战略性新兴产业发展实践的炙手可热，相关领域的研究也层出不穷，西方着眼于资本市场和创新的关系研究由来已久，国内学者相对来说偏重于宏观应用研究和政策研究，对于具体区域结合创新驱动和战略性新兴产业成长的内在机制研究不够透彻，也没有文献系统分析创新驱动理论下应如何选择战略性新兴产业的发展路径，促进战略性新兴产业发展。

从区域角度来看，长吉图先导区的建设能够将吉林省的开放优势、经济增长优势和资源优势相叠加，搭建对外招商引资的平台，改善吉林省经济外向度低、整合发展能力不足的状况，对吉林省未来发展产生长远影响和带动作用。如何处理好发展战略性新兴产业与提升传统产业之间的关系,确保新旧两种类型产业的良性互动发展,通过"创新驱动"实现战略性新兴产业的发展路径,是保证经济可持续发展的关键。对于我国传统产业基数庞大、战略性新兴产业尚显稚嫩的现状而言,如何实现在传统产业基础上培育战略性新兴产业,实现传统产业与战略性新兴产业的融合发展就成为我国依靠科技创新,获得新的生产函数,形成持续、高效的经济增长的关键。战略性新兴产业代表产业发展的未来方向,在促进经济增长中发挥着关键作用。无论是国外发达国家,还是国内经济发达省市,在培育和发展战略性新兴产业方面都推出了各项政策措施,鼓励和支持本国、本地区战略性新兴产业的发展。世界各国高度重视,政策措施保障有力。国内各省市积极探索,政策措施鲜活有效。新技术革命孕育新兴产业群,并使之成长为新的经济增长点,实现生产要素重组,带动经济走出衰退阶段。2010年以来,国务院和多地政府都提出了培育发展战略性新兴产业的目标和任务,提高了全社会对培育发展战略性新兴产业重要性的认识,并提供了政策依据。

科技园区内的战略性新兴产业研究一方面为区域性战略性新兴产业提供了发展的核心技术来源根基;另一方面科技园区优越的基础设施、先进的智力资源、开放的技术开发环境为战略性新兴产业创生、发展和集聚提供了空间基础。因此,依托科技园区培育发展战略性新兴产业带研究对于战略性新兴产业形成和发展的动力机制、发展路径和发展模式,以及区域性战略性新兴产业的成长、成熟和壮大都具有理论和现实意义。

第二节 科技园区与产业集群的研究区域及重点概念界定

目前,在"战略性新兴产业"领域的研究中,对一些概念仍然没有统一定义或者在理解上存在不同认定,为了更加清晰地表述研究重点和方向,在此对研究区域及本书中相关概念进行界定。

一 研究区域

2007年1月28日,胡锦涛同志在吉林省考察工作时做出重要指示:吉林省在推进老工业基地振兴中,可以选择有条件的地区发展得快一些,在改革开放、科技创新方面先行试验,带动全省发展。吉林省在区域经济发展过程中,认真贯彻胡锦涛同志的指示,按照科学发展观和"五个统筹"的要求,根据国务院批准的《关于推进综合配套改革试点的指导意见》,动员组织力量,经过充分调查研究、学习先进地区经验、综合分析省情,围绕国家改革开放和振兴东北老工业基地的大局,提出设立长(春)-吉(林)-图(们江)先导区的设想(图1-1)。

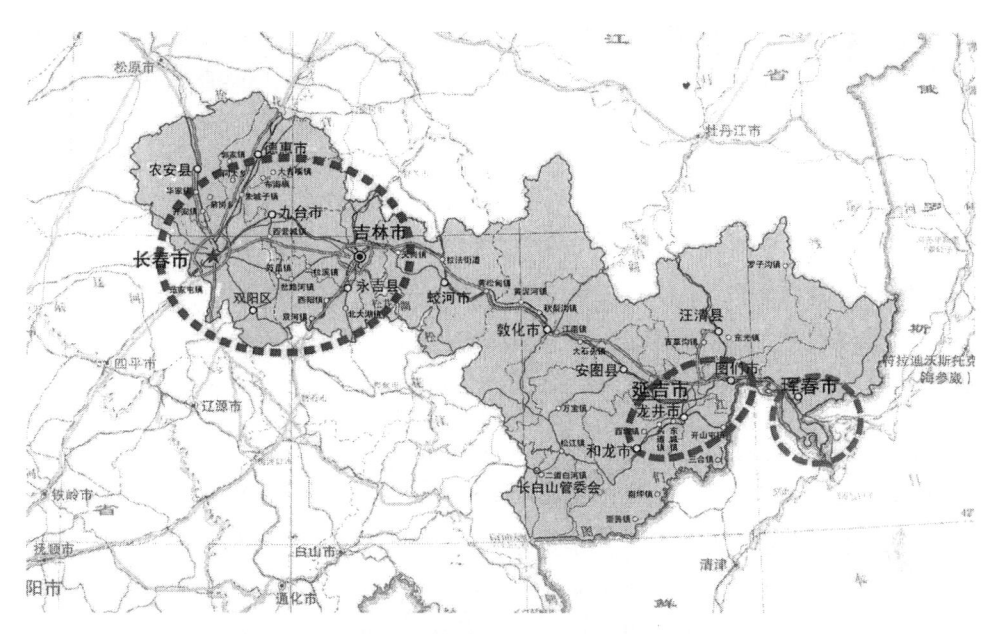

图 1-1　长吉图先导区示意图

注：长吉图先导区位于吉林省中东部的长春市、吉林市和图们江地区，沿交通轴线布局，长吉图先导区的主要范围是中国图们江区域的核心地区，即吉林省范围内的长春市、吉林市部分区域（长春市部分区域是指长春市城区、德惠市、九台市和农安县；吉林市部分区域是指吉林市城区、蛟河市和永吉县）和延边朝鲜族自治州（简称长吉图），总面积约 3 万平方公里。这一区域面积和人口均占吉林省的 1/3、经济总量占 1/2，是中国参与图们江区域合作开发的核心地区和重要支撑。按照规划纲要，建设长吉图先导区，将以珲春为开放窗口、延（吉）龙（井）图（们）为开放前沿，以长春市、吉林市为主要依托，实施边境地区与腹地联动开发开放，率先突破、率先发展，形成具有较强实力的经济隆起带和对外开放的先行区，带动吉林省加快发展振兴。

长吉图先导区的战略定位和功能定位，概括起来就是"四个重要、两个区"，即使长吉图发展成为我国沿边开发开放的重要区域、我国面向东北亚开放的重要门户、东北亚经济技术合作的重要平台，培育成东北地区新的重要增长极，建设成为我国沿边开发开放的先行区和示范区。

建设长吉图先导区，具有良好基础和条件：突出的区位优势；良好的基础设施；与东北亚各国密切的经贸合作；较强的产业和科技支撑。

长吉图先导区建设的目标，是以 2009 年为基期，努力实现：一年良好开局，即 2010 年长吉图先导区建设全面启动实施；三年明显进展，即到 2012 年对外通道建设取得明显成效，一批国际、省际合作园区形成一定规模；五年取得实效，即大约到 2015 年开放合作体制初步建立，长吉图区域影响力和竞争力显著增强；十年实现跨越，即到 2020 年左右建成新型工业基地、现代农业示范基地、科技创新基地、现代物流基地和东北亚国际商务服务基地，形成我国东北地区经济发展的重要增长极。

（一）设立长吉图先导区的重要性

设立长吉图先导区，对吉林、东北和全国发展具有重要意义：一是将有力推动图们江地区的开发开放。图们江地区被认为是世界最具增长潜力的经济区域之一。1992 年，联合国开发计划署倡导的图们江地区开发合作项目，得到了国际社会的广泛关注和周边国家的积极参与。吉林省在这一地区具有独特的人缘、地缘优势，地处图们江下游的珲春市，与俄、朝接壤，"一眼望三国、犬吠惊三疆"，是我国参与图们江区域国际合作项目的核心区，也是吉林省对外开放的最前沿。在这一区域设立先导区，其意义和影响不亚于澜沧江-湄公河及北部湾经济区的国际合作开发。

二是增强了我国在东北亚区域国际合作中的主动权。东北亚地区经济总量在世界经济格局中占有重要地位，政治影响在世界外交舞台上具有特殊意义。扩大我国在这一地区的经贸合作具有政治、经济、外交等方面的重大战略意义。温家宝同志2007年访问日韩特别是访日的"融冰之旅"，为我国在这个地区进一步扩大开放、加强国际合作提供了新的机遇。现在，东北亚各国都在积极寻求扩大双边多边合作。我国设立面向东北亚的先导区，形成"以我为主，牵动中日韩三国合作，带动中朝、中俄、中蒙合作"的战略布局，从长远看将是一步"先手棋"。

三是将全面加快东北老工业基地振兴。自振兴东北老工业基地以来，东北三省经济加快发展，但总体开放度太低，成为老工业基地振兴的关键制约因素。2006年，全国外贸依存度为65.6%，辽宁省为40.8%，黑龙江省为27%，吉林省为14.5%。党中央、国务院《关于实施东北地区等老工业基地振兴战略的若干意见》（中发〔2003〕11号）提出："进一步扩大开放领域，大力优化投资环境，是振兴老工业基地的重要途径。"国务院专门下发了《关于促进东北老工业基地进一步扩大对外开放的实施意见》（国办发〔2003〕36号）。在长吉图地区打造以开放为主题的先导区，对于全面振兴东北老工业基地，既重要又迫切。

四是将带动示范内陆省份扩大对外开放。邓小平同志20世纪80年代在规划展望我国改革开放时，提出了沿海、内地两个大局。现在沿海对外开放成就巨大，沿海几个省市开放度很高，利用外资、外贸进出口已占到全国的70%~80%。而内地在对外开放方面则落差很大，需要进行新的探索和实践。这是沿海与内地协调发展的重要引擎。吉林省作为近海内陆省份，设立先导区有条件、有带动性和示范性，对于促进东北开放，特别是直接服务黑龙江东南部、哈大齐区域和内蒙古东部，对于充分利用国际国内两种资源、两个市场，统筹国内发展与对外开放，促进沿海和内地全面开放、协调发展具有重要意义。

（二）设立长吉图先导区的可行性

一是独特的区位条件。长吉图地处东北亚区域地理几何中心。图们江是我国内陆进入日本海最近的水上通道。珲春市最近处距日本海仅15公里，与朝鲜罗先自由经济贸易区、俄罗斯海参崴自由经济区毗邻。以珲春为圆心的200公里半径内，分布着俄、朝两国的10个港口。珲春市距朝鲜罗津40公里、清津80公里，距俄罗斯扎鲁比诺71公里。哈尔滨距珲春口岸公路运输里程比到大连近320公里。牡丹江距珲春口岸只有322公里。

二是完善的基础设施。吉林省境内正在加快进行交通设施建设，区际高速铁路、高速公路，城际快速交通，以及城市内部快速道路、快速轨道交通等建设速度加快。长吉图区域内有长春龙嘉国际机场和延吉机场；图们—珲春铁路可直达俄罗斯扎鲁比诺港；贯通东北东部的牡丹江—珲春—通化—丹东铁路，以及西起蒙古、东至图们江区域的欧亚大陆桥—中蒙铁路运输大通道正在建设；中俄"路港口岸"、中朝"路港区"项目正在实施。

三是良好的资源禀赋。区域内土地资源丰富，规划区域内有大量建设预留地可供开发利用。先导区地处松辽水系和图们江水系，可利用水资源丰富。生态环境优良，拥有长白山等特色旅游资源。与图们江毗邻的境外地区拥有富集的石油、天然气、矿产、水产、森林等资源，合作开发空间较大。

四是积累了改革开放经验。吉林省在国企改革等多领域进行了积极探索，取得了较大突破。1992年，珲春被国务院批准为边境开放城市，设立了国家级边境经济合作区、出口加工区和中俄互市贸易区。建立了图们江区域合作开发国内部省联席推进机制、中俄朝三国协调机制和中俄朝蒙韩五国协商机制。经过多年来的开发开放实践，在对外开放、体制创新等方面积累了宝贵经验。

五是较强的科技和产业支撑能力。先导区范围内大学、科研院所集中，创新能力较强。产业基础雄厚，汽车、化工、农产品加工产业在全国具有举足轻重的地位。长春、吉林两市经济总量占全省的近60%。自振兴东北老工业基地以来，经济更是加快发展，东北各省区经济联系日益密切，互补性越来越强。

(三) 长吉图先导区的主要任务

一是探索以开放带动东北亚区域国际合作新模式。以体制机制创新为突破口，建立东北亚区域跨国自由贸易体制；以对外通道建设为基础，推动投资贸易和过境运输便利化；以互利共赢为导向，创新双边多边合作形式和途径；以东北亚博览会为平台，引进来和走出去相结合，构建东北亚区域国际合作长效机制和框架。为我国制定和实施东北亚区域经济、外交政策提供依据和实证。

二是探索以开放带动内陆省份发展新模式。积极利用长吉空港及交通枢纽，打造国际陆港区；利用图们江地区俄、朝港口群条件，推进中俄珲春-哈桑区域"路港口岸"、中朝珲春-罗先区域"路港区"一体化，构建跨国多边自由贸易区；通过长吉图带动、港（俄、朝港口）区（先导区）联动、多国互动，把对内开放和对外开放结合起来，闯出我国内陆省份外向型经济发展新路子。

三是探索以开放带动老工业基地产业创新模式。充分发挥吉林省中部城市群和东北老工业基地腹地经济的支撑作用，有效利用东北亚各国的资源、技术、资本和市场，加快东北亚地区各类要素集聚，打造科技人才高地和产业创新高地，转变发展方式，大力推行循环经济，走出一条新型工业、现代农业与和谐生态的发展道路。

四是探索以开放带动管理体制和内生机制创新模式。针对内陆省份边境地区对外开放共性问题，按照"大通关"要求，创新土地、财税、金融、海关、检验检疫、边检、行政管理制度和运行模式，建立起与国际接轨的统一开放、运转高效的涉外体制机制。

（四）长吉图先导区的建设重点

(1) 建设图们江自由贸易区。建设区域对外通道；建设双边多边跨国自由贸易区；构建图们江区域自由贸易区和中日韩自由贸易区。

(2) 建设长吉国际陆港区。建设国际中转港口长春支线港；海关、商检、边检、相关设施等实行一体化运作。

(3) 建设科技创新区。搭建自主创新平台；建设长春国家生物产业基地和光电子产业基地；建设吉林化学工业循环经济园区。

(4) 建设省际国际合作产业区。采取引进来、走出去方式，建设中日、中韩、中俄等跨国产业园区，图们江区域出口加工区，以及境外经济贸易合作区。承接发达地区产业转移，建设各具特色的省际、行业、大型企业合作产业区。

(5) 建设高端服务业集中区。发展总部经济、金融保险、商务会展、信息咨询和文化创意等产业。

(6) 建设现代物流区。依托区位和交通优势，建设集保税加工、保税物流、保税仓储为一体的物流集散中心。

(7) 建设生态旅游区。依托区位和生态旅游资源，发展跨国、跨省生态旅游，建设特色鲜明、人与自然和谐的休闲、旅游、度假、宜居示范区。

(8) 建设现代农业示范区。在稳定农村土地承包关系条件下，实行土地集约经营和适度规模经营；推行农业全程机械化，促进农业产业化经营；推进农村经济体制综合改革，提高农业市场化程度和外向度。

先导的内容是充分发挥内陆沿边联动发展、改革开放政策集成、产业和技术导入输出、跨境合作方式探索等方面的示范带动作用。先导的目标是建设东北亚加工制造业基地、国际物流通道、科技创新平台和国际商务中心，使之成为我国推动东北亚开放合作的重要载体。

区域的功能定位是：立足于中国图们江区域，面向东北亚，服务东北经济区，充分发挥内陆沿边联动发展、改革开放政策集成、产业和技术导入输出、跨边境合作方式探索等方面的示范带动作用，建设国家重要的装备制造、交通运输设备制造和石油化工基地，重要的光电子、生物和农产品加工基地，国际物流通道、科技创新平台和国际商务中心，东北中部地区人口和经济密集区，带动东北地区发展的重要增长极。

（1）构建以长春为核心，西连松原，东连珲春，北连德扶榆地区，以主要交通轴线和周边城镇为节点的空间开发格局。壮大其他节点城市经济、人口和城市规模，使其成为区域经济发展新的生长点。

（2）巩固长春中心城市地位，强化科技、商贸、空港物流、金融信息、交通通信服务功能，继续壮大汽车、农产品加工两个支柱产业。大力发展光电信息、生物医药等高科技产业。加速传统工业的转移，全面发展高端服务业，打造东北地区创业环境优、人居环境佳、综合实力强的特大城市。

（3）发展壮大吉林市副中心地位，着力提高石化工业，加速推进产业纵向深加工转化。积极推进传统工业的改造升级，发展现代服务业。建设成全国重要的石化产业基地，环境优美的宜居城市。

（4）推进延龙图一体化，打造成开放的产业合作基地、现代物流和高端服务业基地。

（5）实行开放带动战略，快速扩大珲春市城市规模，建设具有物流集散、加工贸易和商贸旅游等功能的新型开放开发国际化城市。

（6）加强粮食生产能力建设，积极发展现代农业，提高国家商品粮基地产出能力，为国家粮食安全做出重要贡献。

（7）加强松花江、图们江流域水质治理、水资源保护和生态工程，构建环境优美、空气清新、山水秀丽的生态系统。

（8）积极发展外向型经济，不断完善港口、贸易区、物流区等基础设施建设，重点抓好现代物流区建设。

二　重点概念的界定

（一）创新与技术创新

创新在以往战略性新兴产业的发展中往往容易与科技创新的概念混淆，在本书中，创新除了指技术性变化的创新外，还包括产品创新和模式创新等，统指创新资源的重新组合和配置方式。

技术创新指生产技术的创新，包括开发新技术，或者将已有的技术进行应用创新。科学是技术之源，技术是产业之源，技术创新建立在科学道理的发现基础之上，而产业创新主要建立在技术创新基础之上。进入21世纪，信息技术推动下知识社会的形成及其对技术创新的影响进一步被认识，科学界进一步反思对技术创新的认识。《复杂性科学视野下的科技创新》认为，技术创新是在各创新主体、创新要素交互复杂作用下形成的一种复杂涌现现象，是技术进步与应用创新的"双螺旋结构"共同演进的产物。信息通信技术的融合与发展推动了社会形态的变革,催生了知识社会,使得传统的实验室边界逐步"融化",进一步推动了科技创新模式的嬗变。

(二)开发区和科技园区

开发区是一种享有特殊经济政策、从事某种经济活动的地域类型。开发区的建设推进了国家和地区经济的对外开放,被认为是一种促进经济发展的有效方法。我国自20世纪80年代初兴办经济特区以来,各类开发区在全国快速发展。1984年,我国公布设立14个沿海开放城市,并在这些城市中设立数量不等的经济技术开发区。由于80年代开发区取得了较好的成效,所以至90年代以后,开发区在全国范围内遍地开花,类型也更加多样。从开发区的功能和类型来讲,有经济特区、经济技术开发区、高新技术产业开发区、出口加工区、保税区、金融贸易区、旅游度假区、边境经济合作区等;从开发区的级别来讲,有国家级、省级、地市级、区县级、乡镇级等不同级别的划分,甚至有的农村也设有工业园区。从衍生规律上看,目前,中国(上海)自由贸易试验区是我国开发区发展的较高级形式。近些年来,随着城市地域面积的扩展和城市功能的完善,在城市空间利用结构上主要表现为城市建成区的向外扩展,以及与此同时发生的城市内部空间的重新组合。在这种重新组合的过程中,很多开发区成为城市空间结构调整的主要载体,尤其是成了城市工业布局的重要基地——城市工业区。

科技园区是以研究、开发、生产高技术产品,推动科研成果商品化,培育高技术企业与产业为内容,集研究、开发、生产、销售、服务多种功能于一体,产、学、研、贸多种企业与经济组织,或通过规划建设,或经过较长时间的自我集聚发展,在地理上相对集中,而形成的高技术产业群落。它包括科学园、技术城等高技术产业区形式。从空间形态上,主要表现为大学或科研院所的集聚,并围绕其形成了若干高新技术企业或高新技术企业组团;从产业功能上,这些企业多是依靠先进的生产技术或高新技术为企业核心,生产高新技术产品;从劳动力的需求上,对高技术、专业性人才具有较高需求。科技园区的研发和新产品培育机构是区域技术创新的核心。

(三)产业带和产业集群

产业带和产业集群(inclustrial cluster)都是产业集聚在区域空间上的表现形式与特征。产业带是经济活动由中心向外沿特定的轴线(如交通带、边境线、河岸)扩散,形成带状的产业集中区域,最终更多地发展成为经济带。

产业集群是指集中于一定区域内特定产业的众多具有分工合作关系的不同

规模等级的企业与其发展有关的各种机构、组织等行为主体,通过纵横交错的网络关系紧密联系在一起的空间集聚体,是一种新的空间经济组织形式。相比较而言,产业集群的内部组织、集群内成员之间的关系更为紧密。

(四)国家战略性新兴产业和区域战略性新兴产业

1. 新兴产业

国外学者对新兴产业的研究较早,他们从不同角度对新兴产业的概念进行了阐述。迈克尔·波特(Michael Porter)从企业战略制定的角度概括,"新兴产业是新形成的或重新形成的产业,其形成的原因是技术创新、相对成本关系的变化、新的消费需求的出现,或其他经济和社会的变化将某个新产品或服务提高到一种潜在可行的商业机会的水平"。埃里科克(Erickcek)和沃茨(Watts)从范式转变的角度认为,新兴产业是销售收入和雇员数都快速增长的新行业,通常等同于范式转变。2009年9月,温家宝主持召开新兴战略性产业发展座谈会,会上温家宝就有关产业的战略方向、技术路线、发展布局、科技攻关和政策支撑等问题与专家学者进行了探讨。2010年10月,《国务院关于加快培育和发展战略性新兴产业的决定》正式颁布,该决定对战略性新兴产业的内涵作了明确的界定,即"战略性新兴产业是以重大技术突破和重大发展需求为基础,对经济社会全局和长远发展具有重大引领带动作用,知识技术密集、物质资源消耗少、成长潜力大、综合效益好的产业"。依据我们国家对战略性新兴产业的发展要求,选择战略性新兴产业主要有三条重要依据:一是产品要有稳定并有发展前景的市场需求;二是要有良好的经济技术效益;三是能带动一批产业的兴起。根据这三条重要的选择标准,来保证我国的经济产业在战略性新兴产业的带动下,经济能够持续繁荣发展,为中国未来的经济发展带来更多更新的机会。

新兴产业起源于社会需求,知识和技术的积累是新兴产业兴起与发展的基础,核心技术和关键技术的作用越来越重要,资金为产业发展提供保障,针对性的产业政策起到了重要作用。

2. 战略性新兴产业

战略性新兴产业是指关系到国民经济社会发展和传统产业结构优化升级,具有长远性、全局性、导向性和动态性特征的新兴产业。它是以重大技术突破和重大发展需求为基础,具有市场需求前景,具备资源能耗低、带动系数大、就业机会多、综合效益好的新兴产业。在新经济时代,技术创新是推动经济增长的新引擎,各国、各地区纷纷把发展重点转移到战略性新兴产业的培育上来。如何处理好发展战略性新兴产业与提升传统产业之间的关系,确保新旧两种类型产业的良性互动发展,通过"创新驱动"实现战略性新兴产业的发展路径,是保证经济可持续发展的关键。对于我国传统产业基数庞大、战略性新兴产业尚显稚嫩的现状而言,如何实现在传统产业基础上培育战略性新兴产业,实现传统产业与战略性新兴产业的融合发展就成为我国依靠科技创新,获得新的生产函数,形成持续、高效的经济增长的关键。战略性新兴产业代表产业发展的未来方向,在促进经济增长中发挥着关键作用。无论是国外发达国家,还是国内发达省市,在培育和发展战略性新兴产业方面都推出了各项政策措施,鼓励和支持本国或本地区战略性新兴产业的发展。世界各国高度重视,政策措施保障有力。国内各省市积极探索,政策措施鲜活有效。新技术革命孕育新兴产业群,并使之成长为新的经济增长点,实现生产要素重组,带动经济走出衰退阶段。2010年以来,国务院和多地政府都提出了培育发展战略性新兴产业的目标和任务,提高了全社会对培育发展战略性新兴产业重要性的认识,并提供了政策依据。

3. 区域战略性新兴产业

区域战略性新兴产业是基于区域产业基础、资源要素整合能力与优势,结合产业发展潜力、综合效益建立的。在区域战略性新兴产业选择和确立过程中,要以市场为主体,具有长远发展的战略性眼光。

本书中的战略性新兴产业主要针对长吉图先导区发展提出的具有区域性特点的战略性新兴产业的概念,除了国家公布的节能环保产业、新兴信息产业、生物产业、高端装备制造业、新能源产业、新材料产业、新能源汽车产业七大产业领域外,还从长吉图先导区区域发展的实际出发,将现代农业和现代服务业也归入其中。

4. 创新集群

创新集群秉承创新的概念,是以新知识生产、新产品大量出现为本质含义的创新型组织在地理空间上集中或在技术经济空间中集聚,并且与外界形成有效互动结构的产业组织形态。

第三节　科技园区与产业集群的研究思路

长吉图地区产业发展同时受到科技革命、国家"四化同步"、东北老工业基地振兴等技术革新与发展、国家相关支持政策的影响,这些政策共同剑指长吉图地区,成为其区域经济发展的重大背景,为该区域发展提供了契机;同时,国家战略性新兴产业发展的支持和鼓励政策,也成为其发展的重要切入点。

在此背景及意义下,本书着重探讨长吉图先导区战略性新兴产业发展和培育问题,以及通过何种方式能够更加有利于资源的合理配置和流动,更有效地加速长吉图先导区战略性新兴产业的发展,通过创新更快实现吉林省传统产业的改造和升级，充分发挥长吉图先导区在东北亚的重要作用。

　　本书利用实地调研、年鉴检索等方法，从长吉图先导区的产业现状出发，深入剖析长吉图先导区内科技园区建设和发展中存在的问题；在区域资源和产业现状的基础上，结合战略性新兴产业的选择原则，确定长吉图战略性新兴产业选择领域，并明确不同产业对不同发展路径的适用性；最后，通过对国内外科技园区培养模式的经验总结，制定长吉图先导区内科技园区的培育原则和政策建议，为长吉图先导区战略性新兴产业的选择及培育构建较为完整的理论体系（图1-2）。

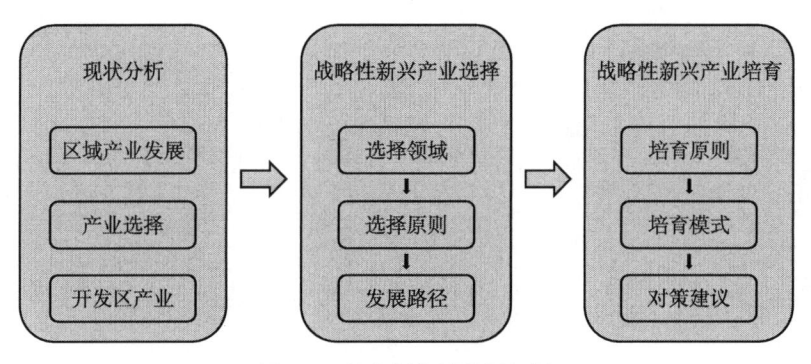

图1-2　基本研究思路框架图

第二章　科技园区与战略性新兴产业发展的基本理论

第一节　战略性新兴产业创生理论

一　战略性新兴产业的特点

战略性新兴产业是指关系到国民经济社会发展和传统产业结构优化升级，具有长远性、全局性、导向性和动态性特征的新兴产业。根据2012年7月国务院印发的《"十二五"国家战略性新兴产业发展规划》，我国当前共有节能环保产业、新兴信息产业、生物产业、新能源产业、新能源汽车产业、高端装备制造业和新材料产业七个重点发展的战略性新兴产业领域。一般而言，战略性新兴产业具有以下五个特点。

（一）技术、知识含量高

战略性新兴产业一般都具有较高的技术和知识含量，对有形物质需求少、运量小、劳力省，而对无形的知识和科技依赖大，是典型的人才密集型、资本密集型、技术密集型产业。通常处于高新技术产业的顶端或前沿，能够体现现代科技创新方向和世界产业发展趋势，生产核心技术上有革命性的突破，产业产品科技含量高、附加值大、市场需求大。特定区域内战略性新兴产业的发展规模和速度，往往与区域内科学技术和教育事业的发展程度高度相关，与区域内劳动力的素质和区域的整体创新能力水平有关。

（二）融合化

新一轮科技和产业革命的方向不再仅依赖于一两类学科或某种单一技术，而是多学科、多技术领域的高度交叉和深度融合，这使得战略性新兴产业技术交叉与融合的特点变得明显起来。战略性新兴产业与其他产业之间、战略性新兴产业内部之间的融合作为一种相互补充和衔接的关系，将使得行业间的界线越来越模糊，综合竞争力越来越强。

（三）成长性高、发展潜力大

在产业发展的不同阶段，产业的市场成长性和获利情况都各不相同，战略性新兴产业通常都处在产业生命周期的成长期，与成熟产业相比成长性极高。随着人们对战略性新兴产业及其产品的逐渐认识和认可，战略性新兴产业会在未来的时间内表现出高弹性的需求增长和强扩张能力的市场特征，整体的产业规模将随之快速乃至跳跃式发展。同时，战略性新兴产业将通过产业链的延伸带动其他行业发展，并通过集约利用资源、增加就业、满足需求等方式对实现人口、环境、资源、经济和社会的可持续协调发展产生积极意义，不断扩大对经济社会的作用和影响，发展潜力巨大。

（四）高风险

一是技术风险。战略性新兴产业通常为高科技产业，还很难预测未来产业技术主流发展的方向，而且它所带动的新技术还处在混乱的状态，如果不能认识和把握其核心技术，一旦技术被国外垄断或严重滞后于国际水平，战略性新兴产业的发展就难以为继，另外技术复杂带来的高投入也是产生风险的主要因素之一。二是市场风险。战略性新兴产业立足的是市场潜在的需求，由潜在需求变为对企业具体产品的实际市场空间存在很大的不确定性，且战略性新兴产业的产业生命周期不同于传统产业，其成长和衰退具有突发性，如果不能迅速成长并达到较高的市场占有率，"快起快落"的可能性较大。三是政策风险。地方政府对战略性新兴产业的盲目发展可能导致中央和地方的重复建设，在浪费资源的同时容易造成过度竞争，相关政策只考虑早出成效而不考虑战略性新兴产业前期研发和开拓的艰巨性的短期行为，亦会导致战略性新兴产业发展后继无力。

（五）制度环境尚不健全

由于成长时间较短，战略性新兴产业发展所需的制度环境尚不成熟，多个领域受到体制机制限制。相关的市场经济体制发育还不完善，市场机制尚不能有效运行，与市场经济相适应的政治、法律、科技等体制尚不健全，政府在发挥其经济调节职能作用方面经验不足，制定的产业政策不能完全得以实施。此外，还存在市场进入难、行政审批烦琐、地方主义保护严重等问题，为战略性新兴产业的发展带来了一定的阻碍。

二 战略性新兴产业创生动因与路径

（一）战略性新兴产业创生动因

1. 产业分工的扩展和深化

产业结构从一定意义上来讲是一种产业间的分工结构，其发展变化的过程，就是原有产业间分工结构慢慢地衰退、灭亡,而新的产业间分工结构慢慢形成、发展的过程。随着逐步推进经济发展进程,社会化的大生产逐步深化和细化,产业内的部门分工和产业间的产出分工也正在不断进步,这使得出现了不断从原有经济体中独立出来的新的产业,也使得产业结构系统产出的构成发生了改变,给予了产业结构新的内容。

战略性新兴产业可以看作是社会新专业生产或专业服务的一种集合,是社会生产分工发展的新成果,其本身的性质也遵循着一定发展阶段产业结构系统整体产出变动的新要求。在此过程中,战略性新兴产业是经过两种形式而形成和成长的:一种是通过原有产业不断分化;另一种是以某种新产品生产或以新生产方式进行生产的普及化、产业化和规模化发展。不管通过任何一种方式,我们都可以把社会生产分工深化的结果看作是由战略性新兴产业的形成产生的。

2. 技术转轨

根据技术转轨的概念,技术是在两条交叉的轨道之间转移的,技术首先沿着第一条轨道发展,当该项技术发展到一定阶段时,由于受到各种客观条件的限制会到达极限状态,很难再向前发展,为改变这种技术停滞不前的状态,就要寻找一条新的技术轨道,当第一条技术轨道与第二条技术轨道接轨时实现技术转轨,从而使技术持续向前发展。技术转轨发生在技术极限状态,然而由于技术轨道的刚性,原有轨道技术会继续向前发展,仅有部分技术转向新的轨道,出现新旧两种技术并行发展的情况。等到新技术轨道成为主导技术发展方向的技术轨道时,在原来技术轨道上运行的产业就会逐渐被在新的技术轨道上运行的战略性新兴产业所取代。技术转轨可达性是战略性新兴产业创生前期的主要动因,只有在战略性新兴产业创生前有一定的技术积累和技术准备,才能走过前期阶段,完成战略性新兴产业的创生。

3. 产业创新和企业创新

战略性新兴产业形成与发展的重要力量是创新。战略性新兴产业与新产品或新技术的产业化、规模化和普及化的过程是互相交织在一起的,这是其形成与发展的过程,而产业创新与企业创新是无论如何也离不开新技术的产生、推广、应用和产业资本的形成和成长的。产业创新是指经过对原有产业技术、分工、组织、管理生产过程的创新并不断促使战略性新兴产业整建制地分离出来。而重新组合各种生产要素的行为则指的是企业创新,这其中包括产品创新、技术创新、市场创新、管理创新、组织创新。企业创新将会直接引起战略性新兴产业的形成,或引起产业创新进而在一定条件下引起战略性新兴产业的形成。战略性新兴产业作为创新焦点,其本身具有很高的创新率,战略性新兴产业形成与发展的内在推动力是迅速引入的产业创新和企业创新。

4. 需求结构和需求水平变动

社会生产的前提是市场需求,作为社会生产的部门,任何产业的形成与发展都需要市场需求的拉动。通常来讲，随着不同的经济发展阶段，社会需求水平和结构是不断变动的。在一定的发展阶段上，特定的、潜在的新需求将慢慢地萌发、扩大和形成。对新供给力量的强大拉力是这种潜在新需求的逐步成长造成的。生产新产品的企业在需求拉力的作用下将逐渐出现并发展起来，其产品适应了市场需求变动的新趋势，使得战略性新兴产业作为一种新的供给力量而发生发展起来。

(二) 战略性新兴产业创生路径

1. 市场主导下的内生路径和政府作用下的外推路径相结合

市场主导下的内生发展路径是指产业的发展主要依赖于市场内部各要素（包括资本、技术、人才等），以市场机制为驱动，最终实现产业内与产业间要素禀赋的合理配置。其优势在于，能够充分发挥价格机制和竞争机制的激励功能，有效促进技术创新和资源要素优化配置；其劣势在于，市场机制虽然有效率，但存在失灵的情况，不能从全局上对战略性新兴产业的发展进程进行掌控。

政府作用下的外推式培育发展路径是指政府作为市场之外的力量，通过直接或间接的举措推动产业的发展。其优势在于，政府出台的相关政策具有强大的导向性和支持性，能够为战略性新兴产业初期培育营造良好的发展环境，确保其健康壮大，发挥政府控制权的引导和推动作用；其劣势在于，经济长期增长不是由于外部力量而是市场体系内部力量作用的结果，单纯依靠政府推动无法建立有效的内生动力机制，容易导致战略性新兴产业在后期发展中后继无力，不具备持续性扩散和发展的潜力。

就战略性新兴产业的培育和发展而言，纯粹的市场自发的内生模式和政府完全推动模式都是不可取的，战略性新兴产业应在市场主导和政府推动的协同作用下培育和发展。市场的内生动力是战略性新兴产业发展最根本的推动力量，处于决定性地位；而政府的推动则起着催化剂的作用，同样不可忽视。在战略性新兴产业发展初期，技术亟待突破，市场竞争力不强，政府强有力的扶持尤显重要。

2. 内源式发展路径和外源式发展路径相结合

内源式发展路径是指通过自身的努力实现技术创新，达到技术进步，主要形式为自主研发，即由本国企业或研发机构自主创新。其优势在于，可获得技术专利等自主知识产权，掌控技术命脉；其劣势在于，研发成本较高，且存在技术风险。

外源式发展路径指从外部引进技术，主要形式为贸易（购买国外先进技术和设备）和FDI（引进技术较先进的外商直接投资）。其优势在于，成本较低，引进成本通常是自我研发的1/5~1/3，且引进技术风险较小；其劣势在于，某些技术进口难度大或成本过高，也难以获得自主知识产权，不利于培养国内战略性新兴产业的自主创新能力。

在战略性新兴产业的培育和发展过程中，中国应遵循内源式发展和外源式发展相结合的路径。战略性新兴产业的发展必须掌握关键核心技术，这使得内源式发展路径成为发展战略性新兴产业的必然要求。自主创新包括原始创新、集成创新和引进技术再创新，技术引进则是技术自主创新的重要来源。两条路径的结合具体体现在对外源式发展路径引进的技术进行集成创新和再创新上，通过积极开展国际技术合作，在引进基础上通过自主研发，最终形成自主知识产权，避免陷入"引进—落后—再引进—再落后"的恶性循环。战略性新兴产业技术重在自主创新，而传统产业的技术改进则重在引进。培育和发展战略性新兴产业应力求实现内源式发展路径和外源式发展路径的优势互补，最终落脚点在自主创新上。

三 战略性新兴产业的成长规律及发展阶段

（一）战略性新兴产业的成长规律

（1）战略性新兴产业的成长是基于原始创新，将前沿科技领域的重大突破转化为标志性目标产品的过程。战略性新兴产业往往是知识和技术高度密集的产业，前沿科技领域的重大突破是催生战略性新兴产业出现和成长的内在动力。将原创性科技突破的成果转化为标志性目标产品，是战略性新兴产业形成与成熟的前提条件和重要标志。开发标志性目标产品的根本目的是满足实际社会需求，这个过程以技术可靠性和经济可行性为目标导向，需要技术、工程、管理、经济等多学科领域的研究人员协同攻关，将原始创新和集成创新高度结合，从而形成产品原型。

（2）战略性新兴产业的成长是运用新的商业模式引导和培育新的主流性消费，将重大的潜在社会需求演变为巨大的现实市场空间的过程。战略性新兴产业的发展不仅依赖于技术创新，最重要的是实现商业模式的创新，只有商业模式的创新取得成功，才意味着一个产业或企业取得了成功。战略性新兴产业的产品和技术体系具有显著的新颖性与前瞻性，在成长初期，只有少量的领先消费者对相关产品具有现实需求，大量普通消费者仍处于对产品的判断和观望过程中。必须针对全新的产品和技术体系，创立和运用新的商业模式，提高新技术、新产品的市场认同度，引导和培育新的主流性消费，将重大的潜在需求有效转变为巨大的现实市场空间，从而使得原始创新的成果成功实现产业化，促进战略性新兴产业的成长和成熟。

(3) 战略性新兴产业的成长是构建全新的技术标准体系，塑造新型产业形态的过程。战略性新兴产业的形成和成长是一个充满原始创新的过程，具有巨大的知识产权创造空间，构建全新的全球性技术标准体系是促进战略性新兴产业形成、成长和成熟的必然途径。发展初期，主流技术尚未形成，多种产业技术并存，产业发展方向尚不明确，难以在全球范围内配置生产要素、生产能力，并有效开拓市场。随着产业的发展，新兴技术通过优胜劣汰筛选出产业的主流技术，在竞争中脱颖而出的主流技术的相关主体则会通过积累和运用知识产权来主导行业标准的建立，从而构筑行业的准入门槛和产业发展的制高点，并为形成新的产品群、产业链和细分行业，塑造新型的产业形态奠定技术基础。

(4) 战略性新兴产业的成长是伴随新创企业群的发展，孕育新的产业创新集群的过程。全球战略性新兴产业的发展历程表明，面对革命性的新技术、新产品，传统的大型企业由于具有明确的技术轨道和成熟的商业模式，并已形成了庞大的存量固定资产和技术储备，往往难以快速转变技术轨道，而战略性新兴产业所具有的不确定性和巨大的潜在收益性需要进入该领域的企业具有灵活有效的运行机制和明确的产权激励制度。因此，科技型中小企业特别是以追求新兴技术的高回报率为宗旨的新创科技企业，在培育和发展战略性新兴产业中发挥着巨大作用。在战略性新兴产业全新业态的孕育和形成过程中，随着众多新创企业的成长，以及与区域内研发机构、中介服务机构、金融机构和其他企业之间的互动与融合，最终将孕育出新的产业创新集群。

(二) 战略性新兴产业的发展阶段

1. 创新阶段

战略性新兴产业在起步初期都经历了严格的市场筛选，不仅它的优势产业得到了巩固和加强，而且产业整体素质比较好，抗外界干扰能力强，应变能力和自发展能力、自创新能力也都比较有优势。在这一阶段需要较高的研发投入，对信息要求也很高，往往在高成本地区进行，能带来多少商业利润则不易预测。

2. 增长阶段

在高技术和市场双重作用下，新型产品开始涌现，能够获得丰硕的商业利润，但扩大产业规模所需资金往往十倍甚至上百倍于创新阶段，并具有技术、市场、管理和政策上的风险。这一阶段是决定战略性新兴产业能否进一步发展壮大的关键时期，政府能否有效建立科技管理制度、颁布促进战略性新兴产业发展的激励政策、加强市场环境建设对战略性新兴产业能否健康发展具有重要意义。

3. 成熟阶段

战略性新兴产业开始向低成本地区扩散，这种扩散与人才、技术、信息、资本、市场及组织管理等战略性新兴产业发展要素密切结合。与战略性新兴产业有关的培育、资助、扶持和保护等各项政策，以及强大的政府的经济管理和科技管理行为，对组合高技术产业发展必要条件、促进产业发展，发挥着重要的推动与导向作用。

第二节　产业集群发展理论

一　产业集群的特征

关于产业集群的定义每个学者都不尽相同，就本书而言，产业集群是集中于一定区域内特定产业的众多具有分工合作关系的不同规模等级的企业与其发展有关的各种机构、组织等行为主体，通过纵横交错的网络关系紧密联系在一起的空间集聚体，是一种新的空间经济组织形式。综合关于产业集群的各种有关文献，基本所有的关于产业集群的特征都可以概括为以下的四大特征。

（一）空间集聚性特征

产业集群是一种经济过程或经济现象，是在某一个特定的地理区域的内部众多企业或者产业发展的集聚效应。由于产业集聚所产生的复杂程度及纵深程度都各不相同，所以产业集聚包含的具体内容也就有所不同。大部分的产业集聚都包含了某种服务的机构，如金融机构、服务供应商、厂商；还包括某种产品的最终产品，如某个机器设备、零部件、专业组件；此外还包括了产业下游的成员或顾客，专业化基本架构的供应商，其他提供专业化训练的信息、教育和技术支持的机构，如培训机构、高等学府等，互补性产品制造商、政府、行业协会及其他对地方产业集群成员起到支撑作用的民间机构等。在某个特定区域或者集群内集聚着众多企业，因此平均每单位土地面积上一般积产值都比较高，正常来说，平均每平方公里的土地面积上的企业所生产的产值都可以高达1亿元或者以上，甚至在很多高新技术开发区的产业集群中，这个指标可高达3亿元或者以上。由此可见，空间上的产业集聚是产业集群的外在表现形式的一种方式，同时也是产业集群首要的基本特征之一。

（二）社会网络化特征

产业集群是一种产业社会的网络体系，在这种独特的社会网络结构中包含在产业集群内部中企业与企业之间、政府与企业之间、形形色色的第三方服务组织或者中介组织之间，例如，企业咨询、保险、广告、策划、研发、资产评估、金融、审计、会计、测试、法律援助、维修保养等各种服务性组织或企业，以及在某个企业内部中员工内部相互的各种正式或者非正式的协作与合作的关系网络。其中，正式的网络关系表现为每个行为主体之间利用合同或者其他方式从而逐步形成的一种关系，而非正式网络关系表现为在双方彼此长期的不断交往过程中所逐渐形成的一种非合同但又具有比较稳定特性的一种关系。我们研究的产业集群的重点是对其有重要意义的非正式网络关系，这种网络关系是人们在日常生活中较为频繁接触的但又对其并不是十分了解的。这种网络关系是双方彼此尝试合作与交流中逐渐形成的，是在不经意之间频繁使用的。这种网络关系逐渐成为产业集群内部一种社会资本或者社会文化，并且在其中又经常有效地传播或者扩散某些无法用语言来表达的隐含经验类知识，进而才能更为有效地提升知识、管理机制、技术等的创新速度，促进区域内人力资本和知识资本的社会化发展进程，最终达到有效保持和提高区域竞争力的状态。

（三）柔性专业化特征

在产业集群内部聚集的大量企业是同属于一定范畴的产业或者具有某种直接关联的相关企业，如上游与下游企业的关联。也许正因为产业集群具有其专业化分工独有的特征，这才使集群内的产业、企业与其支撑机构或者第三方机构、企业之间产生密切耦合的合作关系。而众多关于工业园区的实践说明了，仅仅在同一区域或者地理上的集聚或者扎堆不一定就能产生良性的竞争与合作关系，众多具有较强专业化分工的企业只有通过长时间的贸易与交流才能对彼此产生较为信任的产业文化，只有双方彼此信任，才能够在区域内降低彼此之间的生产费用、交易费用等，还可以降低区域内企业之间存在的那一点点不信任与不确定，最终实现外在规模经济和外在范围经济。

产业集群又可以被看作是柔性生产的地域系统。这种柔性生产地域系统网络中的柔性是相对于刚性而言的，相对来说柔性可以被用来指对某些企业的产品设计、产品构成、市场需求量等方面快速变化的适应能力。并且其柔性包含了以下几点内容：首先，产业集群的柔性是指产业集群内部企业的管理方式与生产的柔性化。也就是说，对产品生产周期长短的快速反应能力；智力和体力工作活动的一体化；对新技术和观念的快速吸纳能力；零仓储和超额的生产能力；高度的灵活性，以适应不同顾客定做的要求；智力和体力工作活动的一体化；等等。其次，产业集群的柔性是指企业彼此之间的一种柔性化关系，也就是在产业集群内部的产业链上游企业与下游企业、顾客与供应商之间互相竞争合作的复杂关系。在产业集群内部，企业的管理方式和生产方式都具备非常强烈的对市场的适应性，以及当市场需求等发生变化时应变能力的灵活性，企业可以随时与顾客通过市场这个中介进行联系与沟通，企业可以从中获得相对比较直接的反馈。例如，顾客对其产品满意程度，未来可能的需求，这都为企业的创新能力打下了坚实基础。最后，产业集群的柔性也指在企业中劳动人员的柔性劳动过程，也就是通过其柔性的管理，学习型工人和兼职劳动力将会大幅地涌现。由于企业的生产线与生产过程中的工艺过程会随着市场的需求而不断地进行变化，所以具有柔性的劳动工人不因其改变而致使效率低下；相反，有的时候，具有柔性的劳动工人会随着生产线等的改变感觉自己像换了一份工作一样，对工作充满热情与激情，这样有利于效率的大幅度提高。同时，具有柔性的劳动工人可以在生产等过程中发现哪种方式是更便捷的，这样更有利于企业创新能力的提升。随着企业内部或外部的信息量的不断增多，信息渠道也越来越多，使企业可以更快地对新产品的有效需求和市场信号做出迅速的反应，而且外界的先进技术将更容易进行渗透，这样就大大地提升了集群内企业的创新速率与概率。

（四）植根性特征

产业集聚的植根性特征是指经济行为深深渗透到社会关系中。在一定区域内的产业集群内部企业不单单是在区位上相近而已，其实最主要的是它们都具备了强烈的本地联系，而且这种联系主要包含了政治、文化、经济环境等方向。企业间通过日常的不断联系，同时在双方的交易贸易中的各种行为都深深根植于互相所熟悉的交易规则、背景知识和圈内语言等，这样双方彼此之间更容易对对方产生一种心理上的依赖，更容易相信对方，更喜欢和对方做交易。因此，产业集群是一种积极参与全球分工而又与本地社会文化高度融合的本地化的产业聚集。

二 产业集群的分类

产业集群经济的形成是一个复杂的过程，在这个过程中包含了区域的主观与客观、内在与外在等一系列相关的各种因素相互作用又制约的复杂结构。但由于产业集群自身的特点，造成产业基础的差异、区域资源禀赋的差异、主体因素与驱动力的差异，所以对产业集群的分类就变得多种多样了。

（一）按产业集群的动力机制划分

1. 外生型产业集群

外生型产业集群是由区域外部因素或者力量如依靠市场外部的资本或者外部的市场驱动从而逐渐形成的，这种类型的具体案例就是广东东莞市的外向型加工工业区，这种产业集群一般在其发展初期依靠当地的自然资源或者人力资源或者政府给予的优惠政策而产生的比较优势，依据这些优势吸引外界资金，吸引其进入到产业集群的区域内,然后渐渐地不断演变为众多企业之间通过彼此的联系,具体是物质联系,然后上升到企业间的技术合作方向上和信息交流与共享的方向上,最终依靠其围绕当地的龙头知名企业而产生的产业集群。

2. 内生型产业集群

内生型产业集群是由区域内部因素或者力量如依靠内部的市场或内部的资本而引至形成的,这种类型的具体案例就是"第三意大利产业区"和我国江浙地区的"块状经济"。内生型产业集群一般在发展初期比较依靠产业经过长期逐渐形成的合作关系或者资源,将民间的资本汇聚在此内部中,并且通过民间资本的不断积累进而逐步扩大自己的企业,久而久之,逐步形成相对来说较为严格的专业化分工合作的特殊关系的产业集群。

(二)按产业集群的产业性质划分

1. 传统产业集群

传统产业集群是以传统的工业,如手工业、制鞋、五金、纺织、家具等行业,众多的各大中小企业在一定的区域内进行汇聚,久而久之,逐步形成一个有机联系的市场组织网络。传统产业集群具有独有的特征,专业化分工程度相对来说较高,分工较细。

2. 高新技术产业集群

高新技术产业集群主要指依托于某地的高校或者科研院所所提供的科研资源和力量,通过企业与其紧密合作,在高新技术产业集群内部拥有较强的创新能力与创新氛围。高新技术产业集群的实际案例有中关村高新技术产业集群。

(三)按产业集群的组织结构划分

1. 垂直整合型产业集群

在垂直整合型产业集群内部,众多中小企业围绕龙头核心企业进行合作并对其进行相关的协作配套,或者众多小企业为龙头企业提供专业化分工而生产的产品,如零部件等。

2. 水平一体化型产业集群

在水平一体化型产业集群内部,一般来说大多数都为中小企业,同时众多小企业之间的竞争与合作的关系大多数都以市场交易为导向,每个小企业都按照自己的分工来进行生产。普遍来讲,在水平一体化型产业集群内部很少有知名的龙头企业起带头作用,一般都是中小企业相互合作而相互促进彼此的发展。水平一体化型产业集群在实际中具体的案例有"中国袜业之乡"——浙江省的大唐镇等。

从以上三种产业集群的分类来看,产业集群的形成会根据不同特质而分支出不同的类型，而且产业集群形成的原因和影响因素也会随着地域的改变而改变，并不是一成不变的。因此，每个地域的政府想发展产业集聚应该结合自身的相对优势和影响产业集群形成的因素进行分析，然后根据其发展的产业集群的类型来制定不同的政策导向，从而才能从根本上解决产业集群的经济发展，才能进一步将产业竞争力提升到一个较高的档次。

三 产业集群的竞争优势

某个地区自身所独具的竞争优势的关键就是产业的竞争优势，而产业竞争优势来源于彼此相关的产业集群。总体上来讲，产业集群的竞争优势一般来说分为四部分，即创新优势、成本优势、扩张优势、市场优势。

（一）创新优势

大批产业相关的企业都聚集在某个特定区域内，通过其彼此之间相互良性竞争及合作的复杂关系，可以使众多企业从中开发出基于资源禀赋的比较优势，并且将其逐步演变成为创新能力的优势，这样就可以迅速地迈开走向企业技术创新的步伐。归根到底，其形成的主要原因分为以下几点。

1. 创新的学习效应

由于在产业集群内部企业与企业之间的区位相互都彼此接近、交易贸易比较频繁、信息交流与信息的共享更加便捷，所以产业集群就会通过其不断地进行知识和技术扩散，久而久之，相互之间就可以取长补短得到更多学习的机会及企业的上升空间。企业往往通过创新的学习效应，能够极大地提升产品信息的效率和提高技术传播的有效性，然后才能进一步为产业集群的更新换代营造出一种前所未有的良好状态。

2. 创新的激励效应

面对越来越多的企业逐渐地发展壮大，竞争对手也如雨后春笋般地相继出现，规模和范围逐渐增大，形成一种"争先恐后、你追我赶"的紧张局面。残酷的竞争显示出巨大的压力，这种压力并没有令多数企业退缩，而是把压力转化为强烈的创新动力。这种动力推动着企业加快技术创新的步伐，提升产业层次并提高产品质量，改善服务。企业可以尝试着另辟蹊径，把以往的同质性竞争转变为当前的差异化竞争，努力开发新的产品品种和工艺。

3. 创新的文化氛围

文化氛围对于企业来说至关重要，每个企业都有自己特有的企业文化，企业文化可以推动企业更好更快地发展壮大。众多企业聚集在同一个区域，面临着相互竞争的同时，还给企业间增加了相互学习的机会，使得产业间形成一个共同的愿望，那就是协作创新、加强地区竞争力。进而形成了一种特有的文化氛围——"想创新、讲创新、争创新"，它成为企业创新的必要催化剂，激励着集群企业在这种文化氛围的熏陶下不断地积累新知识、追求新技术。

4. 创新的服务体系

企业间的集聚形成的产业集群，规模不断地发展壮大，这种壮大吸引了大量的服务产业及能提供技术研发和支持的机构，这些机构包括高等院校、科研单位、行业协会、培训教育组织、管理咨询机构、技术开发机构等。这些机构可以为企业提供技术的研发支持、信息交流和知识扩散，为企业的创新开拓更多的机会与平台支持，从而又能促进企业员工的学习效率，利于知识和信息的传播和积累，为集群企业的创新提供巨大的动力支撑。

5. 创新的人际环境

在产业集群的内部中小企业数量众多，相比起来企业所占的区域就偏小，在科技园区内的工作人员与工人更加紧密地工作和生活在一起，这样更加有助于他们互相了解与互相信任，同时工人们可以从人际关系中经过长期的配合与合作逐步建立起来长期的稳定的工作软环境和创新环境。

（二）成本优势

由于产业集群内各大企业之间所占的区域相对较小，所以这些企业在地理位置或者区域内相对来说就比较靠近。这样就对各大企业的专业化分工合作、精细性稳定配合的分工协作体系产生了积极的推动作用，因此就逐渐地为各大企业的生产成本与交易费用等的降低提供了根本性的保障。

1. 外部规模经济不断扩大

在产业集群的内部，处于产业链上同一环节上的众多相关企业之间通过其区域上的优势与地理上的优势，以中外合资或者中外合作等方式为渠道同时进行生产、服务及销售等的价值活动。在实际中具有代表性的案例就是中国浙江省的"领带城"，其通过逐步降低成本及减少运输费用等，使浙江省的"领带城"逐步扩大为中国最大的领带零售地。

2. 企业进入和退出成本降低

通过产业集群的逐步发展，在此区域内部的工作环境也逐步得到改善和完善，如市场资源、信息共享等，这都给区域内的企业的建立和发展提供了巨大的便利，然后再通过其渐渐发展成为创业空间集聚的正反馈效应。正因为存在这种正反馈效应，所以在产业集群区域的内部企业进入或退出某种产业不存在任何障碍，也就是产业的壁垒相对较低。当一部分企业退出这个产业时，不会对这个产业有致命的影响，因此也大幅度地降低了企业进入或者退出产业的资金和成本。

3. 专业化分工提高了生产率

在产业集群内部,众多处于产业链同一环节上的进行专业化分工的企业同时集聚在同一区域内,使得该区域从根本上创造了一个具有巨大潜力的市场需求。这种需求随着技术变化,自身也发生着变化,同时对具有专业化分工合作的产品和服务也有着更精确严格的要求。而且这种需求同时伴随着巨大的商业机会,通过这种商业机会,企业之间可以通过更精确化、专业化的分工合作进行大规模的生产和配套服务,最终使得产业集群整体生产效率得到大幅度的提升。

4. 交易成本降低,形成外部范围经济

在产业集群的内部,众多处于产业链同一环节上的企业通过更加精确的专业化分工与合作,利用企业间长期交流贸易产生的理解与信任的社会网络,使得双方贸易更加简单便捷,节省了中间的大部分不必要的环节。这样可以大幅度地对搜索市场信息、产品信息等所花费的时间与金钱进行有效的节约和节省,节省很多交易成本。然后通过双方的共同努力,逐步建立起一种外部范围经济,利用这种外部范围经济可以消除大企业等级制组织所引起的弊端。同时,在此区域内的企业将交易成本节约的费用用在建设区域内的基础设施建设上,这样可以极大地提升与改善交通等情况,可以间接地为企业节约运输成本和生产成本。

(三)市场优势

产业集群利用自身的众多相对优势,吸引着社会的各种资源、资金,然后逐渐发展其市场规模,进而产生市场需求。这样保证了产业集群与市场有效地进行提升,更加有利于在市场竞争中处于优势地位。

1. 有利于开拓国际市场

企业利用产业集群的众多相对优势,可以提高自身对市场的竞争力,逐步利用电子信息的发展与电子商务的便利条件,建立起全国甚至全球的一种产业链,并且通过电子商务,企业可以了解市场的行情与产业的质量、价格等。这样更加有利于从中要价或者收费,同时也可以利用互联网和物联网,对货物进行实时监控,保证了货物、产品的按时交货,最终提高了企业在国际间的竞争力,逐步开拓了国际这个大市场。

2. 促进品牌建设

在产业集群内部,大多数企业都属于小而精这一类型,虽然规模都普遍偏小,但鉴于它们的专业化合作与分工,保证了它们可以为多个相关产业进行专业化的配套服务,然后通过专业化的制造以质量和品质扩大自身的影响,为自身树立一个良好、健康的正面形象。

四 产业集群的动力机制

（一）产业集群的分工机制

1. 以集聚经济为主导的区域分工

从本质上来讲，产业集聚是一个外部经济，同时这种隶属于外部范围的经济也是一个特殊的集聚经济。以集聚经济为主导的区域分工可以成功使在产业集群内部中的企业单位产品的成本得到大幅度的降低，其在现实的具体表现是外部范围经济和外部规模经济。同时，产业集聚可以让区域内的各大企业经过良性竞争与合作的复杂关系共同发展创造市场上的需求，进而共同为其需求创造出产品，这样相关的产业会从量的飞跃上升到质的飞跃。

2. 基于雄厚的社会资本的区域分工

社会上所存留的资本和社会上其他形式的资本一样，都具备获利性，在产业集群内不是通过行为主体之间长期反复博弈而逐步形成的，都能够使行为主体通过资本或者资金的博弈来获取利润。产业集群的社会资本优势主要体现在以下几个方面。

1）企业之间基于互相信任的合作关系

在产业集群内部，各大企业之间具有区域优势，同时企业之间都互相彼此了解与信任，因此逐渐通过交流与贸易建立起企业家社会网络关系。企业之间的交易贸易比较频繁、信息交流与信息的共享更加便捷，因此产业集群就会通过其不断地进行知识和技术扩散。同时，由于企业之间多次进行贸易往来，双方都知道只有互相遵守合同的要求和彼此的信用，才能更容易完成并完善企业家社会网络关系。通过这种复杂的企业家社会网络关系，企业都可以达到降低企业生产成本和交易费用等目的，这样更加有利于企业的不断发展与壮大。

2）企业家资源的培育

在产业集群内部，企业彼此之间都有一个典型的隐含性知识，那就是创业精神。创业精神通过在同一区域内部企业与企业之间的沟通与交流可以对社会资源、技术、知识等进行共享。这样更加有利于企业家资源的发挥，只有不断完善企业家资源，才能使企业自身立于不败之地。

3）创新的产业文化

产业集群内部的创新产业文化一般来说都来源于三个方面：第一，是基于企业之间互相宽松的工作环境。在产业集群众多企业内部，企业和机构之间在利益方面是互相平等的，彼此都严格遵守平等互利的市场契约原则。与此同时，企业的具有天分的员工可以在产业集群内的各大企业之间频繁地进行人才流动，因而产业集群内包括企业在内的形形色色的组织都不断趋向于形成分权的组织环境。通过这样的组织环境，各大企业可以通过市场的不断竞争，利用创新找到自己的方向，并且当市场发生变化时，可以迅速地做出对策。第二，是区域的文化背景。在这种产业集群的区域文化背景下，创造的奋斗精神牢固地印刻在此区域的企业与企业员工中，当困难来临时，企业及其员工并不畏缩，相反具有一种强烈的挑战精神。因此，在产业集群中，这种行为意识已经逐步成为一种习惯，长此以往，企业将拥有强大的创新精神和创新动力。第三，是有利的信息交流环境。在产业集群内部，企业间不仅有正式的合作，更多情况下都是企业间的非正式信息交流，通过这种交流企业家和企业员工可以轻松地感知市场及需求的变化，这样更加有利于企业家和企业员工共同进行创新来把握市场变化而带来的种种机会。

随着社会经济的不断发展，技术的不断进步，信息技术的迅速发展，企业都面临着经济全球化的影响。简单便捷的初级生产要素早已无法满足区域发展的需求，只有通过较强的外部资金的进入或者社会资本的进入补充才能够使得区域内的产业、企业进行集聚，从而形成专业化分工与合作。只有集聚效应产生的外部经济，才能够保证生产成本和交易成本的减少，合作效率的大幅度提升，最终达到技术的不断创新与扩散。

（二）产业集群的协作机制

产业集群的协作机制是指在产业集群的区域内各行为主体彼此之间在交易双方或者多方都充满理解和信任的平台上，进行正式或非正式的交流、接触、交易与合作。只有这样才能使得技术、信息、相关知识进行不断汇聚和融合，逐步发展成为区域产业创新网络，这其中，主要包括信任机制和知识共享机制。

1. 信任机制

在产业集群内部，企业之间通过物质技术进行的交流与贸易关系比较密切，同时企业之间通过长期重复交易或者说是长期博弈中，双方都对彼此有了更进一步的了解，同时它们都有着一个共同的目标，那就是长远利益和企业长期发展。因此，企业之间都会选择让彼此都对对方充满理解与信任并进行合作或者贸易，长此以往，在产业集群内部中的那些不守信用或者诚信度较低的企业都会逐渐地被社会所淘汰，逐渐走向没落。因此，企业间通过长期的接触从而形成的那种信任与发展也是市场的选择与市场监督共同作用而产生的结果。

2. 知识共享机制

首先，在产业集群内部，企业家与企业员工的知识都隶属于隐性知识的范畴，产业集群内由于区域优势等得天独厚的特点，单位面积上企业数量众多。因此，大家彼此之间面临的沟通与交流的机会就会越多，这样更有利于企业中隐性知识的传播、扩散与收集。企业员工之间都避免不了地进行接触，可能有的时候在电梯里就会碰到，或者在地铁中遇到，这样的相遇都会促进知识实践网络的构建，给予隐性知识的传播和交流空间可靠的平台。其次，集群的社会文化特征会对集群整体隐性知识的扩散和共享给予方便与便捷。在产业集群区域内部，企业彼此之间都具有一种相近的社会文化背景和管理上的制度环境，在此区域内的人员都对一些隐性知识有所了解。一些相同产业中的圈内语言、交易双方潜移默化的规则，都深深植根于或嵌入同一环境中的人们，这是在此区域外的人员无法轻易能够了解的。再次，产业集群的社会网络特征不仅对知识外溢和创意的流动进行不断改善与完善，更给各大企业中的员工的知识开发和创造提供了广阔的平台。在产业集群环境中存在三种相互依存的网络类型：产业链同一环节上专业化分工的公司之间的横向联系；个体企业之间的网络联系；沿着产业链垂直方向上的不同部分的公司之间的纵向联系。这几种网络类型都极大地促进了企业间隐性知识的创造与信息的共享。

其实在现实经济体中，产业集群的协作机制远远不止这两种，同时这两种机制也会有形形色色的表现形式，也会随着地域的不同、文化的不同、经济体制的不同、政府政策的不同而产生变化。

第三节　创新集群发展理论

一　创新集群内涵及特征

（一）创新集群的概念与内涵

西方国家学者最早开始对创新集群进行研究，罗森博格（Rosenberg）最早提出创新集群的概念，认为创新的模仿和扩散过程中的二次创新是创新集群产生的原因。伦德威尔（Lundvall）和普利斯（Preissl）认为，集群内主体的集体行为和互动的学习过程是创新集群的基本特征。波塔加瑞（Bortagaray）等强调，创新集群以知识的交换交互学习和价值集聚为基础。经济合作与发展组织（OECD）认为，创新集群是一种连接企业和市场的新型组织形式，遵循着一定的发展规律。国内学者从创新系统、复杂系统和网络视角对创新集群进行定义，认为创新集群是国家创新系统概念的发展与具体化，是由利益相关多元主体共同参与组成的，以技术创新和制度创新为导向、以横向联络为主的开放系统地方环境网络，具有集聚经济和大量知识溢出特征的技术-经济网络。

综合国内外学者对创新集群概念的定义，可以归纳为以下几个方面：创新集群和集群创新含义相近；创新集群是网络组织形式；创新集群是具有创新性的产业集群；创新集群是国家创新系统的具体化。

现有研究成果中，学者们对创新集群的定义各有侧重，对于创新集群的研究均有一定借鉴意义，但是对创新集群认识还不够全面。在前人研究基础上，从复杂系统和经济学的视角对创新集群进行界定，我们认为广义创新集群是在一定的区域或者领域内，具有明确市场导向的企业、科研机构、大学、专业科技服务与中介机构等通过产业链、价值链和知识链的耦合形成创新网络，使得创新主体能够在更广泛的区域范围有效配置创新资源，降低创新成本，减少创新过程的不确定性，实现创新的边际效益递增和集群创新效益放大的有机网络组织形式。本书界定的创新集群概念包括五层内涵：第一，从动态发展的角度看，创新集群是集群创新与创新性集群良性互动的全过程。第二，创新活动的参与者是多元的，创新机构包括企业、科研机构、大学、专业科技服务与中介机构。第三，创新集群内部参与者之间的联系不是单一稳定的，而是按照创新需求和创新活动进行组织，具有高度不确定性，并且创新集群内的核心创新单元不是唯一确定的，各个主体在不同的创新活动中的地位和作用会发生动态变化。创新集群的不确定性有利于实现创新活动的确定性。第四，创新网络的形成有利于不同的创新行为主体相互分工与协作，与不同的创新资源发生组合与配置，共同推进创新活动的开展。第五，相对稳定的节点与联系的不确定性交织在一起，产生出创新集群的发散效益（即倍增效益）。

（二）创新集群的特征

目前，国内外学者对创新集群的特征均有不同描述，例如，兰德里（Landry）认为，高度互动与强学习能力是创新集群的本质特征。赖迪辉、陈士俊认为，多样性自组织特征动态性和非线性是技术创新集群的主要特征。钟书华认为，多元化的参与主体、高强度的联盟与互动合作、创新资金投入密集、知识溢出效应显著和集聚经济效果明显是创新集群的五大特征。蒙新春认为，动态性、国际化、网络化与科技紧密联系、集群成员创新紧密联系是创新集群的本质特征。康格瑞·李（Kongrae Lee）认为，创新集群是不同功能企业在垂直水平和地理的集聚，以分享知识和使新产品增值。爱尔德玛（Alderma）认为，企业集聚、相互联系的部门和创新网络是创新集群的三个要素。龙开元认为，创新集群具有以创新活动为中心的集群内部知识流动性强、集群内企业具有较强关联度且竞合程度高，以及持续创新行为三个基本特征。

综合已有对创新集群特征的研究，我们认为创新集群具有以下四个基本特征。

1. 创新集群具有多主体参与的网络结构特征

创新集群内部创新活动的参与者是多元的，包括企业、大学、科研机构、政府及其他中介服务机构，创新参与者之间的内部联系是多样动态的，按照不同的创新目标组成不同的创新网络，形成多层级复杂的网络结构。创新集群作为一个复杂的网络系统，其内部主体要素与环境之间的相互作用关系交织在一起，构成非线性系统，其运动规律是混沌效应，存在多渠道之间的多重反馈关系，受初始条件影响大，其结果难以定量预测。

2. 创新集群是多种集聚效应的非线性叠加

在创新集群的形成与发展过程中，同时存在着创新在时间层面、空间层面、领域层面和资源层面上的集聚。①时间集聚：创新不是孤立事件，在时间上不是均匀分布的，而是趋于群集分布。由于需求或其他因素作用，在同一时期集中呈现出技术成群出现的现象。②空间集聚：创新随着空间变化也呈现出多样性，创新在某些区域呈现集群现象。随着时间的推移，创新的中心从一个区域和国家转移到另一个区域和国家。例如，19世纪的英国是世界上的创新中心，而20世纪的大部分时间美国是世界上的创新中心。③领域集聚：创新在部门行业产业中呈现集聚现象，当特定产业或部门引入或出现一项或几项重要的创新之后，模仿者的进入与相配套技术也将在这一领域产生创新突破，如电子计算机出现后，相关的软件硬件技术创新也随之发生。④资源集聚：随着创新在领域集聚的出现，或者政府对新兴产业的政策导向，促进创新资源投入出现集聚，随之创新产出也将呈现集聚。例如，各国政府对新能源产业电动汽车产业等战略性新兴产业的扶持，资本技术人才在新能源和电动汽车产业出现集聚。当创新资源的投入超过一定阈值时，创新的产出也将成群出现。创新集群的形成与发展有其自身的发展规律，是多种集聚效应的非线性叠加过程。

3. 创新集群是产业链、知识链和价值链的有机耦合

创新集群的形成过程并不是单一的链的作用，而是产业链、知识链和价值链的交互作用，使创新集群成为一个复杂的非线性系统。在链的耦合过程中，同时存在着复杂的正反馈和负反馈关系。在创新集群发展的某一阶段的正反馈在其他过程中可能是负反馈。创新集群形成过程是技术过程和经济过程的耦合过程，即产业链、价值链和知识链的相互作用、激励相容的非线性耦合过程，不是构成要素的简单叠加。在三者耦合的过程中，应采取措施对耦合关系进行引导和强化，促进良性的正向的相互作用，激发创新集群的潜能，实现其创生与发展。

4. 创新集群能够实现创新成本与风险分担和创新边际效益递增

创新集群以创新网络结构为基础，不同层次、不同网络结构下的创新主体

之间的联系更加紧密，互动更加频繁，并且创新主体根据其特定的创新目标组织创新资源，主体之间的联系不是唯一的，而是根据创新目标进行动态的调整。这种动态的过程有利于创新主体在更广泛的尺度上有效整合与集聚创新资源，有利于实现创新成本分担和创新风险的分散。由于在知识经济背景下，资源禀赋的内涵发生变化，知识成为重要的资源，涉及智力资源、人力资源和知识资源，是资源禀赋的高级形式。资源利用方式发生变化，由原来的生产型利用转变为知识创造型利用。在传统经济下，随着生产规模的扩大，边际效益递减。现代经济背景下，创新集群的资源禀赋中知识所占的比重不断增大，知识扩散、技术溢出等可以实现边际效益递增。

二 创新集群的类型

目前，学者对创新集群的分类主要有以下几种观点：第一，从创新集群形成与发展的角度，将创新集群分成政府主导的自上而下型和市场驱动的自下而上型。第二，按照创新之间有无直接联系，将创新集群分为 M 型创新集群和 T 型创新集群。其中，M 型创新集群是技术上无直接联系，仅由需求全面旺盛或其他有利条件共同刺激所引起的创新集群；T 型创新集群是由出现一种（或少数）可为大量的改进型创新提供基础的重要创新时所诱发的。第三，骆静、聂鸣从创新集群的内外部联系的角度，将创新集群分成内聚性集群、新工业区集群、创新环境集群和邻近集群四种类型，四种集群各具特点。第四，田桂玲考虑到集群内部创新源泉的差异，将创新集群分为产业创新集群、区域创新集群、网络创新集群等。

笔者从创新集群最初形成的机制对创新集群类型进行分析，将其分为自组织形式和他组织形式两大类。在市场机制充分发挥作用、创新活动活跃的领域或者区域，市场力量驱动下自发形成的创新集群，属于自组织形式。在创新集群形成过程中，需要政府、社会机构等外部力量介入，营造适宜创新的氛围和外部环境，给予创新活动参与者适当政策和扶持，调动创新主体积极性，推动创新集群的形成，属于他组织形式。但这两种类型并不是完全排斥的，一般而言，单纯依靠自组织形式自发形成的创新集群，创新主体之间的联系较为松散，合作并不紧密，需要耗费的时间周期长，不利于创新集群的形成。特别是在我国的社会经济制度下，传统文化思想的影响仍旧较为强烈，勇于创新的行为和活动仍旧不多，自发形成创新集群的可能性不大。因此，在培育创新集群初期，需要政府的介入，政府政策的引导有利于创新主体明确创新方向，有利于创新集群的形成与发展，而当创新集群发展壮大之后，政府、社会机构等非营利性机构应逐渐退出，使其进入自组织的良性循环状态。

结合我国的具体情况,依据创新集群初创过程中起支配作用的主体的差异,可将创新集群划分为龙头企业推进型、产业推进型、政府推进型、科研机构(大学)推进型、金融机构推进型和市场自发形成型等六种主要类型:①龙头企业推进型是指在跨国公司和大型企业集团的带动作用下,在相应领域、区域培育的创新集群。②产业推进型是在已有产业集群的基础上,通过引入创新参与者,加强创新网络建设,不断增加创新投入,实现产业链、知识链和价值链的耦合,形成创新集群。③政府推进型,是由政府战略和政策引导,促进创新主体和创新资源在地域的集聚,最终形成创新集群。④科研机构(大学)推进型是依托科研机构与大学的技术优势和人才优势,在某一特定领域涌现大量创新成果,通过搭建科技园区、孵化器等方式,构建产业链和价值链,培育创新集群的方式。⑤金融机构推进型是依靠金融资本的力量,对某一领域的创新主体进行大规模的资本投资,最终实现创新成果大量涌现,并形成创新集群。⑥市场自发形成型是在市场力量的驱动下,企业自发形成的创新集群,这种创新集群的形成需要耗费的时间周期很长。

其中,前五种类型属于他组织形式,在创新集群初创期,依靠外部力量作用,促进区域或产业形成创新的氛围,营造有利于创新集群创生的外部环境,激发集群内部主体的协同互动。前五种类型创新集群的差别在于驱动创新集群进入他组织状态的决定性外力不同,分别由跨国公司和大型企业集团带动,以产业集群为基础注重创新网络和创新平台建设而形成,政府战略引导和政策带动形成,以科研机构(大学)为核心培育科技园区、大学创业园而形成,金融机构通过资本运作扶持创新集群形成。市场自发形成型属于自组织形式的创新集群,是在市场力量的驱动下,创新资源自发集聚,创新活动参与者之间自组织联系,形成的创新集群。不同类型的创新集群在形成过程中起作用的主体不同,其形成与发展过程中起支配作用的机制不同,导致创新集群的演进过程出现差异,相应的,所需要的机制设计与制度设计也存在差异。

三 创新集群的形成动因和动力机制

对于创新集群形成的动因问题,学者们从不同视角进行阐述。熊彼特(Schumpeter)从创新的角度分析了创新集群的形成原因,一方面,首次创新更具挑战性也更加艰难,一旦突破了创新门槛,会为随后的创新带来外部性;另一方面,创新是一个学习过程,首次创新会为后续创新活动留下很多经验。其他学者通过对创新集群的研究达成两个共识:第一,基础科学和技术的影响,各种创新之间往往存在着普遍的"技术联结",导致创新集群的产生。创新具有积累效应，过去取得的创新成果对于现在与未来的创新突破具有重要影响，会增加未来创新成功的可能性。第二，创新集群的产生与创新的模仿、扩散密切相关。罗森博格认为，创新扩散过程不是简单的复制过程，而是围绕原始创新展开的一系列二次创新过程，二次创新过程是对原始创新的完善。原始创新和扩散产生的二次创新共同形成了创新群。加拿大创新研究专家德布瑞森（Chris DeBresson）对创新集群产生的因素进行了系统分析，并将其作为经济动态发展的源泉，培育创新集群对于经济发展具有重要意义。他认为，导致创新集群产生的因素包括范式的不连续性、技术系统的辅助作用、累积性的学习过程等三个来自经济系统外部的要素，以及范围经济、技术外部性、创新诱导机制、独占性、创新交易成本、创新利润等来自经济系统的内生因素。并且，这些因素之间不是孤立的，这些因素都能促使创新倾向于群集，会产生协同作用效果，存在着系统的自增强动态机制。虽然创新的自然集聚是偶然的，但也可以主观促成，在政策制定上，结合创新的自然倾向，培育创新群，而不是单个创新能力。通过促进创新源、创新者、创新产品用户之间的联系、结合、互动，推动创新的动态积累。也有学者从集群的角度阐释了其形成原因。马歇尔认为，外部经济性是支配企业集聚的形成机制。符正平认为，聚集网络的外部化是企业集聚形成的主要机制。刘恒江等认为，涌现性是民营企业簇群形成的核心动力，簇群的涌现性体现在集群整体的功能大于其组成部分之和上，且集群的属性、特征与行为不同于企业个体。

创新集群演化的动力机制按照集群动力产生的根源可分为具有市场自组织特点的内生动力机制与制度政策孵化特点的外生动力机制。内生动力机制是一种自发的内在力量，表现为邻近性、分工互补、知识流动、集体学习等机制；外生动力机制主要来源于外部环境与政府有意识地对集群进行的规划、调控行为，表现为外部竞争、区域品牌意识、集群政策等。内生和外生动力机制是相辅相成的，它们相互融合组成创新集群演化的动力机制，动力机制的作用使得创新集群成为一个有机整体。实践也证明，完善健全的动力机制是创新集群持续健康发展的保证。创新集群演化动力机制是以卖方市场集中、产业地理集聚与技术创新聚集的耦合方式构造的。杰罗姆 S. 思格尔（Jerome S. Engel）认为，创新集群的全球网络可以加速创新进程。现有研究成果中，对于创新集群形成的动力因素的分析主要包括知识溢出效应聚集经济性、学习机制、社会资本等因素，这些因素均有利于创新集群的形成，但是并未从根本动力的角度剖析创新集群形成的内在动因。

第四节　科技园区及其与战略性新兴产业发展的关系

一　科技园区的定义

科技园区是高新区、科技企业孵化器、科技工业园、科技产业园、大学科技园、留学生创业园、科学城、技术城等的统称。它是一种以知识和技术为依托、以开发高新技术和发展高科技产业为目标、促进科研与生产相结合、推动科学技术与经济社会协调发展的综合性基地。

科技园区为企业高度集中创造了地理条件，并通过提供较好的信息、法律、财务咨询等服务及享受政府优惠政策等方式减少企业创业风险，加速企业的成长，这使得科技园区越来越多地呈现集群式发展的特征，并产生了集群优势。当前，科技园区已经变成了区域经济发展非常重要的组织力量，深刻影响着各地产业结构的调整和区域经济的增长。发展新兴产业具有独特优势，也是世界上主要的新兴产业发展模式之一。

二　科技园区建设的一般理论

（一）科技园区建设的宏观理论

三元参与理论认为，科技园区是高等教育领域、科技领域、经济领域与社会发展的必然产物，是在工商企业界、政府、大学及科技界三方互相结合下所产生的，同时在这三方的共同参与下和积极推动下得到了长远的发展。

科技园区中，大学及科技界通过和企业界的合作从而实现了科研成果的商品化，获得了应有的经济收益，补充了办学与科研的经费，并且培养出了适应经济竞争与社会发展双重需要的人才；企业则从大学及科技界那里获得了技术创新所需要的技术与人才资源，并且通过其自身的发展，增加了就业机会，发展了地方经济；政府则通过支持或者直接参与组建科技园区的方式，为大学及科技界同企业的合作创造出一个优质的环境，并且促进了创新要素的有效配置，获得区域经济发展、就业人数增加、综合国力增强的优质效果。

其中，园区内外环境的创立者与园区组织机制的启动者就是政府，大学及科技界则是高技术与高素质人才的源泉，企业则是科研资金的提供者与新兴市场的开拓者。三元参与理论所描述的这种多元组合关系，其实质是政府、科研院所与企业合作参与科技园区的建设工作。政府的目标是实现经济与社会的发展，企业的目标则是追求利润、维持生存与持续发展，科研院所的目标则是培养人才与取得科研成果。这三者的目标既有长期的一致性，也存在着中期的差异性和近期的矛盾性，怎样将三方的目标变成统一的政策及协调的行动，是科技园区发展过程中的关键问题。政府应在三元参与者中发挥建设者、组织者与维护者的作用，为科技园区的建设提供优惠政策，支持园区基础设施建设，提供孵化资助，促进科研院所与企业紧密结合，共同致力于科技园区的建设。

（二）科技园区建设的微观理论

孵化器是一种孵化高新技术企业与企业家的新型社会经济组织，也称为创业服务中心，其通过为创业企业与企业家提供设施与场地等优质的创业环境，以及信息、资金、管理等许多优质的服务和塑造创新的文化氛围，降低了创业成本与创业风险，帮助新兴的中小企业"出壳"，并提高了其存活率，加速了其成长。并且，孵化出的企业群因为同出"一窝"，容易进行信息的共享、交流合作与互相支持，进一步促进了中小型高技术企业的大量繁衍与蓬勃发展。

科技园区就是为了实现孵化器功能的制度性的安排。根据高技术企业发展的四个阶段（种子期、初创期、发展期与扩展期），科技园区也应相应地采取四级孵化模式：一级孵化，也称为项目孵化，主要是以高技术的研发成果与参加研发的科技人员为孵化对象，同时以科技成果企业化为孵化目标，就是达到生产化，生成新的小型高技术企业；二级孵化，也称为企业孵化，是以已注册的中小型高技术企业法人为孵化的对象，同时以培育成功的中小型高技术企业与科技型企业家为孵化目标；三级孵化，也是"大孵化"的概念，从二级阶段孵化出来的高技术企业一般会直接进入科技园区内进行自我的发展，通过高科技园区为其提供的优质的优惠政策、产业发展环境与投融资服务，依据其核心的技术优势，在竞争中成功实现将自身从中小型高技术企业向大型高技术企业的良性转变；四级孵化，也称为"跨国孵化"，主要是以开拓国际市场、在国外设立分支机构、寻求国外合作伙伴的国内高技术企业（特别包括归国留学人员所创的高技术企业）与那些希望进入中国市场、寻求中国合作伙伴的外国中小型高技术企业为孵化对象，以使国内的高技术企业引入国外尚未产业化的高技术为孵化目标，实现跨国经营与国际化发展。

从孵化器理论可以知道：科技园区只有深刻地把握了高技术企业的阶段发展的规律，根据高技术企业发展历程中的各阶段的特点，向其提供优惠的政策，以及建立完善的基础设施与支撑服务体系，建设优越的生产生活环境和积极的区域创新文化环境，向其提供优质的发展氛围与公平的市场环境，用以促进高技术企业的蓬勃发展并且大量繁衍集聚，这样才能促进其自身的快速发展。

三 科技园区建设的发展趋势

(一) 向大型化园区发展

大型化园区的发展趋势主要表现在以下两个方面：一是园区本身规模在不断地增大，从而实现交通设施、市政设施、娱乐休闲设施等公共设施的集约利用，降低企业的运行成本，更好地发挥集聚的效应；二是入驻园区的企业规模逐渐增大，大企业入驻园区可以通过辐射效应从而带动园区更快更好地发展，形成良性的循环。高技术、高带动力、高起点、国际化、可持续发展，从而达到投资多元化、生产基地化、规模大型化、装置集约化、运作市场化、控制数字化等现代化的大型园区的多重要求。

(二) 向多元化园区发展

随着经济发展呈现多元化的趋势，科技园区也逐渐向多元化的方向发展，这就要求改变以往的园区那种以工业生产为主要目的的单一化功能的模式，将模式转变为以发展工业为基础与纽带，带动教育领域、科研领域、生活配套领域、生产服务领域等多项功能的多元化模式综合发展。科技园区也将和经济技术开发区、保税区、经济开发区、出口加工区等各种类的园区相互取长补短，和各类园区之间在税收、投资的主体、技术的来源、海关的政策等界限上日益模糊，功能多元化的趋势日益明显。

(三) 向协作型园区发展

这一发展趋势首先表现在提高了园区内各产业与各企业之间的关联程度上。国外的先进高新科技园区的发展例子与实践证明了，通过专业化分工协作可以降低各关联企业的集聚成本。这样就创造了集体效率与外部经济，进而促发了创新，形成与产生了知识的溢出效应，获得了竞争的优势。没有专业化的分工协作，就无法形成集聚的效应，也就无法形成协作型园区。要从单纯服务型转变为战略协作型，在提供有效服务中求得发展，在加强联合中求得发展，在接受辐射中求得发展，在差别的竞争中求得发展，在产业的错位中求得发展，从而形成协作的全方位的开放格局。

(四) 向生态型园区发展

通过生态工业，倡导园区内的各企业进行自身产品的耦合共生，可以大大提高资源的利用率，并且通过废弃物与副产物的循环利用，既可以降低园区的环境负荷，又可以减少企业废物处理的成本与部分原料的成本，进而提高企业的经济效益，从而改变环境污染与经济发展的矛盾，达到环境、资源及经济发展的共赢。现代化的科技园区应该尽量避免重复之前"先污染、后治理"的被动发展的模式，逐渐开始重视园区内生态环境的保护，保持企业之间高效的能量与物质转换。

四 科技园区与战略性新兴产业集群发展的关系

当今的区域竞争日益激烈，产业集群已成为提高区域竞争力非常重要的方式。世界各个地区，包括我国各地区在工业化过程中，都把培育与发展产业集群当作政府推进工业化的一项非常重要的工作。通过怎样的载体，产业集群才能得以快速有效地实施呢？目前，国内行政界与理论界已经形成了一个普遍的看法，即科技园区是形成产业集群的主要载体。前面的分析表明，产业集群的空间是相关产业和支持机构在地理上的集中体现，因此，产业集群形成与产业集群效应得到了发挥的第一条件是产业在地理上的聚集性。工业园区是政府预留出一块区域，通过优化经济发展的软环境和硬环境，制定一系列的优惠政策，吸引和鼓励大量的企业进驻和发展，使科技园区单位土地产出远远高于非科技园区，发挥产业集群的形成和集群效应。其次，为了使包括成本和市场优势、创新优势、扩张优势等方面内容在内的产业集群效应得以有效发挥，除了上述企业在地理上集中外，而且还必须具备一定的条件，例如，形成产业配套，产业之间有着密切的物质与技术联系；企业之间的信息交流渠道、通信手段增多，并形成意味着许多企业形成高度信任的伙伴关系，有利于技术创新和制度创新，创新"产业空气"浓厚；形成被广泛接受的价值观和理念，以构建区域文化。科技园区正是有利于形成这些条件。此外，考虑到引进配套产业和商业接触，通过设立中介机构与提供各种交流场所、交流的机会，规范企业的竞争和合作，以加强企业之间的沟通和互动；建立研发机构，通过政策激励措施，鼓励企业联合技术创新；把园区当作社区来经营，加强科技园区文化建设。从科技园区建设的角度来看，大多数的科技园区可以按照这样的规律促进发展，有利于形成集群。但并不是说，可以自动生成科技园区产业集群，这里只是强调在政府的作用下，科技园区有利于产业向产业集群的方向发展，科技园区是形成产业集群的有效载体。

五 依托科技园区发展战略性新兴产业集群的基本模式

（一）中卫型

在这种集群模式中，集群内部少数中大型企业处于企业群的核心地位，而处于周边从属地位的大量卫星式小企业围绕其运作，为中心大企业进行特定的专业化加工、原材料供应、委托销售或者零部件生产等，这样就形成了各具特色的企业集群。

依据中心企业在整个企业中所起的作用不同，企业集群的具体类型可以分为三类：第一类合作模式是以产品为中心的，就是由核心企业负责产品的开发、组装，以及生产一些附加值大、技术程度高的产品，而大量中小企业则生产专业分工高、技术要求较低的相关部件和产品。第二类合作模式是以销售为中心的，一般以贸易公司为核心专门负责销售部分，众多中小企业只按配套的要求从事专业化的生产，产品最后由贸易公司收购，或者通过专业市场进行交易。第三类合作模式是以原材料供应为中心的，这种模式是因为大型供应企业或者原材料生产的存在，从而优先提供了一定原材料给群体中的成员企业而形成的。

（二）市场型

这种集群模式，集群内企业之间的关系与纯粹的市场组织市场关系更为相似，它们通过彼此在市场上的水平交易联系来完成产品的生产，主要以平等的市场交易为主。

市场型集群实现了在集群与专业化市场之间的有机结合，专业市场不仅是很多小企业之间的结合，要达到集中和专业市场发展还依赖于企业集群成长的发展。该集群模式最明显的优势是能够减少销售成本和信息成本，并加强同行业企业间竞争推进技术创新，从而实现技术进步。

（三）网络型

这种集群模式介于中卫型与市场型之间，集群内部企业间的联系方式也和前两者相区别，呈现出一种有序的网络组织方式。网络型集群中大量的中小企业、成长型企业在生产、管理、资金、技术等方面的合作，使上游和下游产品汇集成一个供应链，企业之间组成纵横交错的网络化联系。联系的一个关键因素不仅是原材料、零部件和其他重大因素，也包括技术、信息等非物质因素。

网络型集群以新兴的信息技术与通信技术为基础，依托发达的网络公司、生产企业、消费者甚至竞争对手等独立的交易主体连接起来，形成快速响应、高智能的供应链。

第三章　产业布局、产业选择与产业培育理论

第一节　产业布局理论

一、产业布局的成因及特征

（一）产业布局的成因

所谓的产业布局，通常是指产业在一个国家或一个地区范围内的空间分布和组合状态。形成产业布局的原因主要体现在以下两方面。

第一，由于各类经济活动对地域空间要求存在差异性形成了产业布局，如农业、采掘业等各种产业活动的进行需要不同的地域空间为支撑。农业的发展需要广阔、肥沃的土地和适宜的气候，采掘业的发展需要丰富的矿藏和已开采的地质条件，林业的发展需要有丰富的森林资源支撑，等等。因此，这些产业都需要在有一定资源禀赋的地方发展，如果某一产业部门生产所需空间条件不具备或者不完善，就难以取得良好的经济效益。因此，良好的产业规划与空间布局对于产业的健康发展至关重要。

第二，产业布局也是各特定地域空间自身所具有的非均等性的体现。比如，一个国家不同的地域空间内自然资源、技术水平、人员素质和基础设施存在巨大差别，这些差别会导致产业发展的地域空间分布不均衡。为了使某些生产实体配置在能获得最大经济效益的区域，就需要对产业进行合理的规划和布局。

（二）产业布局的特征

产业布局的主要特征是具有战略性、变动性、客观性和继承性。

（1）战略性。产业布局的战略性是指产业布局对生产力系统发展具有战略性意义。产业布局的战略性特征主要体现在三方面：①产业布局的前提是经济发展；②产业布局的长期性影响经济发展；③产业布局是影响经济发展的重要因素。

因此，产业布局必须统筹兼顾，做到局部利益与整体利益、眼前利益与长远利益相一致，避免发生重大战略性错误。

（2）变动性。变动性是指产业布局需要不断优化与调整，这是一个连续变

动优化的过程。一个地区发展的客观条件，如各种交通区位因素、技术发展水平、城市化进程等都是不断变化的。因此，为了适应这种变化，产业布局也要不断调整与优化。

（3）客观性。产业布局的客观性，是指产业布局有一定的客观规律。客观物质条件和人类控制自然的能力会限制产业的空间布局，因此必须科学、客观地分析影响和制约产业布局的各种条件，否则，就会受到客观规律的惩罚。

（4）继承性。继承性是指产业布局承前启后的性质。现有的产业空间布局不仅是产业发展历史的产物，也是产业空间布局进一步发展和优化的基础条件。产业布局就是基于继承原有的空间布局，根据产业发展的实际需要，调整和优化产业布局的不合理，使其向合理方向发展。

二 产业布局的模式与影响因素

产业布局的形成和演变受自然资源、人力资源、交通区位条件、技术发展水平、国家与地区体制和政策等众多因素的影响，在不同的地区和发展阶段表现出截然不同的模式。认识产业布局的模式与影响因素，对于我们科学、全面、合理地认识产业布局的发展和演变规律，进而认识城市产业布局的形成与演变规律，具有极为重要的理论和现实价值。

（一）产业布局的主要模式

总体而言，产业布局的模式主要分为均质模式、极核模式、"点-轴"模式和网络模式四种。

1. 均质模式

在产业革命之前，农业占据了经济活动的主导地位，而传统的农业生产以土地和动植物为劳动对象，土地分布的广泛性与分散性的特点使得产业布局以分散为主，各个国家和地区的产业经济发展差异不明显，表现出均质化的特征。在这种模式下，商品生产和社会分工不发达。因此，作为商品贸易集散中心的城市发展也极为缓慢，均质模式下的生产力处于低水平发展的状态。

2. 极核模式

产业布局的极核模式又被称为增长极模式。增长极的概念最早是由法国经济学家弗朗索瓦·佩鲁（F. Perroux）在20世纪50年代提出的。近代工业革命以后，世界生产力水平获得了空前的发展，但是建构在传统的农业经济基础上的均质模式被打破，经济要素开始向一定的地理空间进行集聚，当发展快的集聚地经济规模明显超过其他地区时，这便成为区域经济的增长极核，使得产业布局由农业社会的分散为主转为工业社会的集中为主。增长极在产业发展的过程中起着组织核心的重要作用,在物质形态上以区域中心城市的形式表现出来,在空间上支配经济活动的空间分布与组合,通过支配效应、乘数效应、极化与扩散效应带动城市周边地区的经济社会发展。

3. "点-轴"模式

"点-轴"模式是中国科学院地理科学与资源研究所陆大道首先提出的,即沿着重点开发的轴线,科学配置相应的增长极核,使得轴线区域建立起产业集聚区,使产业有效地向增长极及轴线两侧集中布局,实现由点带轴、由轴带面,促进整体区域经济健康发展的机制。在经过增长极核的开发后,区域的经济实力和物质基础大大增强,经济要素迅速在一些城镇集中,区域增长极核逐渐增多,点与点之间经济联系不断加强,点与点之间的交通通信网络也适应增长极核之间经济联系的需要而初步建立,形成了点与点之间的交通轴线。虽然这些轴线初始是为了服务于点与点之间的交流沟通而产生的,但是轴线一旦形成,便对人口和产业形成了巨大的吸引集聚效应,使得轴线两侧不断聚集形成新的点。因此,也可以说,"点-轴"模式就是产业布局重点开发轴线,采取轴线延伸的战略、逐步积累的渐进式开发模式。作为空间结构上点线面结合的开发模式,"点-轴"模式整体上体现出立体网络结构的态势,对于消除城乡二元经济结构,缩小地区差距,促进区域经济网络的发展具有重要意义。

4. 网络模式

网络模式是"点-轴"模式进一步发展的结果。随着经济的发展,点和轴的规模都会扩大,在此基础上产生不同等级的点和轴。在不同等级的轴线上,各个等级的点为了满足商品、技术和市场的需要,会与其周边的其他点发生各种联系,在点与点、轴与轴、点与轴之间形成复杂的交流沟通网络,从而形成网络模式。在这种模式下,产业布局表现出集中与分散的多重良好组合,网络模式在经济发达地区较为常见。产业布局的网络开发模式,可以有效提高区域内生产要素交流的广度和深度,推动区域经济一体化和区域经济技术优势的区域辐射,促进生产要素的合理调整与组合。产业布局的网络模式是区域产业发展中的较为高级的模式,是区域产业经济发展趋于成熟的重要标志。

(二)产业布局的影响因素

影响产业布局的因素有很多,下面将主要从自然资源、劳动力资源、交通运输、产业技术和产业政策等几个方面进行分析。

1. 自然资源因素

一般而言,自然资源丰富的地区会获得优先的开发,从而使得以自然资源为依托的产业获得率先发展。但是值得注意的是,随着科技的进步和交通运输的空前发展,自然资源对产业布局的制约作用呈现出渐趋减弱的趋势。

2. 劳动力资源因素

人口数量、人口结构、人口分布、人口素质及人口迁移都是影响产业布局的重要因素。古典经济学中的劳动力指的是劳动的数量，劳动力丰富的地区，成本较低，从而成为企业选址的首选。但是现代经济社会的发展中，劳动力资源已经不仅仅是指劳动力的数量，而主要是指劳动力的质量，以及劳动者的知识和技能，即人力资本。

3. 交通运输因素

在交通作为产业发展最大制约因素存在的时代，交通运输条件是产业布局的决定性条件。随着现代交通运输体系的空前发展，交通业发生了巨大变化，出现了航空、铁路、高速公路、大吨位海上运输等交通工具，对交通沿线产业结构的优化起到了积极的促进作用。因此，交通条件优越的区位，方便快捷的人流、物流和商务流对产业布局的形成与优化非常有利。

4. 产业技术因素

技术水平的高低和地区技术水平的差异影响区域分工与产业布局。技术的进步提高了自然资源开发的深度和广度，扩大了产业布局的地域范围和生产部门的布局，促进了一系列新的产业部门的产生和发展，对产业布局具有重要的影响。

5. 产业政策因素

产业政策是指"政府根据经济发展的要求和在一定时期内产业的现状和变动趋势，以市场机制为导向，进行规划干预和引导产业形成及发展的政策"。产业政策是影响产业布局的"软"因素，对产业空间布局的调控与区域经济发展发挥着十分重要的作用。政府对重点产业、主导产业，对不发达地区采取鼓励、扶持的政策，城市制定的城市规划，城市中开发区、高科技园区的设立等都会对产业布局产生深远的影响。

三 区域产业布局的概念及特征

（一）区域产业布局的概念

区域是一个有机的综合体，是由经济、社会与环境三个子系统及其更次级要素相互作用构成的复合生态系统。作为复合生态系统，改变系统内的任何要素，都会影响到区域未来的发展。而区域产业布局是以区域为基础的，因此区域产业布局的不同也会对区域发展产生不同的影响。若要研究区域产业布局的形成、演变和优化调整，首先我们要清楚什么是区域产业布局的含义等具体问题，在清楚区域产业布局的含义、特点、内涵等的基础上，才可以更好地以区域产业布局的实际和特点为出发点，具体研究区域产业布局的发展过程中所遵循的规律，更深入地探讨在区域发展过程中，区域产业布局发展的思路与对策。

所谓区域产业布局，即区域产业在区域行政辖区内的分布与配置，也就是产业生产力在区域行政辖区内的空间分布。对区域产业布局的理解，我们可以分为两个方面：第一，从城市区域的角度来看，城市区域经济的发展是某一产业的经济总量占该地区的经济总量一定的比重，或者是这一产业在未来的发展具有一定的潜力；第二，从形成产业供给能力的角度看，某一产业的供给能力在某一区域内较为集中，且这一区域即为该产业总供给的主要来源地。我们所谓的区域产业布局主要描述的是区域内各产业在空间上的分布情况，以及这种空间分布情况所决定的该区域与其他城市区域之间所形成的横向的经济关系。

（二）区域产业布局的特征

（1）中观性。企业布局是区域产业布局的微观基础，一个国家的产业布局则由各不同区域内的各产业布局构成，在国家的产业布局中，区域产业布局占有绝对的优势，所以，区域产业布局处于宏观的国家产业布局之下、微观的企业布局之上，属于中观层次。

（2）统筹性。区域产业布局处于微观的企业布局之上，它是以微观的企业布局为基础的，区域产业布局的过程是整合所辖区域内所有的企业，优化企业间的布局，从而具体反映区域内所有企业的布局状况。

（3）历史性。已有的区域产业布局是在历史发展的基础上，再进一步调整和优化区域产业布局。而一旦新的区域产业布局成形后，其结构等就会非常稳定，短时间内不会发生变化。然而，从长期发展的角度来看，随着区域的不断发展，其产业布局也应随着区域内其他客观条件的不断变化而进行相应的调整与优化。

四 区域产业布局的形成与发展理论

区域产业布局的形成与发展理论，是产业布局理论的重要组成部分，是对城市产业布局的形成与发展进行理性思考及采取何种产业政策的理论依据。关于城市产业布局的形成和发展理论比较多，其主要理论是区位理论、比较优势理论、核心-边缘理论、区域空间结构理论等。

（一）区位理论

区位理论是经济地理学及区域经济学的核心基础理论之一，解释人类经济活动空间分布的基本规律。因为人类活动所处的环境是在不断变化的，所以人类对区位的理解与认识也随着环境的变化和时代的发展而相应地改变,形成各种各样的理解。根据区位理论产生的先后顺序,区位理论先后经历了古典区位理论、近代区位理论、现代区位理论三个主要发展阶段。

1. 古典区位理论

古典区位理论是区位理论的基础,主要包括杜能（Thünen）的农业区位论、韦伯（Weber）的工业区位论和克里斯塔勒（Christaller）的中心地理论。

1）杜能的农业区位论

古典区位论所认为的区位较为单一,即指厂商进行生产及经营等活动时所处的位置,而当时,古典区位理论的关键问题就是如何确定厂商活动的最佳位置。19世纪初,德国经济学家杜能出版了《孤立国同农业和国民经济的关系》（1826年）,他在这本书中提出区位会对运输费产生一定的影响。同时,他还提出"杜能环"的概念,即以区域为中心,均匀地向外扩散出六个同心圆,这六个同心圆状的分布显示出的为农业地带理论。

2）韦伯的工业区位论

20世纪初叶,德国经济学家韦伯出版了《论工业区位》《工业区位理论》两本名著。韦伯得出三条区位法则——运输区位法则、劳动区位法则和集聚或分散法则。韦伯认为,工业区位的基本方向是由该区域的运输费用所决定的,而最理想的工业区位是运输距离最近、运量最低的地点。

3）克里斯塔勒的中心地理论

最具代表性的是德国地理学家克里斯塔勒的中心地理论,在其名著《德国南部的中心地》一书中,克里斯塔勒将区位理论扩展到聚落分布和市场研究,认为组织物质财富生产和流通的最有效的空间结构应该是一种网络体系,这一体系应是以一个中心城市为中心、再由周围的多级市场区组成的。

2. 近代区位理论

近代区位理论主要包括费特尔（E. A. Fetter）的贸易区边界区位理论、一般区位理论和廖什（A. Losvh）的市场区位理论。

1）费特尔的贸易区边界区位理论

费特尔认为,销售量、消费者数量、市场区域的大小决定了任何工业企业或者贸易中心的竞争力,然而该竞争力的强与弱则是由最基本的运输费用和生产费用所决定的。简单地讲,某一企业的单位产品运输费用、生产费用越低,则该企业的产品的竞争力就会越强,作用的市场范围也会越来越大。所以,费特尔根据成本和运费的不同假设,提出两个生产地贸易分界线的抽象理论。

2）廖什的市场区位理论

廖什的市场区位理论把市场需求作为空间变量来研究区位理论,进而探讨了市场区位体系和工业企业最大利润的区位，形成了市场区位理论。市场区位理论将空间均衡的思想引入区位分析，研究了市场规模和市场需求结构对区位选择和产业配置的影响。廖什认为，在选择工业区位时，一般最后所选择的市场及其地域都是可以获得最大利润的，同时，区位选择的最终目标也是在各区位中选择利润最高点。

3. 现代区位理论

现代区位理论是在20世纪后半期出现的新理论，该理论分析的角度较为新颖，是在宏观经济的角度进行分析的，重点从全国范围和区域范围的国内生产总值（GDP）和国民收入（NI）的增长率的国际的、区际的差异同产业区位形成的关系，全国范围和区域范围资本形成的特征和投资率的差异，失业率和通货膨胀的地区差异，以及它们对工业区位移动的影响等方面对工业产业布局进行研究和分析。

以胡佛（E. M. Hoover）和艾萨德（W. Isard）为代表的成本市场学派认为，决定工业区位的基本条件是工业的最大利润，同时他们更加重视成本与市场之间所产生的相互依存的关系。以普莱德（A. Pred）等为代表的行为学派则认为，人类在生产活动中的作用已经随着经济社会的发展而变得越来越重要，同时运输成本也由原来的主要地位退居次要地位。社会学研究学者认为，政府的政策、人口迁徙转移等种种原因也可以影响到区位的配置，因此探讨政府对区域经济发展的干预也越来越得到重视。另外，其他不同学派也在自己专业领域内对工业区位的选择提出了自己专业性的见解，如历史学派、计量学派等。

（二）比较优势理论

比较优势理论从其诞生至现在一直是国际贸易的基础，同时，该理论也被广泛地应用于区域产业布局和分工的研究中，是指导区域产业布局形成和发展的重要理论。比较优势理论从产生至今先后经过了比较成本理论、资源禀赋理论和现代比较优势理论新发展三个阶段。

1. 比较成本理论

李嘉图（Ricardo）在斯密（Smith）的绝对优势理论后提出了比较成本理论。他认为，"相对另一国而言，某国虽然在两种产品上具有绝对优势，但因为两国在这两种产品的生产水平上的相对差异而存在比较优势时，仍然应该开展国际贸易。一国出口劳动生产率比较高的产品，进口劳动生产率比较低的产品，即一国生产模式由比较优势来决定"。

2. 资源禀赋理论

瑞典经济学家伊莱·赫克歇尔（Eli Filip Heckscher）和伯尔蒂尔·俄林（Bertil Ohlin）在李嘉图的比较成本理论的基础上，提出了要素禀赋理论，把国际贸易理论推进到一个新的发展阶段,从一个新的角度说明了比较优势产生的原因,最终形成了比较优势理论。资源禀赋理论认为,在世界经济中,贸易的产生与发展不仅是各国劳动生产率差异的体现,同时还反映了各国的资源差异。一国可以在密集地使用了其丰裕要素的行业取得竞争的优势地位。

3. 现代比较优势理论新发展

20 世纪 80 年代以来,新贸易理论和内生经济增长理论逐渐兴起,赫尔普曼(Helpman)和克鲁格曼(Krugman)等主流学者在赫克歇尔-俄林要素禀赋模型的基础上,重点关注规模经济、干中学、研究与开发和产品质量差异等因素对比较优势理论的影响,而杨小凯等其他学者则引入专业化与分工和中间产品等概念对李嘉图的比较优势理论进行了扩展。

综上分析,不同的地区有不同的资源禀赋、不同的经济发展差误,因此具有不同的比较优势。不同区域要深入了解、分析、发现并充分利用自己的优势,要精选产业链的某一环节,集中力量,专注发展一定数量重点的、具有一定优势的产业,这样也可以充分利用该区域内具有比较优势的资源,并且不断强化这种优势。优势产业是区域经济发展的核心动力,产业链的辐射传递作用决定着该区域经济发展的方向、速度、规模及其发展性质,这种辐射传递作用同样可以带动和影响到区域内相关部门及企业的发展。因此,比较优势理论在选择区域内主导产业、升级区域内产业结构、提升区域内各产业竞争力等方面具有重要的现实指导意义,同时也是优化区域产业布局的基础理论。

(三)核心-边缘理论

1. 增长极理论

增长极理论最初由法国经济学家佩鲁提出,后来法国经济学家布代维尔(J. R. Boudeville)、美国经济学家弗里德曼(J. I. Friedman)、瑞典经济学家缪尔达尔(G. Myrdal)、美国经济学家赫希曼(Albert Hirschman)分别在不同程度上进一步丰富和发展了这一理论。

增长极对地区经济增长有着很大的作用。第一,区位经济,这种经济是由该区域内若干从事某项经济活动的企业或具有紧密联系的若干项经济活动集中在某一区位内进行生产活动而产生的。第二,规模经济,随着经济活动范围的不断增大从而可以获得一定的内部节约。第三,外部经济,增长极形成的重要原因之一就是外部经济效果,同时也是增长极的重要结果。

综上所述,我们可以归纳出增长极理论具有三点优势:第一,它可以反映出真实社会发展的过程。第二,随着社会的不断发展,更加重视创新,同时在该区域内鼓励技术上的创新。第三,增长极的概念及形式较为简单、易懂,同时可以指导政府制定政策。

2. 核心-边缘理论

弗里德曼在1966年提出了核心-边缘理论，这一理论依据的是经济发展具有一定的阶段性，且区域发展存在一定的不平衡性。该理论可以分为两个部分，其一是空间经济增长的阶段，其二是不同区域类型的划分。他认为，经济空间转换是伴随着一国经济增长的周期性发生而发生的，因此，就产生了区域的不平衡，也就产生了经济增长区域，也就是核心区域，以及经济增长缓慢或停滞衰退的区域，也就是边缘区域。他根据一个国家工业产值在国民生产总值中所占比重的不同，划分出空间经济增长的四个阶段，每个阶段都反映了核心和边缘区域之间关系的变化。

（1）前工业阶段，工业产值比重小于10%。此时，经济发展水平的区域不平衡现象不显著。

（2）过渡阶段，工业产值比重为10%~25%。此时，国内具有区位优势的地区表现出很高的增长速度，从而使核心-边缘的对比开始出现。

（3）工业阶段，工业产值比重为26%~50%。此时，边缘区域内部相对优越的部分出现了经济增长的高速度，国家规模上的核心-边缘结构逐步转变为多核结构。

（4）后工业阶段，工业产值比重开始下降，工业活动逐步由区域向外扩散，特大区域内的边缘区域逐渐被特大区域的经济所同化，在职能上相互依存的区域体系产生，即形成大规模区域化区域。

弗里德曼通过分析空间经济增长，并结合区域经济及区位的特点，把一些国家划分为不同的区域类型，以便反映出不同区域不平衡的程度及其各区域不同的性质。第一种是核心区域，也就是经济增长区域。第二种是正处于向上过渡的过渡区域，它的发展受到核心区域的持续影响，同时具有向内移民、资源集约使用、持续的经济增长等其他特点。而这一区域由于处于过渡阶段，它的发展有可能成为核心区域，其中包括新的区域、附属的区域或是某次一级的区域。第三种是资源型边缘区域，在这一区域，由于资源的开发或其他资源问题，经济出现增长。此时，新的聚落、区域形成的这种区域也具有发展成为次一级核心区域的可能性。第四种是处于向下过渡的区域，该区域的发展水平也经历过中等区域的发展水平，但因为对初级资源的消耗，以及因某些原因而被工业部门所放弃，且与核心区域的联系也不紧密，故而使该区域内的经济增长放缓，更甚于经济停滞而衰退，最后接近于萧条。

（四）区域空间结构理论

一个区域的空间结构与区域产业布局有着非常大的关系。

区域空间结构理论主要以德国地理学家科尔（J. G. Kohl）于1841年出版的

《人类交通居住地与地形的关系》一书为代表,以研究居住用地为主,将产业布局融于区域空间结构当中加以描述。继科尔之后,很多学者突破了以聚落形态或其历史变化的静态描述为目的的研究模式,转而开始探讨区域内部结构与社会、经济方式和功能的关系。自20世纪20年代起,美国芝加哥学派的研究越来越受到重视,该学派所研究的经济社会因素对区域产业布局的影响是以人类生态学的观点进行深入剖析的,并以区域内部空间结构模式为基础,提出过如同心圆说、扇形学说及多核心学说等著名理论,区域产业布局的发展也受到这些理论的直接影响。某些西方国家在经历过第二次世界大战(简称二战)后,其国家区域化的进程也越来越快,而区域的环境、交通、运输等也因为城市人口的大量增加及聚集而产生许多问题。区域空间结构的较大变化,以及研究背景的变化,使得这一时期对区域产业布局的研究从传统的定性描述开始向定量方向发展。因此,一些新的理论也应运而生,如区域空间的自组织理论等。随着现代社会科学技术的不断发展,产业的发展也越来越快,新产业越来越多,因此,这一新情况的出现也对区域产业布局的区位提出了新的要求。美国学者斯哥特(Scott)、卡斯特尔斯(Koen Casteels),以及我国学者魏心镇和王缉慈等都从自己不同的专业及角度对新产业布局的不同特征进行了深入的研究与探讨,并对空间结构的社会背景和机制进行了相关研究,且取得了不菲的成绩,并为对优化区域空间结构奠定了相关的理论基础。

地理学界也从宏观上对区域用地类型进行了分类研究,在吸收了诸如经济学、规划学、社会学等理论的基础上,运用遥感和计算机等先进技术对区域产业布局进行了动态分析和研究。然而地理学科本身的局限性,使得该学科对区域产业布局的研究较集中在对区位空间结果的研究上,而对于更深层次的理论研究显得较为单薄。区域经济学对区域产业空间布局理论的研究,一般都集中在租金、选址等理论上,但随着区位经济学的发展,近些年地理学界也对集聚效应做了相应的更加深入地研究。区域经济学以经济行为空间特征为分析对象,通过引入空间变量,更加深入地探讨了当区域经济处于完全竞争条件下的区域均衡的过程,从而描述及解释了区域空间结构与区域产业布局之间的相互关系,以及它们之间的相互影响及作用。

(五)集聚与集群理论

在不同社会经济发展阶段,集聚机制和扩散机制对区域空间地域联系的强度、方向、内容、形式等都是有差异的。在一定程度上,集聚机制和扩散机制的演变过程能够反映区域空间结构系统运动的演变过程。

1. 集聚与扩散

集聚是指资源、要素和部分经济活动等在地理空间上的集中趋向与过程。

集聚的产生主要是通过中心区域的规模、市场、信息、人才、设施等各种不同的效益，吸引区域中的人、人才、原材料、资金、科技等各种生产资料，以及其他第二、三产业集聚到中心区域。扩散是指在一定的地理空间上，各种资源、要素，以及部分经济活动的分散过程及分散趋向。扩散主要是由于科技的不断进步，中心区域产业布局的不断优化，规模效益的逐渐消失，土地价格的持续上涨，生活费用的不断提升等各种生产活动的改变及提升。因此，空间的集聚和扩散，主要表现在经济空间分布的动态变化与人口空间的动态分布上。经济和人口空间的动态分布在开始阶段也是因为各企业为追求生产的规模经济而引起的，各企业的集聚逐渐形成了区域。

2. 区域产业集聚与扩散的作用规律

区域与区域相互作用的过程就是要素的空间集聚与扩散过程，集聚的发展也分为不同的阶段，因此空间要素的种类和数量也会随着不同的发展阶段而有所不同，同时集聚和扩散的强弱也存在差异，这些差异都会影响到区域产业布局的集中与分散程度。随着集聚发展水平的不断提高，扩散现象会越来越明显，从而可以形成一种网络系统，这种网络系统具有一定的产业和人口密度，在该系统内，区域则成为网络的中心与节点。网络的集聚力和扩散力会影响区域和区域之间的关系，而力量的强弱与空间的集聚与扩散程度密切相关。因此，要素集聚与扩散活动会影响区域与区域之间的相互作用。一般来讲，人口、物流、资金流、信息流、技术流等的流动、集聚、扩散等过程可以实现区域内产业在空间上的集聚与扩散。伴随着现代社会的发展，科学技术日新月异，公共交通事业不断发展，各种外在条件对人口、物流的约束会越来越小，而资金、技术、信息等流动不会受到空间及地域的阻碍，它们的扩散及流动会越来越容易。一般来讲，中心区域具有相对专业化的功能，则与其联系密切的其他区域也同样具有较高的专业化功能。随着国内劳动地域分工的发展和行政区经济的开放，专业化经济区域相互关联、相互作用，必将逐渐形成一个有机的区域空间系统。

3. 产业升级理论

产业结构升级是区域空间地域扩展的直接动力，直接关系到区域空间地域扩展的速度、规模、强度、方式和水平。区域地域空间结构的演变是区域产业结构提升的必然结果，其发展过程与产业结构升级具有高度的相关性。优化产业结构可以提高区域的综合经济效益，政府调整现存的产业结构，改变企业的生产方式，让企业从原来的落后、高度污染的行业向环保、节能的产业转变，这种环保节能的产业往往具有较好的市场前景，从而进一步将该区域内产业结构转变为成长潜力大、具有核心竞争优势的产业结构。传统的工业化发展所需要的基础条件包括完善的基础设施、足够的劳动力、丰富多样的原材料等。而随着传统工业的不断升级，技术创新能力和产业的核心竞争力逐渐成为现代工业发展所必需的条件或要素。就服务产业来说，一个区域的产业区域规模越大，意味着客户基数越大。某些对生产要素要求比较高的服务业一般只能在大区域产业区中得到发展，如软件服务外包、汽车零部件代工等。合理的产业布局需要的是齐全的技术、细致的分工、配套的服务等。知识经济是由创新最适合应用知识的社会能力水平决定的经济。我们认为，产业布局应该以知识经济为核心，产业布局运营的基础包括：①区域内的制造业与服务业要结合发展；②区域内产业的管理方式要转变，可以转变为效率较高的矩阵式管理；③调整产品的结构，要以数字化、网络化、智能化的产品为核心产品；④产业要具有核心竞争力，生产技术要以自主创新技术为主，同时要脱离进口技术；⑤根据产业特色，加快建设产学研结合的生产经营实体，更快地把科学技术成果转化为生产力。

（六）产业一体化调控

政府在规划引导产业布局的时候，应该依托产业辐射和区域群产业空间体，形成点、线、面有机结合，多层次网络型协调发展的产业布局体系。区域经济的整体协调发展需要产业分工。第一，通过细致的行业分工来实现整个区域的产业空间的运行；第二，区域产业整体发展的好坏也需要精致的分工来平衡。产业分工在产业布局空间中具有传动作用。区域空间所拥有的资源是有差异的，产业也有多层次的地域分工，通过空间整合与产业整合，能够提高区域产业空间系统的组织协调能力。

每条产业链都需要龙头带领，而区域的中心产业区就是该产业链的龙头。快速地发展中心产业区，不但可以增强区域产业空间的整体实力，同时还能具有辐射周围其他产业，带动其他产业的能力。因此，产品差异化和形成规模经济的关键在于分布于中心区域周围的县市如何发展。对于非中心产业区的发展，它不但可以为中心产业区的发展提供一定的资源上的支持，而且还可以为周边其他非中心产业区的发展提供相应的服务，带动周边县市的发展。这是一个双向的、互利互惠的过程，从而也形成新的产业布局。

在产业一体化的过程中，优势产业的发展控制周边地区的发展，它在不断增强省会区域竞争力和巩固中心产业区的核心地位等方面有决定性作用。

因此，在整合产业时，要确定各区域产业发展的重点。以中心城区产业为基点，集中资源，进行产业一体化的转变。这种产业结构转变强烈地冲击着经济增长方式，使得经济增长开始向经济发展转变。经济发展的转变不仅包括经济总量的增长，而且还包括环境、服务、资金、人力的最优配置。这些变化都要求产业布局讲究科学、环保、节能，符合可持续发展需要。在经济发展转变的过程中，为了产业升级，调整产业结构，在一定的空间内，技术要素越来越凸显，劳动力要素越来越薄弱，因此，技术和劳动力之间的矛盾也随着产业的升级而加剧，而又因为网络信息时代的到来，区域产业布局的扩散效应也可以在短时间内无限扩大。在此基础上，区域的产业布局跨越了空间地理位置的限制，打破传统意义上的地方性的区域产业格局，构建新的产业功能及新产业布局。随着将周边独立发展的产业不断往城区产业空间调整与整合，城市周边的县级区域也得到了较快的发展及较大的空间，从而也突破了规模经济的限制。

(七) 政府规划与引导机制

区域产业布局演变是一个漫长的动态过程，这个过程一直伴随着内力和外力的相互作用及影响，因此，只有通过宏观层面的引导式的调控，才可以逐渐发展为一种均衡的状态。产业布局的宏观调控是产业和基础整合的载体，更重要的是涉及政治、经济、社会、环境等领域。值得指出的是，在市场经济条件下，区域内的产业原始布局都追求利益最大化，政府的引导必须是利益驱动下的战略选择。获得社会经济效益和可持续生态效益是产业布局的最终目标，背离这一目标的任何调控政策都不是长久之计。

政府针对产业布局所制定的规划和引导机制等均对区域内的产业布局、产业调整及优化等产生重要的影响。政府在引导和规划产业发展时都是以当时当地的经济发展要求与产业现状为基础的，该基础表现在：①政府在对当地产业进行投资时，所投资的产业项目可以影响该区域的产业布局；②政府所制定的发展规划可以有效地调整当时当地的产业布局；③政府所制定的产业政策或其他规划均可以优化产业的布局。

一般来讲，政府对产业布局的规划和引导是为了实现整个区域的经济一体化，同时，还需要考虑到我们国家、本地区域及本地企业的利益，逐步实现市场要素的配置、产业的优化与发展、区域内城镇结构的调整、区域内公共基础设施的建设、开发与保护环境等各要素的一体化规划及发展。加强城区间协作和互补，及时处理跨地区问题，推动建立大市场，形成区域群产业空间分工体系。总的来说，政府规划引导对产业布局的影响体现在产业升级调控上。

城市区域空间扩展与空间结构演化支撑城市区域产业经济增长，产业经济增长的速度、规模、方式等则直接影响着城市区域的空间地域扩展的速度、规模、方式等，进而对城市区域空间结构产生重大影响。形成新的产业布局与新产业布局的演化过程都是由产业升级来驱动的，同时也是靠调整产业结构来体现的。细致地讲，一般包括四大机制：产业整合化驱动机制、产业柔性化驱动机制、产业结构外向化驱动机制、产业结构知识化驱动机制。

1. 产业整合化驱动机制

各产业要素的分离、重组、再整合到最后的优化配置等关系的优化发展过程就是我们所讲的产业结构的整合。它可以促进区域内的产业实现集聚，从而产生一定的区域内的规模经济效应，形成某一产业的产业群，从而改变以前传统产业间随意无序的布局，相似企业的重复生产建设、企业间的不良竞争等现状，最后增强产业空间上的系统能力，放大该系统的功能。

2. 产业柔性化驱动机制

从工业生产组织理论的角度来讲，为实现利润最大化和资源的最优配置，在劳动地域分工上，产业纵向分离、产业空间分散的柔性化方式为最佳选择。再者，地域位置的远近也最终决定着在劳动生产中各种要素的运输等费用。经济的国际化和区域集团化导致了生产转包的产生。在生产转包的带动下，产业空间结构发生了变化，一般来讲，一个公司的总部位于中心区域，公司的核心部门及人员如研发部门、管理人员等集中在总部；而子公司、生产单位等位于中心区域的周边，如生产工厂等。生产转包在区域的不同等级的城区、郊区之间扩展，产业空间结构发生重大变化。

3. 产业结构外向化驱动机制

所谓的产业结构外向化指的是对产业结构进行国际化调整及优化国内产业结构。随着经济全球化进程的加快，产业结构趋向国际化，同时为了走进国际市场，需要逐渐进行国际化的合作与竞争，而产业地域化的分工导致了经济跨区域发展。从产业结构的自身来看，区域产业结构和国家产业结构有薄弱环节。所以，促进各国间的合作交流与区域内的联合发展，是为了更好地协调国际间地域产业的发展。

4. 产业结构知识化驱动机制

随着社会的发展，科学技术的不断进步，我们的生产生活都走进了网络信息时代，现有的生产、生活方式都发生了翻天覆地的改变。而这些改变也影响了产业布局，进而重新调整了区域内部的空间结构。通过信息传递，形成以某一个或几个企业为主导，并重点建设一批项目，以此来带动周边配套企业的发展，最后实现各企业生产要素互补、分工合理的产业布局。

第二节　产业选择理论

一　主导产业选择理论

在选择主导产业时，首先应当有明确的选择基准，即主导产业是基于怎样的考虑和什么样的标准进行选择的，国内外具有代表性的主导产业选择理论，主要有以下几种。

(一) 国外主导产业选择基准

1. 产业关联基准

产业关联基准最早是赫希曼在《经济发展战略》一书中提出的。赫希曼根据发展中国家的经验指出,在产业关联链中必然存在一些与其前向产业和后向产业在投入产出关系中关联系数较大的产业。这些产业的发展,对其前、后向产业的发展有较大的影响,可以促进或带动其前、后向产业的发展。因此,发展中国家首先应当发展那些关联强度较大的产业,以此为主导产业来带动其他产业的发展。以后,罗斯托(Rostow)也提出了大致相同的观点。

依据产业关联强度来选择主导产业,称之为产业关联基准。所谓产业关联基准,就是选择关联强度较大,能对其前、后向产业起较大带动作用的产业作为主导产业。关联强度基准在一些发展中国家选择主导产业时,曾有过较大的影响。产业的关联强度是产业间技术经济联系的密切程度,可以通过计算各产业的影响力系数和感应度系数来进行判断。

2. 筱原三代平准则

第二次世界大战后,日本著名经济学家筱原三代平对战后日本实现赶超型经济发展战略,在理论上做出了突出贡献。他的主导产业选择理论以经济增长的非均衡性作为理论基础。他认为经济增长首先出现于某些主导产业部门。主导产业选择存在着客观标准,依据这些基准,可以对一个国家或地区的主导产业进行识别。

1957年,筱原三代平在论文《产业结构与投资分配》中,提出了两个著名的准则即"需求收入弹性准则"和"生产率上升率准则"。需求收入弹性,是从需求结构变化的角度考虑各种产业的不同发展潜力和可能性,指某种产品的需求增长率与人均收入增长率之比,反映随着国民收入增加而引起的对各产业最终需求的变化。在价格不变的假设前提下,随着收入水平的提高,人们对不同商品需求量的增长率是不同的。需求收入弹性大于1的产业,对其需求增长速度高于收入增长速度;而需求收入弹性小于1的产业,对其需求增长速度低于收入增长速度。显然,如果选择需求收入弹性较大的产业作为主导产业来发展,则随着经济的发展和国民收入的提高,需求收入弹性较大的产业在未来的产业结构中将会有较大的市场需求,对进一步推动经济的增长将能起到更大的作用。生产率上升率准则是从供给的角度提出的,生产率上升率基准中的"生产率",是指全要素生产率,它是产出对全部投入要素之比,主要取决于技术进步。所以,按生产率上升率基准选择主导产业,其实质就是选择那些技术进步速度最快、产品附加价值最高的产业作为主导产业,理由是:一是技术进步可以降低生产成本,因而技术进步速度快的产业,可以获得比其他产业更快的发展;二是技术进步速度快的产业获得发展，可以通过技术的扩散，促进整个产业结构系统的技术进步。

3. 过密环境基准和劳动内容基准

这两个基准是日本产业结构审议会在 20 世纪 70 年代提出的。过密环境基准要求选择能满足提高能源的利用效率、强化社会防止和改善公害的能力，并具有扩充社会资本能力的产业作为主导产业。过密环境基准的着眼点，是经济的长期发展与社会利益之间的关系，如果完全按照前面提出的纯经济标准选择主导产业，有可能走上先以环境破坏为代价来发展经济，再治理环境的发展道路。这时考虑过密环境基准，对于发展中国家来说，在选择主导产业时就有可能避免重蹈西方发达国家经济发展伴随环境破坏的覆辙。劳动内容基准要求在选择主导产业时，考虑发展能为劳动者提供舒适、安全和稳定的劳动场所的产业。该基准提出，发展经济的最终目的是提高社会成员的满意程度。当然，提高劳动场所的舒适和安全程度在劳动者的需求层次上处于较高的层次，在经济发展水平较低时，丰富劳动内容基准不可能作为选择主导产业的关键标准。但即便如此，也不妨碍在选择主导产业时以其作为一个参考因素，使主导产业升级过程中始终伴随着劳动舒适和安全产业的发展。

（二）国内主导产业选择基准

目前，理论界有关主导产业选择基准有三类：第一类是根据本国现有产业结构具有的高度和进一步演化的趋势，对比发达国家的主导产业演进历史来确定本国的主导产业部门；第二类是根据世界各国在工业化进程中具有普遍性的主导产业选择标准，包括产业关联度标准、收入弹性标准、生产率上升率标准、比较优势标准等，然后再利用综合评价的方法来确定主导产业；第三类是从克服现有产业结构的主要弊端而要求主导产业所必须具备的结构性功能来选择主导产业，它通常考虑的是增长后劲、短缺替代弹性、瓶颈约束效应等方面。在进行定性分析主导产业选择理论中，第一类标准运用得较多，但是这种方法是将主导产业的演进轨迹看成是单一的。在我国的大量有关主导产业选择实证分析中，第二类标准得到了广泛的运用。应用第三类标准进行主导产业选择的已经很少，但在产业扶持方面仍然具有现实意义（表3-1）。

表 3-1　主导产业选择基准

基准	学者（提出年份）	代表性观点
三基准说	周振华（1992 年）	增长后劲基准、短缺替代弹性基准、瓶颈效益基准
	许秋星（2001 年）	收入弹性基准、生产率上升率基准、产业关联度基准
四基准说	党耀国（2004 年）	产业关联度基准、收入弹性基准、增长率基准、劳动就业基准

续表

基准	学者（提出年份）	代表性观点
五基准说	陈钢（2004年）	创新率基准、生产率上升率基准、需求收入弹性、产业关联度基准、规模经济性基准
	王莉（2004年）	可持续发展基准、收入弹性基准、生产率上升率基准、产业关联度基准、比较优势基准
	朱要武、朱玉能（2003年）	收入弹性基准、生产率上升率基准、产业关联度基准、动态比较优势基准、国际竞争力上升基准
	张圣祖（2001年）	收入弹性基准、生产率上升率基准、产业关联度基准、生产协调最佳基准、增长后劲最大基准
六基准说	邬义军等（2001年）	需求收入弹性基准、供给弹性基准、劳动生产率基准、能体现劳动生产率方向基准、产业带动基准、波动性基准
	关爱萍等（2002年）	持续发展基准、需求基准、效率基准、技术进步基准、产业关联度基准、竞争优势基准
七基准说	王稼琼等（1999年）	市场前景和市场竞争力基准、产业之间的带动基准、技术创新与进步基准、吸纳劳动能力基准、动态比较综合优势基准、世界市场竞争力基准、可持续发展基准
	张魁伟（2004年）	动态比较优势基准、收入弹性基准、生产率上升率基准、产业关联度基准、生产要素的相对集约基准、就业基准、可持续发展基准

二 战略性新兴产业选择的理论

（一）战略性新兴产业选择的思路

战略性新兴产业是指随着新的科研成果和新兴技术的发明工程化、产业化、市场化而出现的新的部门和行业，其技术的先进性和创新性将引领未来经济社会可持续发展的战略方向，其巨大的成长性会对经济社会发展起到重要支撑作用。依托科技园区这一载体，选择符合区域发展目标的战略性新兴产业是区域长远经济发展的重大战略选择，必须结合区域经济的现状和战略性新兴产业自身的特点，慎重选择符合区域需求的战略性新兴产业（图3-1）。

1. 产业选择遵循国家和所属省份的区域整体规划及产业布局

战略性新兴产业的选择体现国家的战略和长远发展方向，科技园区在进行战略性新兴产业选择时，首先应该考虑的就是使科技园区的产业选择配合国家的战略性新兴产业布局，符合所属省市区域内战略性新兴产业发展的整体规划。在选择战略性新兴产业时，要具备全局发展眼光和整体布局思维，避免各地区、各园区选择战略性新兴产业上的重复培育与盲目发展。

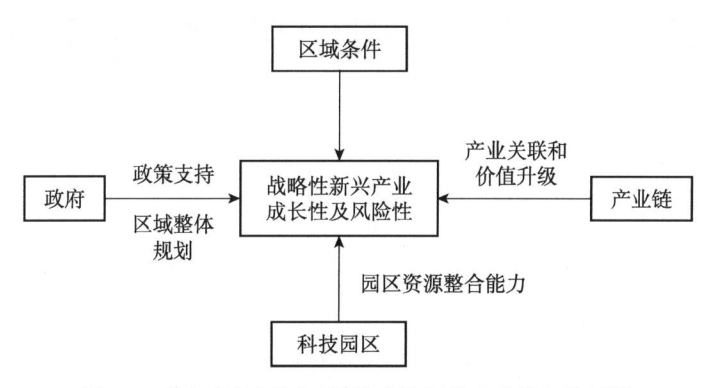

图 3-1 依托科技园区选择战略性新兴产业的整体思路

2. 产业选择符合科技园区的资源整合能力

由于科技园区所在的区域自然、地理、社会和经济发展环境不同，市场经济的发展发达程度也不一样。因此，进行战略性新兴产业选择时，在考虑国家战略的基础上，各科技园区还应该结合本区域的资源优势和产业基础，充分考虑科技园区的现实情况，在最大能动范围内选择最适合区域发展的战略性新兴产业的具体领域。

3. 产业选择对应政府扶持培育政策

从战略性新兴产业形成和发展的路径上来看，战略性新兴产业发展、壮大是市场选择和政府扶持共同作用的结果。政府要适当采取相应的调节、引导措施来补救市场自发选择的缺陷，促进战略性新兴产业形成规模并优化其结构。政府通过产业政策的规范作用和行政干预来引导战略性新兴产业发展，改善投资、融资机制，加强基础设施建设，帮助战略性新兴产业规避风险，提高收益。

4. 产业选择注重产业的关联性和价值的升级

战略性新兴产业从整体上讲是一种高技术、高投入、高创新的高科技产业，其对资金、技术和人才的需求，都是凭借一个企业力量所难以承担和提供的。战略性新兴产业的发展主体，应依托科技园区所提供的产业资源，与产业内的上下游企业形成关联性较强的产业链条，通过集群优势打造和发展战略性新兴产业。同时，由于战略性新兴产业处于产业发展的成长阶段，科技园区应依托战略性新兴产业技术突破性和创新性，迅速占领技术市场和产品市场，从研发和营销两个价值链高端谋划战略性新兴产业的发展。

5. 产业选择需考虑产业成长性和风险性

一般来讲，战略性新兴产业具有高投资、高收益、高风险的特征。科技园区在选择战略性新兴产业时，应翔实地评估战略性新兴产业所具有的未来成长能力和期望收益，以此制定相应产业的发展政策，同时应充分了解不同新兴产业发展可能带来的负面影响甚至是风险,并趋利避害地做好相应风险的准备工作。

(二) 战略性新兴产业选择的范围

区域发展中依托科技园区选择战略性新兴产业主要有两个对象:一是依托新兴技术,在区域内选择培育和发展全新的战略性新兴产业;二是在区域原有传统产业的基础上,升级转型并激发培育战略性新兴产业。

1. 培育和发展全新的战略性新兴产业

这种途径是最直接也是最有力的培育方法。各区域在选择战略性新兴产业时要着重考察区域经济、技术及人力资源等多方面因素,把握区域经济发展具有的普遍性和特殊性,通过科学的评选方法来选择符合区域特征、适合区域发展的战略性新兴产业,采用针对性的选择和培育方式来直接培育出全新的战略性新兴产业。

2. 与传统产业融合培育发展新兴产业

纵观大多数战略性新兴产业的发展历程,我们可以发现,战略性新兴产业的培育通常与传统产业的升级是交互融合、同时发生的,战略性新兴产业的发展通常离不开一些已有传统产业奠定的坚实基础。传统产业不等同于落后产业,通过技术创新、组织创新和管理制度的变革,传统产业也可以转型升级为战略性新兴产业、现代产业,这是战略性新兴产业形成的根本来源之一。例如,从马车到蒸汽机车、内燃机车再到电力机车,从胶片相机到数码相机,从玻壳电视到平板电视等,都是在原有传统产业的基础上,改变动力、结构、材料或工艺,采取新的技术路线,便形成了战略性新兴产业。因此,传统产业转型为战略性新兴产业的已有成功案例,为我们基于传统产业培育战略性新兴产业提供了宝贵的借鉴经验。

传统产业与现代科学技术呈现交叉融合和群体突破的态势,同时传统产业中相关创新要素互补匹配,从而在传统产业基础上或原产业的边界处融合、催生出一批战略性新兴产业,如传统装备制造业与新材料技术相互促进。同时,机械电子、精密加工、数控装备等尖端技术不断突破,推动传统装备制造业从产业链条低端向高端跃进,从传统制造向高端装备制造业转变。

战略性新兴产业对传统产业具有较强的带动作用,从而促进传统产业革新,并进一步孕育、催生成为新的战略性新兴产业。战略性新兴产业的核心是新技术,而新知识、新技术、新成果的渗透必然对传统产业产生革新、改造和提升。同时,传统产业也不断吸纳新科技,主动转型升级,如钢铁行业的高新技术化,孕育催生出新材料产业;传统商业的信息化,孕育催生出现代物流产业等。

科技园区在选择战略性新兴产业时应充分考虑区域的产业需求和产业优势,

把握区域经济发展的战略方向，适时并合理地为科技园区选择战略性新兴产业项目。

（三）战略性新兴产业选择的原则

科学选择符合本地区发展的战略性新兴产业非常关键。战略性新兴产业的选择应遵循以下六项原则。

1. 前瞻性原则

即将到来的科技革命将是以绿色智能和可持续为特征的，选择和培育战略性新兴产业要紧跟新科技革命的轨迹，要着力选择和培育那些具有广阔市场前景、能源资源消耗低、带动系数大、就业机会多综合效益好的产业领域进行重点攻关突破。

2. 现实性原则

由于我国地区间差异较大，战略性新兴产业的选择要充分考虑不同地区自身现有的经济基础和产业结构状况，做到有所为有所不为。要着力选择那些本地区最具比较优势且能够率先突破的产业优先发展，而对于那些基础条件比较差、技术难度比较高且在短时期内又很难取得突破的产业要暂缓选择，防止出现重复建设，减少资源浪费。

3. 市场需求原则

市场是选择和培育战略性新兴产业的基本力量，在选择战略性新兴产业时，不仅要考虑其发展目标，而且还要考虑其国内外市场的开拓和需求状况。只要市场存在现实的或潜在的需求，该产业就不会停止自我发展，市场需求是战略性新兴产业生存发展和壮大的必要条件。

4. 技术创新原则

战略性新兴产业要拥有行业关键核心技术，且要具有良好的经济技术效益，因此要选择自主创新能力强、科技含量较高，或者具有巨大的吸纳技术进步的潜力，而且能创造较高的劳动生产率和较高的附加值，促进产业内部升级的产业。

5. 产业集聚原则

产业链或者产业群是战略性新兴产业形成的标志之一，所选择的战略性新兴产业要有一定的产业基础并具有快速成长的能力，且能尽快形成新的产业链和新的产业群，从而有助于促进地方产业聚集发展。

6. 低碳化生态化原则

以"三低"（低能耗、低污染、低排放）和"三高"（高效能、高效率、高效益）为特征的低碳经济，已经受到全世界的关注，低碳化甚至零碳化已成为全球经济未来发展的必然趋势。因此，所选择的战略性新兴产业要能够使用比传统产业更清洁、更有效的技术，尽可能接近"零排放"或"密封式"，所使用的工艺方法能够尽可能减少对能源和其他自然资源的消耗，有利于生态保护。

（四）战略性新兴产业选择的基准

战略性新兴产业选择的基准最初来自主导产业选择的基准，随着战略性新兴产业研究的不断深入，国内很多学者根据战略性新兴产业本身的特点和选择的原则，创新性地提出了战略性新兴产业选择的基准，主要观点如表3-2所示。

表3-2 战略性新兴产业选择基准

基准	学者（提出年份）	代表性观点
三基准	李坚伟（2012年）	产业技术创新水平基准、产业发展水平基准、产业环境水平基准
	张春玲等（2013年）	产业发展性、产业关联性、产业环境状况
四基准	贺正楚（2011年）	产业全局性基准、产业先导性基准、产业关联性基准、产业动态性基准
	武瑞杰（2011年）	产业的科技推动效果基准、区域需求和规模增长优势基准、空间聚集和产业关联效应、低碳经济效果
	贺正楚（2013年）	技术创新基准、产业关联基准、就业带动基准、生态循环基准
五基准	敖永春等（2012年）	产业综合效益基准、产业带动性基准、产业技术资源基准、产业可持续发展能力基准、产业区域比较优势基准
	沈孟康（2012年）	产业惯性力基准、产业发展力基准、产业带动力基准、产业创新力基准、产业持续力基准
七基准	胡振华等（2011年）	增长潜力基准、比较优势基准、带动效应基准、持续发展基准、外向性基准、财税支持基准、就业与利税贡献

第三节 产业培育理论

一 产业关联理论

在进行区域产业分析时，我们经常使用"产业结构"这一概念。对产业结构经常性的理解通常是指研究区域各产业之间在规模上的相互比例关系，而实际上区域产业结构还体现在各产业之间的相互关联程度上。因此，在对某一区域进行合理的产业结构布局和调整时，除了注意对各产业数量上的调整外，还应注意各产业之间的关联关系。一般意义上，产业关联是指国民经济各产业间以各种投入品和产出品为纽带的技术经济联系。任何一个区域的经济运行，实际上产业与产业之间通过不断地供求关系而交错联系在一起的复杂网络，它既为某些产业提供原材料或初级产品，又可能是某些产业的消费方或需求者。产业间以产出品、技术、价格和劳动作为连接的桥梁和主要因素，维持着整个区域的健康发展。通过产出品联系形成的产业联系，是产业间联系最根本的体现。它主要是通过一些产业为另一些产业提供生产所需的产品或半成品作为生产材料，而同时又接受另一些产业生产的产品或半成品作为自己的生产材料，这种以产出品为媒介形成的复杂的技术经济联系网络，成为市场经济合理健康运行的基本力量，也是维持某一区域经济平稳发展的前提。通过技术合作，主要是一些产业为另一些产业提供生产所需的技术支持。尤其是对于战略性新兴产业这类以技术的先进性作为主要特征的产业，更需要通过不断地技术信息的交流和沟通，以及产业内部及产业间的技术合作作为产业发展的必备基础之一。技术合作不仅可以为单个企业的发展带来良好的前景，同样也会为整个产业的发展提供所需的技术支撑，甚至为社会的进步和国家竞争力的增加起到重要的影响。通过价格关联，是产业实现市场化的最直接的表现。产业间的合作和竞争在市场上最直接的表现就体现为产品和技术的价格，价格机制统一了不同产品和服务的价值计量方式，使得不同产业之间的关联成为可能，并且更容易通过定量的方式来计算产业间的联系。虽然各产业的产品和服务的模式或形态并不是统一的，但是由于具有了价格这一统一的媒介，更加公平合理地将它们连接在一起，方便统计和计算。人归根到底是各产业生产过程中最根本的支撑作用，在产业实现的每一个环节都离不开劳动力作用的发挥。因此，就业的联系也是形成产业间关联的重要体现。在实际社会生产中，某一产业劳动生产率的提升、技术创新能力的增加都会在一定程度上带动其他相关产业的发展，并推动产业的进步，从而增加整个区域劳动就业的机会。

综上所述，区域产业之间通过产品、技术、价格和就业等多方链接形成了一个紧密的产业网络，产业网络上的节点就是各个产业，而其链路就是产业间的各种形式的连接关系。因此，在对某一区域的产业布局和产业结构进行设计和整合的过程中，势必要在整体上进行把握，不能各个产业分而治之，要统筹衡量。

产业关联理论从其理论的历史演变，大致经历了理论的萌芽阶段、产生阶段和成熟阶段。首先是产业关联理论产生的萌芽阶段。这一阶段主要是学者们通过对产业关联问题的思考，提出了一系列的理论和方法。其中，较为具有代表性的是古典经济学家威廉·配第（William Petty）和法国重农学派的创始人魁奈（Quesnay）。前者对产业关联思想的主要贡献是从理论上提出将生产过程看作是一种循环运动，在此运动中，不同的生产部门相互关联，共同分配社会资源并产生社会剩余的观点。而魁奈在前者理论的基础上，以社会经济剩余为核心，创新性地应用图式的办法再现整个生产过程。这一时期，产业关联理论获得了理论发展所需要的重要的理论思想和研究方法，为产业关联理论的产生提供了坚实的基础。第二个阶段是产业关联理论的产生阶段。理论的创始人里昂惕夫（Leontief）在对马克思主义政治经济学和西方经济理论综合的基础上，于1941年出版了《美国的经济结构1919—1929》一书，其书的出版标志着产业关联理论的正式产生。书中主要在里昂惕夫前期研究的基础上，系统地阐述了产业部门的投入产出关系，真正实现了产业部门之间关系的数量化核算。第三个阶段是理论的发展阶段。经过理论的不断发展，投入产出理论已经不仅仅是产生时的静态描述形式，应用线性理论作为计算的基础。目前，投入产出表已引入时间的概念，使之变成动态描述方式，里昂惕夫在之后的研究中以微分方程和差分方程的形式来表达动态模型。同时，产业关联理论也被采用不同的方法表达，并应用于不同领域。具有代表性的是联邦德国学者彼得·卡尔门巴克（Peter Kalmbach）和奥地利数学家亨兹 D. 库尔茨（Heinz D. Kurz）提出新方法下的变系数动态投入产出模型，以及芬兰学者阿哈马瓦若（Ahmavaara）应用该方法研究区域人力资源问题，形成了人力资源的动态投入产出模型等。时至今日，仍有大量的学者在研究经济部门间的投入产出问题，使得产业关联理论的内容逐步地深入和复杂，研究方法也更加趋于合理。

二 产业演化理论

"演化"一词最初来源于生物学，其释义是指生态群落或自然群落的逐渐进化，而这种进化主要体现在群落里的遗传性状在世代之间的变化上。也就是说，在生物繁衍的过程中，伴随遗传基因的复制，生物体的性状会传递到下一代。生物学上演进的主要机制有遗传和变异，以及物种内和物种间的竞争。随着生物演化研究的不断深入和推广，许多学者发现很多研究领域也存在相似的隐喻。演化经济学就是生物学与经济学的新兴交叉学科之一，而产业演化理论是属于演化经济学中观领域的研究内容。所谓产业演化是指某一产业的创生、成长、发展和衰退的进化过程，它既可以描述单个产业的变化过程，又可以从整个区域的角度整体上解释产业的发展历程。在产业演化的研究中，一般从两个角度进行分析，一方面从时间发展的脉络来看，某一产业或某一区域整体产业的发展，通过时间的变迁描述和形成产业发展理论；另一方面是从空间分布的视角来看，某一产业或某一区域整体产业的发展，通过地理空间上的分散与集中描述产业协同发展情况和整体进化情况。

综上所述，产业演化理论是研究区域战略性新兴产业的一个重要的理论基础。一方面，战略性新兴产业是处于产业创生和成长阶段的产业，对于通过把握产业发展的阶段和脉络，有针对性地提出适合产业发展的对策是产业发展的一项基础性工作；另一方面，战略性新兴产业的发展特点决定了单个企业很难长期独立面对产业环境的瞬息万变和产业技术快速更新的局面,通过空间上的集中带动产业内外部的协同发展是产业发展的必然趋势。因此,战略性新兴产业在时间和空间上的发展趋势和要求是区域产业布局和产业调整的重要基础,从产业演化的视角能够清晰地对相关问题进行研究。

制度经济学派学者凡勃伦(Veblen)首次提出了"演化经济学"这一概念,从生物学的进化论与社会科学的相似之处入手,利用演化的思想研究经济制度的变迁。并且强调经济系统未来的发展趋势受到环境等多因素的影响,具有较大的开放性和不确定性,但是在现有经济系统形成的过程是经济系统历史积累的结果,其发展轨迹存在着类似经济学遗传与变异的思想,具有一定的路径依赖的特点。同时,他强调经济系统的均衡是一种短期的平衡状态或者说是一种局部均衡状态,在产业长期演化的过程中是一个不断打破平衡再建立新平衡的过程,因此产业演化过程不应再尊崇传统经济学的均衡思想。对产业演化理论起到重要影响作用的另一思想是由阿尔奇安(Alchian)提出的。他强调既然经济系统并不存在长期的均衡,那么经济系统的最优只能是一种局部的最优,而不应该将其视为一种长期追求的目标。由于经济系统无法做到信息完全和准确地预测未来,因此,经济发展更多的是一种模仿和试错的过程。对整个社会和自然环境的适应性,在一定程度上决定着经济系统的发展潜力和发展能力。凡勃伦和阿尔奇安等学者在演化经济学理论上的突破性进展,为产业演化理论奠定了坚实的基础。

学者纳尔逊(Nelson)和温特(Winter)第一次系统化地研究了演化经济学理论,并将演化经济学的思想应用于企业个体和企业群体(产业层面)两个微观、中观领域的研究。在产业演化的研究中,他们认为遗传与变异的生物学演化的机制在产业层面的应用就是惯例与创新,并以此找到研究产业演化的有效途径和方法。所谓惯例是类似于生物体基因在其进化过程中的作用,任何一个企业都有着自己的运营模式与管理方式,因此企业的发展总是有迹可循的,在其发展的过程中受到企业发展历程的影响。而所谓的创新就是企业对于传统惯例的突破,创新可以是一种突变行为也可以是一种渐进行为,其根源是企业在不断地适应环境发展过程中的自我调节。同时,他们也强调产业发展过程并不存在最优的问题,而是一个不断地适应产业环境的过程。

三 产业生命周期理论

从产业生命周期理论的观点来看,产业的成长要经历四个阶段:萌芽期或形成期、扩张期、成熟期及衰退期。

产业萌芽期或形成期是指产业从"无"到"有"的过程。处于萌芽期或形成期的产业具有产品单一、产品销路不广、成本高、收益少、产量小、产品知名度低等特点。产业扩张期是指产业形成之后，通过对各种经济资源的不断整合、吸收从而充分扩充自己的过程，产业扩张包括两个方面：产业在量上的扩张，以及产业在内涵方面的质的突破。产业扩张阶段在整个产业生命周期中，是产业成长非常重要的阶段，一个产业扩张成功意味着幼小产业能够发展壮大，产业扩张失败则意味着幼小的产业将被扼杀在摇篮之中，更早地结束产业的生命。扩张的成败还意味着产业是否能够进入成熟阶段，这与产业的成长息息相关，有意义地扩张定会对整个产业链和国民经济体系的良性发展产生积极的影响。经过充分扩张，产业已经趋于饱和，产业的产能和生产达到上限。随后，产业进入一个规模稳定、技术稳定、供给和需求稳定、产品稳定、地位突出的阶段，即进入这个产业的成熟阶段。产业衰退是指出现行业不景气的危机，并逐渐衰落的过程。它主要是工业发展相对或绝对规模萎缩，产品老化、退化表现出的惨淡状态，并最终被市场所淘汰。因此，培育战略性产业具有积极的意义，主要是培育期，其次是产业成长的萌芽期和扩张期。在不同的阶段，应该集中相结合产业的特点，以采用不同的对策。

从市场经济的做法可以总结出，依托一定的核心技术，从出现到发展，再从衰退到消失遵循一定的生命周期规律。过去理论家普遍认为，企业生命周期的基本过程，包括前面提到的萌芽、成长、成熟和衰退四个阶段。然而，一些学者认为，这种一般的逐步划分方法，并没有揭示产业生命周期的性质，应该特别突出产业生命周期特殊性。这些学者把产业生命周期划分为以下四个阶段，以反映行业的本质特征，即自然垄断阶段、全面竞争阶段、产业重组阶段、蜕变创新阶段。

自然垄断阶段是指新技术或新工艺的逐渐成熟，形成产能进入市场，使目标消费者认识和接受的时期。这个阶段的基本特征是：由于发明创造，或者优先引进技术，最初只有少数掌握这些技术的企业进入该产业；技术有待发展成熟；技术的"新颖"带来的是自然垄断；进入该产业的企业大都遭受损失的初始投资期和逐渐的发展过程中获得巨大的垄断利润；产业进入的风险较大，壁垒较高。

随着新技术的不断改进和完善，市场的不确定性的减少使得投资新兴产业的风险得到了更大程度地稀释，再加上产业发展的需求、政府的支持、鼓励政策的出台、充分竞争阶段高利润的诱惑，许多投资者开始涉足该行业，使得该行业进入一个快速发展的阶段，并逐步形成了全面竞争的状态。这一阶段的主要特点是：工业技术的逐步完善和成熟，自然垄断利润逐渐消失。行业中有大量的新进入者，竞争激烈的价格战之后的另一个表现是，很多企业都开始专注经营理念，通过技术创新，提高生产效率等方式，构建未来竞争力的战略优势，从而为产业进入下一个生命周期阶段打下基础。

经过全面竞争的洗礼之后,一个充分竞争的行业出现两极分化,一方面,一些企业由于较高的生产效率和先进的经营理念,以及成功的创新手段,从众多竞争者中脱颖而出,无论经济实力大小,企业已经取得了很大的改进,实现了企业的做大做强,进而成为主导产业;另一方面,一些企业由于种种原因,或增长缓慢或停滞或难以为继,在市场竞争中落后,整体处于下风。这时,一些成功的企业,它们希望通过行业内的资源更优化的配置,以进一步提高生产力,同时巩固其行业龙头地位;大部分经营状况不佳的企业,它们也希望通过适当的方式退出,或出现其他重新搞活产业竞争力的形式,产业的革命性变革时机逐渐显露出来,行业进入了一个优胜劣汰的重组阶段。这个阶段的特点是:合并和消除工业发展的主旋律,市场需求相对饱和;预购价格战为主要竞争手段,而后期则表现出了某种少数竞争的特点;因为工业的发展潜力越来越小,各企业为了在未来的竞争中获得优势,促进企业的发展,行业内的收购将是它们保持统治地位的主要手段,同时加强管理,开始把重点放在技术创新和升级上,从而为行业下一个生命周期阶段的过渡提供了保障。

产业结构调整后,企业为了竞争,同时也为了能够满足消费者的需求,不得不将财务资源投资在现有的技术升级和创新上,以此来促进产业升级,如引进更先进的技术等。因此,该行业进入转型创新的阶段。创新阶段的转变:它是一个新的行业,与自然垄断的生命周期阶段的主要特点是分不开的;产业内企业之间主要竞争重点放在新技术研究与应用、新产品开发与营销及经营管理上;消费者处于一种徘徊与观望状态。

四 产业链理论

产业链是同一产业部门或不同产业部门之间基于技术经济关联的需要,依据一定的时空布局和逻辑关系而形成的一种链式组织结构形式。作为一种经济社会的表现形式,产业链一般表现为在某一地理区域内,同一产业领域内的企业或不同产业内相互关联的企业为了获得更好的生存发展机会,依靠企业间的协作分工,形成在某一方面具有竞争优势的群体。产业链中包含了垂直方向上的供需链及水平方向上的协作链。就城乡经济活动而言,乡村的经济活动较少,主要集中在农畜养殖业、渔业、林业等低端的劳动密集型活动,而城市则聚集了大量的人力、物力、财力及先进的技术等经济要素,从事的经济活动主要是资本密集型的商业贸易、金融活动,以及部分劳动技术密集型的先进制造业、建筑业等。区位条件的不同与资源比较优势的差异决定了我国城乡结构在组织分工上的不同,从而形成了如今城乡产业结构发展的差异化。产业链理论正是在城镇和乡村这种客观存在的区位条件下，为了发挥地区资源的比较优势，借助市场的力量来协调城镇和乡村之间多样性需求及专业化分工的矛盾，从而形成的一种区域合作载体。

伴随着我国经济的逐步发展，产业链的构建模式也逐渐完善并呈现多样化的特征，目前，产业链的模式主要有以下四种：内生拓展模式、关系型构建模式、嵌入式构建模式和创新主导型构建模式。

（一）内生拓展模式

内生拓展模式是由单个企业或相互关联的多个企业在自我发展过程中逐渐形成的产业链模式。单个企业构建的产业链模式其实就是我们常见的企业纵向一体化模式，当投资的专用性较强、市场的交易活动较为复杂、其他相关节点企业的供应能力又较弱时，资金雄厚且具有核心竞争力和核心业务的企业为了减少交易活动在相关节点上的浪费和损失，往往将整个生产交易活动都纳入企业的内部，希望通过一系列的控制将生产部门，以及相关的辅助业务部门都整合到企业的内部，形成一个整体，这样从企业内部再对各部门的活动进行指导和调整，不仅能节约市场交易成本，还能缩短最终产品的生产周期。但随着企业的发展，企业规模和组织机构也在不断变大，结构也越来越复杂，这种由单个企业构建的产业链模式也面临越来越大的挑战。而此时，由多个关联企业所形成的产业链的优势逐渐显现出来。多个企业发展形成的产业链往往是在一定的区域范围内，依靠其良好的产业基础、资源禀赋、制度环境、地方文化等区位条件，使得初始企业如雨后春笋般发展起来，并且随着初始企业生产规模的扩大和分工的细化，企业之间出于共享基础设施，以及市场份额的需要，相应的配套企业，包括上下游企业都相继出现并形成集聚，从而使区域内形成了较为完整的产销一体化式链条。这种由多个企业形成的产业链模式往往要求企业具有两大特点，即较强的区域性和链环根植的牢固性，产业链未来发展方向将延伸、拓展至市场和原料两端，以及向更广阔的外域空间延伸。

（二）关系型构建模式

关系型构建是指构成产业链的企业之间基于某种共同的社会关系或文化诉求，相互联合起来而组成的一个完整系统。①基于社会关系的构建：由于市场交易的频率增加，仅仅依靠市场机制的调节难以提供一个公平竞争的环境来保障实力相当的企业之间实现平等的贸易活动，于是隐性知识传播的作用开始发挥重要作用。在现实市场中，企业之间的联系可通过企业声誉、伦理道德及企业空间上的临近关系等来加强。通过不断地发展，这种相互之间的贸易合作模式形成了基于社会责任、社会关系而产生的互利合作的产业链构建模式。在关系型构建模式所形成的产业链中,节点企业之间的交易活动同样也要通过市场交易平台来实现,所以也会受到价格机制的影响,但这些都不再是对企业发展起关键作用的决定因素。相反,声誉、承诺等建立在信任基础之上的社会关系在企业发展中起了非常重要的作用。但关系型构建模式对产业链的长期运行和维持是难以保障的,尤其是在企业的交易范围和规模不断扩大的时候,这种内在的信任机制将难以维持。②依托共同的文化诉求来构建产业链:文化是产业链各环节之间的润滑剂,是产业链发展的牵引驱动机制。企业之间相似的文化不仅能够加强企业之间、产业之间乃至区域之间的经济合作,更能使企业的价值观和经营理念逐步趋同,更加方便企业之间的联系,从而构成产业链,使得产业链上的节点企业都能获得更高的运行效率。随着产品差异化的不断发展及品牌竞争日趋激烈,依托文化内涵而发展的产业链及其产品可以获得巨大的增值,也可以培养具有相似文化情结消费者的消费倾向和价值认同感。目前,我国非常关注相关文化产业的发展,各地纷纷加强对自身传统文化优势的发掘,增加地区的文化投资力度。

(三) 嵌入式构建模式

嵌入式构建模式是指企业或某一地区通过与其他企业合作,发展成新的产业链条上的一环。根据企业嵌入的方式和效果不同,产业链的嵌入式构建模式可分为配套式嵌入和填空式嵌入两种。①配套式嵌入:本地企业或企业群依靠当地靠近市场的区位优势条件、完善的设施配套及廉价的劳动力资源,吸引其他地区或国外的资本进入和技术支持,然后参与到区域分工或国际分工链条中去,成为这个新的较完善产业链上的一个节点企业,并在其中从事产品生产、包装等工作。在这种嵌入方式下,被嵌入方通常处于产业链的低端而很难参与到产品研发及产品销售等产业链的核心环节上去,只能依靠自身劳动力等基础优势从事利润空间小、资源消耗高的低端环节。一旦所嵌入的产业链核心节点调整其自身的发展方向,或者寻找到具有更加低廉成本的企业时,被嵌入方将会从产业链中淘汰出局,所以对这类企业来说,往往面临着很高的替代风险。例如,东莞市的清溪镇和石龙镇的电子信息产业链就是由于嵌入了台湾等地的电脑生产线而发展起来的,主要的资金和技术都由被嵌入产业链企业提供。随着市场的变化和技术的进步,嵌入企业为实现在产业链上的长期发展,就必须提高效率,增强自身在产业链系统中的作用和地位,并逐渐向产业链的中高端环节移动。②填空式嵌入:本地企业或企业群凭借自身雄厚的资本或先进的技术等优势要素填补某一产业链的空白环节,成为该产业链中的重要组成部分,这样的企业往往是在产业链的中、高端工作,而不是处于产业链的低端环节。与配套式嵌入模式相比,填空式嵌入环节发展所需的资本、技术等要素主要来源于嵌入企业。在这种情况下，嵌入企业和被嵌入产业链之间形成的是一种互补的关系。

（四）创新主导型构建模式

创新主导型构建模式对产业链具有很高的要求。现有的产业链除了具备较强的创新能力外，还必须要有积极的企业家精神、发达的内部网络及卓越的创新能力。产业链通过不断地创新，与产业链之外的企业广泛开展经济合作，将越来越多的企业融入到产业链系统中，同时创新所产生的新技术、产品等核心竞争力要素，增加了产业链的市场竞争力，从而吸引新的企业到产业链中来或者以此增加产业链中上游环节，不断促进产业链向纵向延伸和横向拓展。通常，创新型产业链都具有模块化的特征，模块化使得产业链上企业定位都基于严格的劳动分工，由于经济的不断发展，知识和技术的分工已成为普遍现象，同时，企业在不同的模块具有较高的独立性，可以独立地进行生产和研发，所以，模块化结构在很大程度上提高了产业链甚至整个产业的创新效率。因而对于规模较大且复杂的产业链系统，通常会通过创新的方式来升级整条产业链，在这一过程中，模块化与创新是相互作用的关系：模块化为创新保持高效率提供保障，创新促进模块化的进一步发展，将新的创新成果建立一个新的子模块来实现创新成果的产业化和市场化，创新和发展模块化结构已经逐渐成为产业链系统或大型企业集团发展的主流方式。

当然，建立产业链的模式并不是一成不变的，而是在经济发展过程中逐渐出现新的形式。在实践中，上述四种构建模式也不是相互独立的，它们相互影响、共同存在，在一定条件下还可能相互转化。随着经济的发展和市场竞争的加剧，更多的影响因素逐渐出现，新的产业链构建模式也随之产生，但不论何种模式下的产业链构建，其最终目的都是优化生产和组织结构，提高生产效率及资源的利用效率。

第四章 科技园区培育新兴产业集群的国内外实践

第一节 国外科技园区培育新兴产业集群的实践

美国斯坦福大学硅谷科技园的成功，引起了人们对于科技园区培育新兴产业集群的关注。目前，世界各地已有千家产业科技园区，由于各国社会制度、经济体制、国情各不相同，科技园区的管理模式与体制也各不相同，卡斯特尔（Castell）和霍尔（Hall）将科技园区的管理模式分为三类：第一类是以美国硅谷为代表的，通过建立高技术公司的产业综合体，将大学、企业、孵化器等组合在一起，将研发、实验、开发和制造联系起来；第二类是以日本筑波科学城为代表的，通过政府进行规划与建设，将大批研究机构和科学专家集中在高质量的城市空间内，为产生并实现科学成果而进行协同的研究活动；第三类是以英国牛津科技园为代表的，类似新型的产业行政区，其目的在于在某一规定的地区集中兴建一批高技术产业公司，使该地区在国际竞争和以信息为基础的新条件下增强生产与发展的能力，并不断追求经济的持续增长，包括政府规划型、混合筹建型和大学倡议兴建三种类型。下面将分别阐述这三种科技园区的发展特点及问题。

一 美国斯坦福大学硅谷科技园

美国斯坦福大学硅谷科技园是随着微电子技术高速发展而逐步形成的，依托斯坦福大学、加利福尼亚大学伯克利分校等世界知名大学，以高技术的中小公司群为基础，并拥有思科、英特尔、惠普、微软、苹果等高科技大型企业，融科学、技术、生产为一体，形成新兴产业创新集群。

在成立斯坦福大学硅谷科技园之前，当地是美国海军的一个工作站点，海军的飞行研究基地亦设于此地，许多科技公司都围绕着海军基地而建立，当海军将大部分项目移至圣迭戈时，大部分公司依然留下来，随着新公司的加入，这个区域形成了航空航天企业集群。虽然当地有斯坦福大学、加利福尼亚大学伯克利分校等著名大学，但是学生毕业后多选择去东海岸工作。斯坦福大学教授弗雷德里克·特曼（Frederick Terman）发现了这点，于是在学校里选择了很大一块空间用于不动产发展，并设立方案鼓励学生创业，著名的惠普公司正是诞生于此。在1951年，特曼成立斯坦福研究园区，形成了硅谷的雏形，此后大学生创业、高科技企业进驻园区，利用大学创造的科技成果和培养出来的人才进行高科技活动，形成了以信息产业为主导的科技园区。

硅谷科技园作为美国信息社会"最完美的范例""世界微电子之乡"，不仅开拓了电子信息这一新兴产业，更重要的是开拓了科技园区培育新兴产业集群、创新集群的模式：风险投资、孵化器、股份期权等。硅谷的崛起使美国从工业时代过渡到信息时代，引领了电子信息产业的发展，开创了人类社会进入知识经济时代的先河。该园区运作特点主要表现在以下几个方面。

（一）纯粹的市场经济运作

硅谷是风险投资的发源地，但是，风险投资公司并不是起源于旧金山的金融市场，而是来自硅谷自身产生的财富。实际情况是硅谷的第一轮创业者靠他们自己创业的成功获取了资金和经验，并为下轮新公司的成长注入资金，提供管理经验。这样，尽管主要金融机构在硅谷的风险资本市场的开办始于20世纪80年代，但在这以前，60~70年代早期，硅谷就创造了自我支持的金融系统，以它们所积累的财富再投资、培育下一批企业家。著名的苹果、英特尔、微软、IBM等靠风险投资发展起来的高技术企业也向高技术中小企业投入风险资金。

（二）大学是硅谷人才培养基地

硅谷的研发人员占到硅谷总从业人员数量的10%以上，是美国平均水平的2倍。在硅谷，先后共有40多位诺贝尔奖获得者。当地大学为硅谷提供了大量的技术人才支持。硅谷所在地拥有包括世界著名的斯坦福大学、加利福尼亚大学伯克利分校、圣塔克拉拉大学和圣何塞州立大学在内的8所大学、9所专科学院和33所技工学校。这些高水平的大学和研发中心为硅谷高技术企业发展提供了充足的人力资源。斯坦福大学源源不断地向硅谷输送高水平的毕业生，鼓励学生创业，为硅谷高科技创新活动准备了强大的人力资源，学校还通过网络注册等形式为已参加工作的工程师们提供在职研究生培训课程，使他们的知识能不断地得到更新，以保持持续的创新活动。同时，硅谷企业也为斯坦福大学的在校生提供实习机会，双方形成了良好的互动。此外，硅谷人才还来源于麻省理工学院、加利福尼亚大学伯克利分校等美国知名高校。在过去的50年中，硅谷之中由斯坦福大学的教师、学生和毕业生创办的公司达1200多家。目前，50%以上的硅谷产品来自斯坦福大学校友开办的公司。

（三）政府支持

美国政府颁布《采购美国产品法》，政府对信息产品，尤其是对原创性产品起到了很大的支持作用。在硅谷形成初期，正是由于美国国防部对尖端电子产品的大量需求才使许多年轻的高技术公司生存了下来，并在日后得以发展壮大。据统计，1955~1963年，硅谷半导体产业35%~40%的营业额来自政府采购。后来对民用市场开发成功之后，这个比例才逐渐下降。大量的国防采购，对硅谷集成电路、计算机产业的发展起到了很大的促进作用。以晶体管为例，1951~1953年，政府支持硅谷的公司开发新技术，为晶体管的发展提供了市场。1952年，晶体管全部用于军用。由于晶体管的成功应用，美国空军于1958年决定将其民兵式导弹的全部真空管换成晶体管，使晶体管的市场需求增加了一倍。在集成电路的发展中，政府起到了同样的作用。斯坦福大学集成电路研究中心就得到了来自美国国防部800万美元的资助和来自19家公司1200万美元的资助。继民兵式导弹从电子管换为晶体管之后，政府在民兵式二号导弹，阿波罗计划和弹道导弹预警系统中强制采用集成电路。20世纪60年代初期，美国政府还通过大量订货促进集成电路生产技术不断完善。政府通过研发投入和相关政策促进硅谷技术发展。政府对基础的、符合国家科学发展的研发给予直接的资金与各方面的投入。例如，政府对斯坦福大学研究项目提供大量的直接赞助经费。据统计，2000年，斯坦福大学16亿美元的年收入中有40%来源于受政府委托的研究项目。另外，政府还对中小企业进行研发投入，并通过税收政策等鼓励企业自己进行研发项目研发。例如，通过《中小企业技术创新法案》，利用国防、卫生、能源等部门的研发基金支持中小企业相关技术创新，满足联邦政府研发及商业市场的需要；实行"研发抵税"的政策；设立小企业局为中小企业提供贷款担保，担保率为75%~80%。此外，政府严格实行专利制度，对知识产权进行保护，促进技术交易市场的建立；建立行业标准，推进技术的完善与进步；制定宽松的技术移民签证制度，实施专门为吸纳国外人才的H-1B签证计划，增加签证发放的数额。

（四）硅谷文化

硅谷几十年来形成的独特文化模式是它成功的最深刻而持久的因素，是美国传统的民族特性如个人主义、自由主义、创新精神等和现代文化在高科技时代的典型体现。硅谷创新文化体现为它鼓励尝试，容许失败。硅谷文化首先是一种创新文化，即允许失败的创新。正是因为这种精神，人们才去不断地尝试，硅谷才诞生了许多企业家、发明家和创业者。无论他们是成功还是失败，都对硅谷产生了深远的影响。在这种宽松的环境下，创新不仅包括科学技术，而且还包括行为模式、思维模式、交往模式等各个层面。硅谷对人力资源的重视超过了其他经济因素。硅谷的佯谬文化是硅谷发展的内在动力。硅谷文化是一种佯谬文化，即似非而是的悖论或反论文化。硅谷被称为"佯谬谷"。这是技术对文化产生影响的一个例证。硅谷文化是一种时间文化，即速度化文化。硅谷的发展即表明，在知识经济时代，速度化是其最主要的特征之一。在后工业社会，时间成了稀缺资源，因此，对时间的争夺代替了工业化时期对空间即对自然资源和工业原料的争夺。这种时间文化改变了硅谷人的工作模式和劳动制度，知识经济使得人们不可能按照过去工业化时代的八小时工作制（即标准化时间）工作，而是按照创新的需要安排时间，不是将时间细化，而是将其进行分割，经常性地连续几天通宵达旦，工作到深夜或凌晨几乎是硅谷20万高科技人员统一的生活方式。硅谷独特的企业文化提高了企业办公效率，增强了企业活力。硅谷有一种独特的企业文化。这种文化包括：人才的超流动性、直呼上司的名字、随意穿着、弹性工作时间、在家工作、雇员拥有股票等。这种看似随意性的"车库文化"，已成了硅谷企业文化的代名词。

二 日本筑波科学城

日本筑波科学城是为了缓解东京城市压力，发展科学技术，提高高等教育水平，实现城市发展由"单级"向"多级"的战略转移而规划建设的。1963年，日本首都规划委员会提出了新城规划的基本构想——NTV方案，经过多次修改，于1969年规划出现今范围的南北细长型新城总体规划方案。

筑波科学城分为生物研究实验区、土木建筑研究区、文教研究区、理工科研究区和公共设施5个小区。科学城内设有宇宙研究中心，拥有最先进的质子加速器；工业试验研究中心，包括工业技术院的9个研究所；农业科研实验中心；研究人类的灵长类试验站；高空气象台；等等。筑波科学城现为日本最大的科学中心和知识中心，是日本在先进科学技术方面向美国等发达国家挑战的重要国家谋略。总结筑波科学城的发展，有如下几方面特点。

（一）政府支持

筑波科学城是日本政府为赶超欧美所采取的国家策略，在科学城起初发展的10年，私营机构并不积极参与，划给私营机构的3个研究园区都被闲置起来。直到1985年，筑波科学城举办国际科学技术展览会后，基础设施建设取得了很大程度的进展。《研究交流促进法》立法后，使用国家院所设施、促进人才交流、专利共享等措施极大地鼓励了私人企业进驻园区进行发展。

政府对于园区的支持主要体现在以下几方面：①金融优惠，筑波科学城可享受日本开发银行、北海道东北开发公库的低利率贷款；②税收优惠，允许高技术企业对科学城内新设部分工业设备计提折旧，部分减免税收；③政策优惠，在基础设施建设如住宅、道路建设方面适当放松《农地法》的某些规定。

(二) 新城建设

和其他科技园区相比，筑波科学城是新城开发而不是依托原有城市、大学和科研院所形成的，基本都需要新建，不仅投资高，而且建设周期长。科研院所和企业在政府主导下迁入筑波，由于科学城发展缓慢，直到东京大都市的边界外扩接近筑波，园区基础设施和生活配套服务设施日渐完善后，情况才逐渐好转。也正是因为如此，筑波科学城一直注重保持良好的自然环境。更多的人选择在筑波工作，在筑波生活，不仅是因为这里的工作生活环境，也因为良好的自然生态环境。

(三) 存在问题

筑波科学城由政府主导建设，各类研究机构和教育设施，以及其他产业和企业都有相应的主管部门，而各主管部门间存在利益冲突，未能统筹规划，常出现重复建设和浪费现象，各研究机构相互独立，不能实现资源共享。在技术创新方面，无论是智力支持还是物质支持，筑波科学城均存在缺陷。筑波科学城以基础研究为主，对于新技术的研发和应用涉及较少，科研机构和大学的存在难以支持企业的创新活动。在人才培养方面，筑波科学城采取封闭式的人才培养方式，以为各部门和机构培养人才为主，较少流向社会进行创新活动。

三 英国牛津科技园

英国牛津科技园始建于1989年，位于牛津城中心以南三英里左右，占地面积计划为15公顷。科技园区周围有60多个大学部门和科研单位，园区位于高密度研究开发中心，能够为园区提供大量的优秀科研人才。

牛津大学和牛津布鲁克斯大学与英国工业有着深厚的历史渊源，联系广泛。大学中很多教师、科学人员在校外公司和政府组织承担项目和咨询工作。园区内公司获得利益的源泉是大学的专业知识，同时大量引进高质量人才从事科学、技术研究，充实研究力量。在牛津科技园里，不仅有大学和科研单位从事科研工作，还有一些医疗单位、政府组织也从事国际领域的研究工作。科学园内有专门的咨询部门，是为了促进曼哥当那大学和当地工厂、组织的交流联系而设立的。探究牛津科技园的发展，我们可以发现，其在以下几个方面比较成功。

(一) 人才资源

牛津科技园的建园宗旨是促进专利成果转化为生产力，主要功能是孵化器。依托大学和科技优势，通过与大学和科研机构的紧密合作，园区企业可以完善产品，解决技术难题，提高创新能力。大学也可以从企业获取研究资金，提高其设备和科研力量。大学还为科技园培养高级管理人才和工程硕士，促进产学研结合。

（二）风险投资运作机制

与其他科技园区不同，牛津科技园不直接参与投资，但是参与新技术评估和项目管理。小到种子基金，大到投资银行都在园区周围成立，其周围形成了完善的投资体系并成立了科技园投资俱乐部。俱乐部定期举行聚会，促进企业间、企业与投资人间、投资机构间的相互了解，帮助园区企业成长。俱乐部的会员可以享受优先投资专利技术的优先权，享有更多、更优惠的投资机会，为企业、投资人之间架起沟通的桥梁。其中，较为成功的案例是生物传感器公司和纳米材料公司。生物传感器公司入园时只有5人，现在已经发展到60多人，市值上千万英镑。这其中离不开科技园投资俱乐部的帮助，初募的50万英镑即来源于投资俱乐部。不仅如此，俱乐部还为其寻找CEO，并且在各方面提供支持和辅助。

（三）以市场为导向开拓创新

事实上，每年发明的专利、申请专利的数量都很多，但是转化效果并不好，这其中有一部分原因在于专利发明者在发明专利的时候，没有考虑到市场化的需求，也缺乏进一步完善专利，实现转换的动机。牛津科技园在实践过程中，发现了这个问题，意识到专利发明人需要市场、商务方面的培训，丰富其与投资商和潜在消费者的项目推介经验，使专利赢利，实现市场化。

为了解决这一问题，实现突破，牛津科技园连同大学等单位，向政府提交了关于促进专利成果市场化的建议书。这一建议得到了英格兰高等教育拨款委员会的支持和100万英镑的资金支持。这笔经费使得园区增设了4个工业研究园，并提供了4个商务开发研究员职位，该职位人员需要有科技产业经验和工商管理硕士的专业背景，并且需要协助专利持有人进行商务谈判和项目运作。该举措是为了帮助那些有应用潜力，但是未能有足够资金开发和完善的专利成果，使其实现商业化、市场化。

牛津科技园的成功不仅在于其准确定位，重视专利成果的转化及其市场化，还在于其对于孵化器作用的重视。这其中也离不开国家政策、资金、税收等各方面的支持，而且大学发挥了很大的作用。在提供科技人才、管理人才和高科技产业领军人才方面，大学发挥着不可替代的作用；在科技方面，大学不仅负责基础科学的研究，还承担着实现专利成果转换的重任。无论是银行家、风险投资者，还是大学教授，要想成为科技园的负责人都需要具有丰富的高科技产业化经验和国际视野,要有超前和创新意识。此外,牛津科技园规范有效的管理运作模式、严谨务实的作风和宽松到位的配套服务,丝丝紧扣促进专利转化这一指导思想,处处体现了以人为本的科学发展观,件件落实在强化孵化器功能上。

第二节　国内科技园区培育新兴产业集群的实践

相比于国外的科技产业园区,国内科技园区起步晚,发展相对缓慢。随着国家政策的指引和市场经济的发展促进,国内科技园区迅速发展,成果显著,培育了大批高科技企业,发展壮大了新兴产业创新集群。在这些科技园区中,以国家自主创新示范区建设最为成功,体现了我国增强自主创新能力、抢占新一轮经济和技术竞争的战略制高点、推动经济结构调整和发展方式转型的重大决心。

一　北京中关村科技园

北京中关村科技园起源于"中关村电子一条街",是国务院批准建立的中国第一个国家级高新技术产业开发区,经过20余年的发展,中关村目前"一区多园"的空间格局包括东城园、西城园、朝阳园、海淀园、丰台园、石景山园、门头沟园、房山园、通州园、顺义园、大兴-亦庄园、昌平园、平谷园、怀柔园、密云园、延庆园等16个园区。其中,海淀园是高新技术成果的研发、辐射、孵化和商贸中心,其他园区是高新技术产业的发展基地。中关村聚集以联想、百度为代表的高新技术企业近2万家,形成了以下一代互联网、移动互联网和新一代移动通信、卫星应用、生物和健康、节能环保及轨道交通等六大优势产业集群,以及集成电路、新材料、高端装备与通用航空、新能源和新能源汽车等四大潜力产业集群为代表的高新技术产业集群及高端发展的现代服务业,成为首都跨行政区的高端产业功能区。

由中关村电子一条街到国务院批准成立北京新技术产业开发实验区,中关村的发展建设得到了党中央、国务院的大力支持。1999年,国务院要求加快建设中关村科技园区,2005年,国务院要求支持做强中关村科技园区,2009年,国务院批复建设中关村为中国第一个国家自主创新示范区,要求将中关村建设成为具有全球影响力的科技创新中心,并且于2012年同意调整中关村国家自主创新示范区的空间规模和布局。

(一)科研机构聚集

北京是我国最大的科研基地、高等教育基地和人才聚集地,中关村科技园区聚集了众多高等院校、科研机构及高水平的专业技术人才,聚集了大批勇于创新的企业家,他们为高技术企业创新活动提供了便利的合作研发平台。因此,中关村聚集了大量的高科技企业,形成了新兴产业创新集群。

(二)科工贸一体,产学研结合

相比于其他科技园区,中关村的起源不是政府的规划、科研院所的集聚,而是中关村电子一条街的贸易聚集。随着国家规划,中关村逐渐转型,变为集科工贸于一体、产学研结合的新兴产业创新集群。目前,中关村科技园区的企业与大学、科研院所的合作关系日渐密切,诞生了联想、四通和北大方正等高新技术产业,形成了教学、科研、生产一条龙的产学研结合体系。

二 上海张江高科技园区

上海市张江高科技园区成立于1992年7月,位于浦东新区中部,规划面积25平方公里,分为技术创新区、高科技产业区、科研教育区、生活区等功能小区。张江高科技园区是国务院批准设立的我国首批国家级高新技术产业园区之一,是我国和上海市自主创新战略的重要载体,"聚焦张江"是国家浦东综合配套改革试点十项任务之一。经过20多年的建设,张江开创了独具特色的高科技园区发展之路——"张江模式",即"一个平台、两大动力、两类资源和两种能力";探索了一条内生成长的发展之路,形成了集成电路、生物医药和软件三大核心主导产业,以及文化创意设计、金融信息服务、信息安全、光电子、新材料新能源等新兴产业高速发展的产业布局。

随着浦东的开发开放,1992年张江高科技园区开园,初步形成了张江高科技园区的发展方向、发展模式和发展战略,初步确定园区规模和孵化器功能,龙头企业开始进驻。随着政策的推动,园区确定了以集成电路、软件、生物医药为主导产业,体现促进创新创业的功能定位。在全面完善和规范园区管理的前提下,张江高科技园区进入了高速发展阶段,进一步强化了创新孵化的功能,加大了自主创新能力的培育。在面临经济危机的新形势下,张江高科技园区进入二次创业全面发展阶段,坚持自主创新,坚持将政府支持和市场运作相结合,促进产业协调发展。

经过20多年的开发,张江高科技园区构筑了生物医药创新链和集成电路产业链的框架。目前,园区建有国家上海生物医药科技产业基地、国家信息产业基地、国家集成电路产业基地、国家半导体照明产业基地、国家863信息安全成果产业化(东部)基地、国家软件产业基地、国家软件出口基地、国家文化产业示范基地、国家网游动漫产业发展基地等多个国家级基地。在科技创新方面，园区拥有多模式、多类型的孵化器，建有国家火炬创业园、国家留学人员创业园，一批新经济企业实现了大踏步地飞跃。"自我设计、自主经营、自由竞争"和"鼓励成功、宽容失败"的园区文化和创业氛围正逐渐形成。

发展经济的同时，张江高科技园区在环境保护、能源节约、ISO14000国家示范区建设、节水型园区创建、办公中心生态技术集成等方面进行了大量实践和探索。规划将全面推进园区环境保护、循环经济、清洁生产和生态建设等各项任务，注重提高园区资源循环利用率、降低园区环境风险、确保园区生态安全等重点。张江高科技园区推进科技创新，发展高科技产业的经济增长方式，已初具低碳特征的端倪，园区还将通过创新能力建设，率先探索低碳经济之路。规划确定，张江将用 10~15 年的时间，努力把园区建设为高科技产业生态改造样板区、低碳新兴产业示范区、创新要素汇集区、技术标准引领区。国内高科技园区发展中独树一帜的"张江模式"将赋予丰富的绿色生态内涵。在中国社会经济转型和上海经济飞速发展的条件下，张江高科技园区建设并发展了创新集群。

（一）政府与市场结合，创新创业模式多样化

政府通过出资张江高科技园区，探索将政府与市场相结合的管理模式。随着园区的发展，体制改革不断深化，推动园区成为创新人才集聚，研发机构和高新技术企业聚集的基地，使得各种孵化器各显所长。

（二）招商引资，进行产学研联盟建设

张江高科技园区成立之初，通过引进拥有成熟技术的跨国企业，迅速扩大园区经济规模和提高技术水平，形成人才、资金、技术的集聚。通过引入龙头企业，形成三大支柱产业。通过产业链招商，促进创新集群合作平台建设，形成完整的新兴产业创新集群。

为了发挥创新优势，张江高科技园区不断引进科研机构和创新人才，完善相关规章制度。大量引进科研机构的同时，建设张江研究生联合培养基地，积极支持企业成立科研中心，并且建立专业技术服务平台，促进园区企业创新，推动园区经济规模发展壮大。

当然，张江高科技园区的发展离不开政府政策的支持。前瞻性的战略规划为园区创新集群的发展指明了方向；多项优惠政策的出台，推动了创新集群的初期快速发展；不断完善的体制，促进了园区的进一步发展。

三 武汉东湖新技术产业开发区

武汉东湖新技术产业开发区被称为"中国光谷"，坐落于武汉市东南部，与

武昌、洪山、江夏区毗邻。规划面积 224 平方公里，常年居住人口 30 万人，集聚了 42 所各类高等院校、56 个国家级科研院所、20 多万各类专业技术人员、70 多万在校大学生和 51 名两院院士。

创立于 1988 年的光谷，经过 20 多年的建设和发展，已经建成了中国最大的光纤光缆、光电器件基地，最大的光通信技术研发基地，最大的激光产业基地。已发展成为中国在光电子信息领域参与国际竞争的知名品牌。初步形成了以光电子信息为主导，生物技术、能源环保、现代装备制造、软件与服务外包业等高新技术产业竞相发展的产业格局。

近年来涌现出了长飞光纤、烽火科技、多普达通讯、凯迪电力、中冶南方等一批行业领军企业；蒂森克虏伯、诺基亚、住友、IBM、EDS、富士康、法国电信等一大批世界 500 强企业在光谷投资兴业；华工科技、凡谷电子、人福科技、维奥生物等 21 家公司在境外上市，光谷成为中国上市公司最密集的区域之一。光谷的快速发展离不开政府的支持、高校的作用，具体表现在以下几方面。

（一）社会环境的影响

武汉东湖新技术产业开发区是国内唯一融自然景观、人文环境、科学研究和高新技术产业于一体的智力密集区，依托高校的科研力量，在校园内建立若干科研技术和产品开发基地，建立技术和项目资源库，培育高新技术及产品成果。这与武汉市政府近年来加大科技园区建设力度有着必然的联系。武汉市政府高度重视高校在技术创新中的作用，通过对大学科技园的创新环境的营造来充分发挥高校的研发潜力。武汉市政府积极营造技术创新和知识创新的大环境，从而适应经济和科技发展的需求。在城市规划、税费征收、人才引进、知识产权保护和基础设施建设等方面，均出台了一系列鼓励促进科技发展的优惠政策。在科技园区内实施的重大产业项目，可优先推荐列入国家、省、市各类产业发展计划，优先推荐申报国家创新基金，此外，除探索中小企业集合贷款、信用贷款、知识产权、股权质押融资外，东湖新技术产业开发区先行先试，对企业自然人股东未分配利润转增企业投资的，可延期缴纳个人所得税；企业获得省级财政资金奖励可不计入纳税额等。税收工作不断跨越新高度，每年保持 20%～40% 的增速，税收调控经济、鼓励企业发展的职能也得以充分发挥，高新技术企业所得税减免、加计扣除、出口退税、软件企业超税负返还等各项优惠政策得到有效落实。

（二）金融改革和人才培养的影响

在科技金融改革创新方面，武汉东湖新技术产业开发区坚持"政府引导、政策扶持、企业主导、市场运作"原则，在加大政策引导、完善市场体系、集聚金融资源、推动金融创新、服务科技企业等方面做了大量工作，成效显著。不仅园区内成功聚集了各类金融资源，有效推动了新三板及区域股权交易市场的建设，示范区信用体系建设、金融综合服务平台建设及科技金融创新也取得了进展。

在高层次人才引进和培养方面，东湖新技术产业开发区紧扣"3551人才计划"总体目标，在"高度、广度、准度、力度"上下工夫，扎实推进海内外高层次人才引进工作，呈现出高度重视、措施有力、推进有序、成效初显的良好工作局面。目前，园区企业支持了300多个人才项目，共引进和培养高层次人才1200多人，引进国家"海外高层次人才引进计划"（简称"千人计划"）人才达65人，引进博士近4000人。这些高端人才在推动技术扩散、知识外溢和技术标准方面起到了重要作用。

东湖新技术产业开发区取得了初步成效，但也面临很多新问题，主要表现在：①过于追求规模和速度的发展导向，使东湖新技术产业开发区的发展出现了一定程度的功能异化和偏离，作为国家自主创新示范区的引领和示范作用还不是十分突出；②政府服务能力提升与园区发展速度不匹配，政府在政策制定方面没有给予足够的空间，抑制了民营企业的发展，阻碍了富有创新能力和冒险意识的本土创业型企业的发展；③对外开放程度不高，经济交流合作不足，创业型人才留不住，阻碍了企业创新机制的形成，也减弱了园区对高新技术的引进和吸收。

四 台湾新竹科技园区

20世纪70年代初，台湾的出口导向型经济受到冲击，为了提高出口外销产品的竞争力，促进产业结构升级，台湾当局决定模拟美国硅谷，建设新竹科技园区。

新竹科技园区始建于1976年，临近台湾交通大学和台湾"清华大学"，旨在使科技成为经济发展的原动力。在园区建设初期，政府起到了主导作用，只有少量企业或者科研机构进驻园区。随着基础设施的建设完全，优惠政策的实施，大量民间资本涌入园区，跨国公司在园区中占有重要地位。到20世纪90年代，新竹科技园区的创业环境有了很大的改善，政府支持的部分科研项目取得了巨大进展，民间资本不再是唯一先进技术资源的拥有者和主要资本的引进者，跨国公司的地位在削弱，园区内已成熟的技术和资金也开始向国外输出，进行跨国联盟合作。从建成到现在经过了30余年，新竹科技园区经历了由制造导向向自主研发设计转型的过程，使台湾从加工基地转为以高科技为主的科技岛。其发展具有如下特点。

（一）科学规划和良好管理

早在建园之初，台湾当局就对新竹科技园区进行了科学的规划，确定了科技化、学院化、国际化的建园方针，选择了电子计算机及外围设备、集成电路、精密仪器机械、通信、光电、生物工程等六大新兴高科技产业。现已形成了新兴产业创新集群，以华硕、宏碁、台积电、联合微电子等世界名企为核心的计算机、半导体、光电和通信产业等创新集群。为了有效管理园区，台湾当局先后制定了一系列政策规章，如《科学工业园区设置条例》《科学工业园区外汇管理办法》《科学工业园区贸易管理办法》等，使园区管理法制化、科学化、规范化。

（二）完善的服务体系

新竹科技园区管理部门建立了高效的行政管理体系，以为企业提供高速服务为前提，以为投资者提供合理便利为变革依据，以为高技术产业区发展为目的制定管理规章。通过不断完善服务体系，为投资者投资创业营造"厂商服务，园内完成"的服务环境和发展氛围。

（三）创新提升竞争力

新竹科技园区内企业投入大量资金在技术研发方面，实现了技术创新，成就了其领先地位。并且通过技术创新，形成了创新集聚，形成了新兴产业创新集群。在技术创新过程中，企业不是孤军作战，台湾"清华大学"、工业技术研究院等高校和科研机构也参与到了高新技术产品的开发过程中，同时为园区企业提供人才及培训等服务。与此同时，台湾当局设置科研奖项和科技基金来鼓励园区企业进行技术创新，并且通过颁发奖项、奖金资助等方式来促进前沿性创新研发。

除此之外，同其他科技园区发展一样，新竹科技园区通过风险投资促进企业发展。通过各种政策支持和优惠待遇，促进企业、园区发展，使其成为台湾的"硅谷"。

第三节 科技园区培育新兴产业的问题与经验

国内科技园区建设经历了几十年的时间，期间取得了突破性进展，形成了新兴产业创新集群，尤其是培育出了信息产业、电子产业这样的朝阳产业，加速了经济的发展，延长了产业链条，实现了产业结构优化升级。

一 科技园区培育新兴产业所面临的问题

科技园区作为新兴事物，其本身的运作方式、发展前景具有不确定性。新兴产业刚刚出现，其发展方向、供需结构尚未明朗。科技园区培育新兴产业，在硅谷之前尚未有过探索，虽然取得了一定的成就，但是仍然存在许多问题，具体表现为以下几个方面。

（一）产业制度缺陷

新中国成立后，我国科技产业发展迅速，但是实际效果与重视程度并不对称，原因在于科技产业制度缺陷。长期以来，我国政府采取攻关的方式进行技术突破，认为科学发明后技术本身的演进是推动科技产业发展的力量，只要投入足够的资金、人员去开发和引进高新技术，就可以实现科技产业的飞速发展，因此在科技园区的建设中，政府发动各种社会资源来发展科技力量。但是在制度尚未健全的情况下，由政府代替市场进行主导，不利于科技产业的成长，尤其是新兴产业。用发展传统产业的方式发展科技产业、新兴产业，它们的不同之处在于新兴产业建立在知识、技术的基础上，人力资源起到关键作用，所以发展新兴产业不能仅仅采取攻关的方式，更重要的是完善经济体制、社会文化环境，为人力资本发挥作用提供客观条件。

在科技园区制度创新方面，虽根据外部环境进行了相应的调整，取得了一定成就，但是有些限制产业发展的关键问题未能得到解决，如企业产权问题。园区创立之初，计划经济体制中政企不分、产权不清、职责不明及家族式管理等弊端普遍存在，严重影响了新兴产业的发展，转变经营体制，按照国际成熟经验实行股份制公司成为新兴产业企业改革的方向。与此同时，信用制度尚未建立，一方面是缺少有实力、可信任的信用评估机构；另一方面是企业缺少参与信用评估的意识。信用体系建设尚未起步，知识产权缺乏有效的制度保障，这些严重限制了新兴产业的发展，制约了中小型科技企业的发展。

（二）缺乏企业家精神

在国外科技园区建设过程中，尤其是在硅谷的建设过程中，企业家精神在其中发挥了极大的作用。国外科技园区汇聚了众多的创业者，他们以创新创业为乐，以开创自己的事业为荣。经历创新的失败，并不能使他们放弃创新，前期的失败增加了他们创业的动力，最终有所成就。对于国内科技园区而言，企业家精神表现得相当脆弱。国内科技园区建设中，多以政府为主导，在园区建设前期，政府通过资源配置，招商引资，促使成熟的企业进驻园区。对于新创企业，园区会有一定的辅助政策，但是面对园区内已经较为成熟的企业，人们更愿意购买股票获取利益。而且国内园区对于失败的接受度相比国外要低，一旦失败，往往意味着难以进一步融资。虽然国内的科技园区旨在培育新兴产业，形成创新集群，但是新兴产业并非自己创生，更多的是政府导向原因，企业家精神难以得到很好的发挥。

（三）投融资环境不完善

新兴产业由于其前景不明朗，通过常规的投融资渠道（银行、债券等）进行融资，难以获得足够的资金进行创新研发。只有风险投资、创业板股票发行等方式，才能使活跃的资本市场满足新兴产业的资金需求。相比于传统产业，新兴产业具有高风险、高投入、高收益性，只有由市场检验新创企业的生存能力才能在最大程度上激发企业的创新创造能力，产生奇迹。在我国，由于风险投资机制尚未健全，政府和银行承担了大量的投资风险；由于技术创新的不确定性，政府和银行对于新兴产业的投资相对较弱，多数流向了具有一定规模的、国家重点扶持的企业，中小企业难以融资。从国外科技园区的建设中，可以发现中小企业是新兴产业发展的主力，而国内的中小企业由于缺少资金难以进行技术创新，投融资环境急需改善。

二 科技园区培育新兴产业应借鉴的经验

目前，国内各科技园区招商政策趋同，培育新兴产业方向趋同，专门针对新兴产业的政策尚未完善，产业制度不健全影响了新兴产业的发展张力。在科技园区建设过程中，注重硬环境建设，基础设施等方面有了很大的提升；软环境方面由于宏观布局、投融资渠道等问题尚未有很大提升。从国外科技园区培育新兴产业的经验来看，有如下几点经验可以借鉴。

（一）发挥政府作用，整合社会资源

政府在创新集群的规划和建设中发挥着主导作用，负责在集群内进行基础设施和服务平台的建设，保证园区内的生活环境良好，保护投资者的利益，为企业提供税收优惠或政府补贴等，为创新集群的良性发展提供基础。以美国为代表的西方国家政府虽然未主导创建创新集群，但是政府在资源提供、协调发展、创新活动方面扮演着重要角色。在促进各级政府和各个区域之间的交流，填补各国创新发展链条所缺失的环节中，政府起着不可或缺的作用，并且利用数据分析引导创新集群计划设计、制定干预措施并追踪集群发展绩效，充分发挥管理作用。

在建设和发展创新集群方面，必须综合考虑当地的自然环境、智力聚集状况、基础设施条件、产业基础及已拥有的关键技术等，从而有效地聚集知识、技术、人才、资金等大量生产要素，构建包括人力资源网络、产业网络和社会网络在内的创新网络系统，根据区域特色，确定集群发展方向，使得创新集群能够提高区域创新效率的利用。创新不是生产要素的简单相加，而是各生产要素的有效组合。创新集群内部由紧密的社会网络与开放的劳动市场构成，各主体间合作文化与文化精神发挥着重要作用。通过相关部门的组织和协调，将创新集群内部的企业整合成系统，根据创新集群发展战略进行优化配置，有效集成各行为主体的优势，实现资源配置与需求的最佳结合，凸显竞争力。

（二）完善产业制度，长远布局

在科技园区建设之初，政府即应完善产业制度，合理布局，无论是新兴产业的选择还是培育模式的选择，都需要因地制宜地进行长远规划。科技园区需加快培育发展主导创新集群，把科技园区传统优势产业转化为新兴产业发展的助推力。在园区规划之初，注重产业制度的制定，在政府主导的情况下，由市场决定产业的发展、企业的成长。

创新集群是新生事物，不能用传统的理念与模式进行管理，必须要进行管理创新。世界各国在科技园区培育创新集群的过程中，结合自身特点，形成了符合集群特色、产业发展方向、园区文化特点的管理制度。例如，日本在集群建设过程中，设立了集群经理人的组织机制，集群计划中每个项目都设定了集群经理，参与集群建设各个阶段。集群经理多为行业学会、公共机构、龙头企业的领导者，对于行业的发展有着清晰的认识和判断，指引产业发展。

在引进企业进驻园区、形成集群的过程中，要形成统一的入驻标准、引入类型，不能区别对待。在制定招商政策方面，需要向大型研发企业倾斜，注重引进研发人才和管理人才。在科技园区内，要形成完整的可持续的创新系统，需要将研发、销售、资本运作等功能结合起来，保证系统的良好运作。具有较强创新能力的企业能够很好地带动园区内其他企业发展，起到示范作用，具有很强的价值增值能力。

政府在完善园区产业政策的同时，应完善市场机制，充分发挥市场的调节选择作用。与此同时，可通过政府采购、促进自主创新产品的研发和产业化，为新兴产业开辟初期市场。无论是硅谷科技园区还是牛津科技园区，都是依托大学、科研机构建立的，形成完整完善的产学研体系，推动科研成果产业化，是科技园区长远规划极为重要一方面。大学和科研机构作为知识创新的源头，要与作为技术创新主体的企业相结合，这样才能保持科技园区的创新活力，为可持续发展提供保障。科技园区内区域经济与大学等研究机构的互动发展，一方面可以提高科技成果转化的成果和效率，发挥科技人员科研创造的主观能动性；另一方面也可以保持创业者和学校的联系，对于教师和科研人员来说，也是知识更新的过程，有利于教学和科研。

（三）合作双赢，协作建设园区

创新集群是一个地区长期竞争优势的重要来源，集群中的企业不仅能够获得范围经济效益，更能方便地获得专业化的要素，而且集群内企业间竞争将促进企业创新活动的开展，合作双赢也为企业创新提供强大的支持。成熟企业与创业企业的合作，不仅能辅助初创企业的成长，还能充分发挥企业家的作用。企业创业之初，创业者的企业家精神推动着企业的成长，但是当企业发展遇到瓶颈时，创业者多采用的是企业管理者的思维，他们以满足自己目前生存和赢利为目的进行决策，而企业家精神关注的不仅是现在，更注重采用创造性思维来突破瓶颈，可能短期效益不明显，但是长期效益可观。当成熟企业与创业企业合作创新时，企业家不用担心企业的生存问题，更多地关注自己的创新活动，有利于企业家精神的发挥，进行创新创造活动。

不仅是成熟企业与创业企业的合作，中小企业间合作形成创新集群也是科技园区培育新兴产业的重点。相比于大型企业，中小企业具有较高的适应迅速变化的市场需求的能力，这些中小企业间在其存在和发展过程中相互影响，或合约或联盟，在竞争与合作中共同推动科技园区的创新，使园区获得持续的竞争优势。中小企业形成创新集群，提高了抵抗风险的能力，提高了创新速度和效率。

（四）丰富资本市场，优化资源配置

从各科技园区的发展来看，无不是风险投资促进高科技企业的发展，起到引擎和促进作用。风险投资的资金来源不应局限于传统金融机构、传统基金项目，而应将投资主体多元化，给予民间资本更多发挥作用的空间，优化资源配置。对于风险投资，不仅需完善资金进入的机制和渠道，还应加强资金退出机制的建设，资本转换的过程急需完善，保证资金的充分利用与合理的收益。

对于中小企业而言，放宽融资贷款条件成为企业融资发展的重点。国家重视中小企业发展，前后出台文件政策要求银行等金融机构为中小企业提供便捷服务，但是实际执行情况与理想状态存在一定差距，还应继续调整，丰富资本市场，使资金活跃起来，为园区的发展服务。

下篇 依托科技园区培育发展长吉图先导区战略性新兴产业带

第五章　长吉图先导区的产业发展与开发区布局

第一节　长吉图先导区的战略定位与发展目标

一　长吉图先导区区域简介

长吉图由长春市、吉林市和图们江地区3个区域组成,地区总面积7万平方公里,约为吉林省面积的1/3,人口为吉林省的1/3,经济总量超过吉林省的1/2,为我国参与图们江区域的国际合作开发起着重要支撑的作用。

如图5-1所示,图们江区域地处中、俄、朝三国交界处,位于东北亚区域中心、大图们江经济圈的中心、中蒙大通道上,是我国内陆与日本海联通的重要枢纽,特殊的地理位置使图们江区域成为极具增长潜力的经济区域。珲春市地理位置接近东北亚经济圈的几何中心,与日本海仅有15公里的距离,有俄、朝的自由贸易区和自由经济区,以及两国的10个港口与其相邻。此外,长春、吉林两个特大城市地理位置更加优越,位于东北亚经济圈、大图们江经济圈及东北经济圈的中央,且位于中蒙大通道上,向东与俄、朝的港口群,向西与蒙古东部,向北与俄罗斯西伯利亚东部地区可发展成为战略合作伙伴,三个中心、一条通道、多点辐射使得长吉两市成为驱动东北亚地区、大图们江经济圈、东

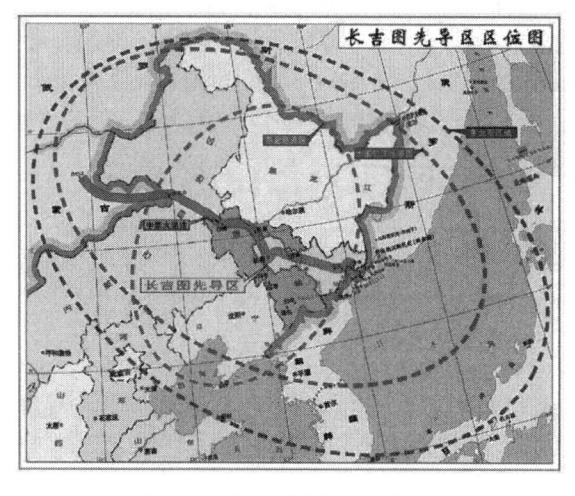

图5-1　长吉图先导区区位图

北经济区创新发展的最佳区域。

二 国家制定长吉图先导区战略的历史沿革

2005年,《国务院办公厅关于促进东北老工业基地进一步扩大对外开放的实施意见》正式发布,该意见提出"加强东北亚地区国际经济技术合作,推进边境地区开发和对外开放。继续扩大图们江区域国际合作开发。积极探索边境地区开发和对外开放的新模式。加快建设边境经济合作区、互市贸易区和出口加工区,并使黑河、绥芬河(东宁)、珲春、丹东等边境地区具有物流贸易集散、进出口加工和国际商贸旅游等功能。促进对俄路、港、口岸和对朝路、港、区一体化建设"。

2009年,胡锦涛在吉林省考察工作时指示:"吉林省在推进老工业基地振兴中,可以选择有条件的地区在改革开放、科技创新方面先行试验,带动全省发展。"同一年,温家宝在访问韩国期间指出:"尽早提出中韩互利双赢方案,为制定中韩自贸区奠定基础。"

2009年8月30日,由国家发改委牵头编制的《中国图们江区域合作开发规划纲要——以长吉图为开发开放先导区》获得了国务院的批复。该纲要明确指出:"建设长吉图开发开放先导区,将以珲春为开放窗口,延吉、龙井、图们为开放前沿,以长春市、吉林市为主要依托,实施边境地区与腹地联动开发开放,率先突破发展,形成具有较强实力的经济隆起带和对外开放的先行区,加快吉林省发展振兴。"

《国民经济和社会发展第十二个五年规划纲要》中明确指出"全面振兴东北地区等老工业基地","发挥产业和科技基础较强的优势,完善现代产业体系,推动装备制造、原材料、汽车、农产品深加工等优势产业升级"。在区域布局上提出"统筹推进全国老工业基地调整改造,重点推进辽宁沿海经济带和沈阳经济区、长吉图经济区、哈大齐和牡绥地区等区域发展"。

三 长吉图先导区的战略定位与目标

(一)战略定位

《中国图们江区域合作开发规划纲要——以长吉图为开发开放先导区》站在国家、东北亚区域、东北新一轮振兴三个层面上,明确了长吉图先导区的战略定位。

(1)我国沿边开放开发的重要区域。以长吉图先导区建设为主体,鼓励在促进沿边地区与内陆腹地优势互补和联动发展、开拓陆海联运国际运输新通道、探索沿边地区跨境经济合作模式等方面先行先试，推动图们江区域合作开发在更高层次上向纵深发展，为全国沿边开放开发提供经验和示范。

（2）我国面向东北亚开放的重要门户。适时推进跨境交通运输工程合作建设步伐，尽快打通东北地区东部铁路和公路大通道，逐步建成我国东北地区新的国际通道。

（3）东北亚经济技术合作的重要平台。以珲春边境经济合作区为窗口，依托长吉图产业基地，吸引域外投资者参与调整产业结构和优化产业布局，加强边境区域经济技术合作，推动建设跨境经济合作区，使长吉图先导区成为东北亚地区优势互补、内外联动的有效合作载体，为构建更加开放的经贸合作区域创造条件。

（4）东北地区新的重要增长极。发挥区位独特、政策集成、环境容量大、资源承载力强的比较优势，做大做强特色优势产业，进一步优化区域产业分工协作，合作建设具有核心竞争力的新型工业和现代服务业、现代农业示范基地，充分发挥长吉图先导区在吉林省经济社会发展的引擎作用，提升东北地区的整体综合实力。

长吉图先导区作为国家重点开发开放地区，对吉林省开发开放，提高自主创新能力，带动振兴东北老工业基地发展都产生重大影响。国务院批复的《中国图们江区域合作开发规划纲要——以长吉图为开发开放先导区》中对长吉图先导区的战略定位可以总结为"四个重要、两个区"，即使长吉图发展成为我国沿边开发开放的重要区域、我国面向东北亚开放的重要门户、东北亚经济技术合作的重要平台、培育成东北地区新的重要增长极，建设成为我国沿边开发开放的先行区和示范区。这足以说明长吉图先导区在国家对外开放格局中的重要意义、对东北振兴战略的重要意义、对东北亚经济技术合作的重要意义。加快长吉图区域对外开放和经济发展，发挥长吉图先导区在东北地区的示范带动作用，将对吉林省和东北老工业基地的发展起到显著的提升作用。

长吉图先导区抓住了吉林省的开放优势、经济增长优势及资源优势，定会成为吉林省最具吸引力的招牌，成为实现全面振兴的关键，必将对提高吉林省自主创新能力、促进产业结构优化升级、提高竞争力产生积极的重大影响，也定会对我国内陆省份在探索开发开放的道路、老工业基地探索振兴之路上起到一定的示范作用，对提高我国在东北亚地区的积极影响也有重要的战略意义。

1. 战略地位

长吉图先导区充分考虑了吉林省在东北亚区域中的政治、经济、地缘等特点，紧紧围绕东北亚区域、大图们江经济圈、东北经济圈的合作与开发，充分发挥长春市、吉林市和图们江区域的特点及优势，通过小区域合作促进大区域更深层次的合作，同时大区域为小区域的开发开放提供有力保障，为吉林省对外开放提供了新的思路、载体，为东北亚区域合作开发提供了新的体制、机制。"四新"（新思路、新载体、新体制、新机制）把东北亚区域的合作推上更深层次的阶段，构建我国面向东北亚国际合作新格局，提升我国在东北亚区域的影响作用，还对东北亚区域间的外交、政治，对东北及内蒙古东部产生积极的影响。

2. 示范作用

吉林省是具有典型内陆省份特点的近海内陆省份。虽然我国内陆省份的地缘优势、资源环境各异，但长吉图区域与我国内陆省的经济发展水平和经济结构相似。建立长吉图先导区，其形成的"窗口（珲春）—前沿（延吉、龙井、图们）—引擎（长春、吉林）—支撑（东北腹地）"的总体布局，通过打造这一东北地区先导区，既可以增强吸引日本、韩国等来吉林省投资，又可以提高吉林省自主创新能力、提升竞争力，促进环日本海区域与东北老工业基地的互动，构筑吉林省乃至东北地区开发开放新思路、新模式。因此，设立长吉图区域为先导区，将开创我国内地对外开放的新模式，为国家统筹国内发展与对外开放、内地与沿海、区域协调发展，探索内陆省以开放带开发、加快发展的新路子、实现全国总体发展战略起到了带动和示范的作用。

3. 推动作用

吉林省位于辽宁省与黑龙江省之间。长吉经济区处于哈大齐主轴带的中部，向南可以连接辽宁省，向北可以连接黑龙江省，向东可以通过珲春连接日本海，向西可以通过白城连接我国内蒙古自治区东部及蒙古东部；延吉龙井图们江区域可以连接辽宁、黑龙江两省的东部地区，并通过珲春进入日本海进而连接日本、韩国。因此，长吉图先导区的建设，不仅可以促进振兴吉林省老工业基地，也可以使得哈大齐、辽黑东部及内蒙古自治区东部直接受益，从而将东北区域的经济发展提升到更高的层面，进而对国家新型产业基地和国家粮食安全基地的建设起到促进作用，为加快全面建设小康社会的进程起到积极的推动作用。

4. 牵引作用

长吉图是吉林省经济发展核心区域和开放先导区。依托现有产业基础、资源优势和发展潜力，加快产业结构优化与升级，走新型工业化道路。通过优化现有产业、培育战略性新兴产业，最终形成极具竞争优势的产业带，带动全省产业发展，将其建设成为国内领先、具有国际竞争力的交通运输设备制造业、石油化工业、农产品加工业基地。大力发展先进装备制造、新材料等优势产业，加快发展冶金、能源、纺织、矿泉水、人参等特色产业，放手发展一切可以发展壮大的其他产业。发展现代农业，在确保国家粮食安全的基础上，加强绿色、水产等优势农产品产业带建设,提高农业综合生产能力;以玉米深加工、畜禽产品加工和特产品加工为重点,大力发展农业产业化经营;加快培育和发展优质农产品现代流通业。以现代生产性服务业为重点,推动服务业跨越式发展。加强交通、水利、电力等基础设施建设,巩固发展基础,集聚发展能量。以长吉图先导区开放带动吉林省新一轮大开放,实现近海地区与腹地发展的良性互动,对于推进吉林省经济结构战略性调整和经济增长方式转变,加速全省经济社会发展和老工业基地全面振兴,具有重要的战略意义。

(二) 发展目标

《中国图们江区域合作开发规划纲要——以长吉图为开发开放先导区》立足当前和长远,提出了2012年和2020年两个时间节点的发展目标。

(1) 到2012年,珲春市对外开放窗口功能显著提升,延(吉)龙(井)图(们)开放前沿功能进一步完善,长吉的腹地支撑能力进一步提高,区域整体综合实力明显提升。长吉图先导区经济总量在现有基础上力争翻一番,产业结构进一步优化,生态环境更加优良,森林覆盖率保持在60%以上,基本公共服务体系初步建立,国际合作平台作用凸显,进出口贸易总额大幅度提高,成为我国东北地区经济发展新的亮点。

(2) 到2020年,中国图们江区域对外开放水平实现重大突破。特色产业体系形成明显竞争优势,科技创新能力达到国内先进水平,森林覆盖率达到68%,大中城市污水处理率达到100%,资源环境承载能力基本满足生产发展和生活富裕的要求,对内区域合作关系协调合理,对外综合运输通道全面形成并实现物流便捷畅通,城市功能完备。长吉图先导区实现经济总量翻两番以上,基本公共服务体系进一步完善,建成我国东北地区重要的新型工业基地、现代农业示范基地、科技创新基地、现代物流基地和东北亚国际商务服务基地,基本形成我国东北地区经济发展的重要增长极。

把长吉图先导区打造成为辐射东北亚地区的国际合作平台,建设成为内陆地区沿边开放体制创新的先行示范区,培育一批产业带以提高产业竞争能力,形成带动吉林和东北地区振兴的重要引擎,必将为构建全国对外开放新格局做出巨大的贡献。

第二节 长吉图先导区的产业发展现状

一 东北三省的产业发展情况

东北三省总面积78.73万平方公里,约占全国总面积的8.2%。东北三省作为我国重要的老工业基地,自然资源富集,农业基础坚实,工业实力雄厚,地缘优势明显。但同时东北三省也都面临着科技创新对经济的支撑作用不足,传统产业亟待升级,新兴产业有待发展,产业结构急需调整等诸多问题。目前,东北三省均处于工业化中期的前半阶段,工业化进程的速度在不断加快。工业结构向转型化方向转变的趋势十分明显,重化工特征有所改善。

2003年,国家提出振兴东北老工业基地战略,使东北地区产业结构有了全面调整。2012年,全国第一产业、第二产业、第三产业产值比例为1∶4.83∶4.6,三次产业就业人数比例为1∶0.96∶1.23;东北三省三次产业产值比例为1∶4.95∶3.48,三次产业就业人数比例为1∶0.64∶1.15,可见东北三省第二产业产值比例偏高于全国平均水平,但该产业就业人数比例明显低于全国平均水平。东北三省的产业结构具有高度的相似性,第二产业比重均明显高于全国平均水平,而在第二产业内部,轻工业的发展速度明显低于重工业。与发达省份相比,东北三省的第一产业,即农业比重偏高,吉林省、辽宁省、黑龙江省农业产值占各省第一产业产值比重分别为55.33%、43.56%和72.45%,反映出东北三省仍是农业大省的现实,而第三产业较为落后。在工业方面,黑龙江省在汽车、石化、食品加工、电子、医药、航天器、军工设备等方面具有较为明显的优势;吉林省在汽车、石化、食品、医药、光电子等方面具有明显的优势;而辽宁省则在石化、冶金、汽车、电子信息、机械制造和造船等方面具有优势。可见,东北三省都在汽车、石化上具有优势,且均对食品、医药、电子等产业的发展较为重视。根据东北三省三次产业结构、就业结构及工业内部结构特征来看,东北三省处于工业化中期阶段。

二 吉林省产业发展情况

(一)吉林省产业发展总体概述

2012年,吉林省经济持续高速增长,GDP比上年增长12.0%。三次产业产值均实现不同程度的增加,三次产业的结构比例为11.8∶53.4∶34.8,对经济增长的贡献率分别为4.9%、62.9%和32.2%。

1. 农业发展速度相对滞后,工业产业结构矛盾突出,第三产业发展不足

随着我国经济整体发展形势和振兴东北老工业基地战略的颁布,吉林省经济在过去几年中取得了很大的发展,产业结构也发生了一定的变化,三次产业比例有了较大的变动。吉林省工业化进程的加快促进了第二产业的发展,第二产业的产值及占GDP的比重不断上升,但是吉林省工业长期严重倾斜于汽车、石化等产业,其他产业如医药、光电子信息产业发展重视程度不高,传统工业

如纺织、冶金、建材等产业发展不足,工业内部结构不尽合理。农业产值虽随着农业产业化的推进有了较大程度的上升,但是产业整体发展速度仍然相对较慢,低于吉林省国民经济的平均增长速度。吉林省第三产业整体增长水平与经济平均增长水平相当,但是产值比例相对于国内平均水平而言仍然较低。随着经济和社会的发展,第三产业在全球范围内得到了极大的发展,吉林省目前处于工业化中期阶段,工业发展速度相对较大是合理的,但是第三产业整体增长缓慢,产业发展不足。

2. 长期以来资金、政策严重倾斜于汽车、石化等主导产业,产业结构超稳定,产业升级动力不足

吉林省主导产业的确立和发展是历史原因形成的,从"一五"到"九五"期间,在国家各项政策和资金扶持的基础上,吉林省确立了以汽车、石化、农产品加工、医药等为支柱产业。长期以来,吉林省乃至国家对于各支柱产业发展提供了较强的政策侧重和资金扶持,因此支柱产业的发展相对于其他产业的发展较快,产业结构长期处于一种超稳定状态;相对的,其他传统工业发展受限。资源分配的不合理也使得其他传统工业发展受限,这对于吉林省经济整体发展和产业结构升级非常不利。

3. 政策、投资等产业环境欠佳,新兴产业发展缓慢,传统工业发展受限

吉林省各个产业在过去几年的发展中都有较大幅度的增长,但是相对于主导产业及政策扶持力度较大的行业来讲,新兴产业发展缓慢。以电子信息产业和软件产业为例,吉林省自身拥有较好的光电子信息产业基础,在前几年的发展过程中,吉林省光电子信息产业利用本地的人才、科技基础,产业发展迅速,但在近几年的发展过程中,其与其他产业关联性不高,产业自身吸引投资强度不大,技术升级速度缓慢,科技事业发展对于新兴产业发展具有重要作用。而从投入产出分析来看,吉林省科技事业相关产业关联度较低,整体发展速度慢,对于新兴高科技产业的发展促进作用不大。因而以光电子信息产业为代表的新兴高技术产业竞争力逐步下降,发展缓慢。与此同时,吉林省长期注重主导产业发展,对于传统工业如轻工纺织、建材、冶金等行业资金支持力度不大,政策、投资环境不良,行业自身吸引投资的力度较小,行业整体发展受限,产业竞争力逐步下降。

(二)吉林省各产业发展现状

1. 汽车产业发展现状

汽车产业是吉林省的战略性支柱产业,经过50多年的发展,已经初步形成以长春汽车产业开发区、长春经济技术开发区、长春高新技术开发区、吉林市汽车工业园区及四平专用车产业园区为核心的汽车产业集群式发展格局,成为

国内规模最大的汽车制造基地。2011年,吉林省汽车产业总产值为4518亿元,占吉林省工业总产值的26.46%;汽车产业增加值为1233亿元,占吉林省GDP的比重为11.71%,对GDP增长的贡献率为7.61%。

目前,吉林省汽车产业整车产品种类齐全,自主研发能力显著增强,产业承载基础较为牢固,但同时也存在着整车生产能力较弱、产品结构不均衡、自主品牌产能低,难以形成足够的竞争优势等问题。未来吉林省汽车产业的发展重点主要是扩大整车产能,加强自主研发能力,扩大专用车规模,完善零部件配套生产,延长产业链条,从而形成立足东北、辐射全国、适应全球采购的汽车及零部件制造基地。同时,环境和能源因素的制约,以及国家为适应节能、环保、安全等需要制定的汽车法规、制度和标准,使得汽车技术逐渐转向节能低耗。节能清洁汽车技术发展迅速,新能源汽车产业成为未来汽车发展的主要方向。

2. 农产品加工产业发展现状

农产品加工产业是吉林省三大支柱产业之一,经过多年的发展,现已形成涵盖农副食品加工业、食品制造业、饮料制造业和烟草制品业4个大类22个中类43个小类的比较齐全的产业体系,但同时也存在着食品工业结构不合理、区域发展不平衡、整体创新能力不够、优势品牌不多等问题。吉林省农产品加工产业一直保持了快速稳定的发展态势,2009~2011年发展速度均高于全国食品产业的发展速度,是国民经济增长速度最快的几大产业之一。2011年,吉林省农产品加工业首次跻身全国前十位,名列第九位。2011年,吉林省农产品加工产业总产值为3038亿元,占全国食品产业总产值的3.57%;农产品加工产业增加值为706亿元,占吉林省GDP的比重为6.71%,对GDP增长的贡献率为6.37%。

吉林省基本形成了中、东、西各具特色的农业产业带,产业布局初步形成。吉林省农产品加工产业发展重点主要是依托丰富的农畜特产资源,做大做强粮食精深加工、畜禽加工和特色产品加工业三大优势产业,重点抓好玉米、水稻、大豆、禽蛋、乳品等十大系列产品的加工转化增值,建设全国重要的优质安全产品生产基地、循环高效现代农业产业示范基地和生化加工高新技术转化基地。结合产业现状分析,吉林省农产品加工产业的发展方向主要集中在玉米精深加工、秸秆高效利用、酶制剂生产、绿色乳蛋加工业及粮食主食产品加工等几个重点领域。

3. 石油化工产业发展现状

石油化工产业是吉林省三大支柱产业之一。历经50多年的发展,已经形成了石油、天然气、合成树脂、合成橡胶、合成纤维等多门类千余种产品较为完整的生产体系,但同时也存在生产总量偏小、资源相对不足、高端产品比重偏低等诸多问题。2011年，吉林省石油化工产业总产值为2134亿元，占全国石化产业总产值的1.71%；石油化工产业增加值为679亿元，占吉林省GDP的比重为6.44%，对GDP增长的贡献率为6.42%。

吉林省石油化工产业的布局主要围绕吉林、松原两个石油化工园区展开，培育以油页岩勘探、开发、深加工为新的石化产业经济增长点。吉林省石油化工产业发展重点方向为优化产品结构，延伸产业链条，推动石化产业向精深化、高端化发展。全力推进"三大基地"建设，将吉林油田建成千万吨级油气田生产基地，吉林石化公司建成千亿元化工产业基地，吉林化学工业循环经济示范园区建成千亿元国家级石化产业园区，构建一批各具特色的化工产业园。无论是国内或是省内，对化工产品的需求在未来5~10年内都将保持旺盛增长的态势。但受限于吉林省资源储量、产品结构和企业结构，预计吉林省石化产业的产能扩大空间有限，未来的相对规模还会略有下降。未来，吉林省石油化工产业的发展方向具体集中在原油工业领域、炼油工业领域、乙烯深加工领域及煤化领域等几个重点领域。

4. 电子信息产业发展现状

电子信息产业是国民经济的战略性、基础性和先导性支柱产业，近年来吉林省电子信息产业呈现出良好的发展态势：产业规模不断壮大，企业自主创新能力不断增强，科教和人才优势日益显现，以光电子、汽车电子和软件为特色的产业格局初步形成。但同时还存在着产业结构不合理、产业基础薄弱、企业的研发投入比重偏低、软件信息服务业发展速度不快等诸多问题。电子信息产业总产值为561亿元，占全国电子信息产业总产值的0.55%；电子信息产业增加值为95亿元，占吉林省GDP的比重为0.90%，对GDP增长的贡献率为0.52%。

"十一五"期间，吉林省电子信息产业呈现了良好的发展态势，其基础性、先导性作用日益显现。其中，电子信息制造业持续快速发展，形成了一定的特色和优势；软件产业快速成长，成为电子信息产业发展的新亮点。产业规模不断壮大，企业自主创新能力不断增强，科教和人才优势日益显现。未来，吉林省电子产业的发展重点主要是依托已有产业基础和技术优势，加快形成产业优势，力争在光电子、汽车电子、新型元器件等方面实现重点突破，加快国家（长春）光电子产业基地、国家（长春）汽车电子产业园、长春和吉林软件园建设。吉林省光电子信息产业的发展方向主要集中在新型光电子器件的生产及应用领域，以及光机电一体化技术应用领域。

5. 装备制造产业发展现状

装备制造产业是为国民经济和国防建设提供生产技术装备的制造业，是制造业的核心组成部分，是国民经济发展特别是工业发展的基础。建立起强大的装备制造业，是提高中国综合国力，实现工业化的根本保证。吉林省装备制造产业近年来发展迅速，但同时存在着企业规模不均、缺乏中型企业、设备陈旧老化、技改资金不足等诸多问题。2011 年，吉林省装备制造产业总产值为 1297 亿元，占全国装备制造产业总产值的 0.72%；装备制造产业增加值为 331 亿元，占吉林省 GDP 的比重为 3.15%，对 GDP 增长的贡献率为 7.10%。

未来，吉林省装备制造产业的发展前景不明朗。国家允许民间投资进入铁路，可能会增加对轨道客车等装备的需求；国家放缓高速铁路建设将会对吉林省轨道客车产业生产带来不利影响；2011 年，全国装备制造业固定资产投资继续高速增长，有可能出现产能过剩问题；短期内上游原材料价格、融资成本、人工成本持续上涨之势已经不可逆转；装备制造业的高度竞争性又使企业难以将成本上涨压力向下游传递，因此企业的竞争结果与产业发展方向主要取决于成本控制水平。吉林省装备制造产业的未来发展方向主要为利用资金倾斜和重大项目带动作用快速建立一批大中型骨干核心企业。充分利用骨干企业的核心带动作用，建立专业化园区和基地，发挥园区对项目的承载能力，吸纳具有同行业先进水平的关键零部件生产企业向园区集聚。

6. 能源产业发展现状

"十一五"期间，吉林省加快了煤炭、电力、油气和新能源等重点能源项目建设步伐，尤其是电力和天然气取得了突破性进展，能源固定资产投资累计完成 2600 亿元，比"十五"时期增长了 5 倍。能源生产供应能力明显增强，能源结构不断优化，清洁能源所占比重提高，节能减排效果明显。现阶段吉林省能源处于发展方式的转折期，结构调整的机遇期，新兴能源的成长期，技术创新的关键期，能源体制改革的攻坚期，面临的形势比较复杂，国家大力支持战略性新兴能源产业发展，为吉林省利用资源优势，加快新能源和可再生能源发展提供了难得的机遇。2011 年，吉林省能源产业总产值为 1174.3 亿元，占全国能源产业总产值的 0.41%；能源产业增加值为 360 亿元，占吉林省 GDP 的比重为 3.42%，对 GDP 增长的贡献率为 3.9%。

吉林省能源发展在全国处于中下游水平，总量小且结构不合理，结构调整回旋余地小，与发达省份差距有进一步拉大的趋势。未来，吉林省转变能源发展方式与能源结构调整的任务十分艰巨，大力开发利用新能源和可再生能源是实现吉林省能源可持续发展的必由之路。同时，应加大资源开发力度，促进相关产业升级，创新节能减排技术。

7. 医药制造产业发展现状

"十一五"时期以来，吉林省医药工业始终位列全国同行业前 10 位。长春、通化是国家级生物产业基地和出口基地。吉林省拥有北药道地药材基地、化学原料药及制剂、生化药品原料等资源，为产业发展提供了保障。从以中成药、生物制药为主，化学制药为辅，医疗器械等为补充的产业布局向以中药材种（养）植业为基础，以现代中药及生物药为主导，以化学原料药为重点，以医疗器械和医药相关产业为推力的独具特色的吉林医药产业体系发展。2011年，吉林省医药制造产业总产值为858亿元，占全国医药制造产业总产值的5.06%；医药制造产业增加值为235亿元，占吉林省GDP的比重为2.44%，对GDP增长的贡献率为1.41%。

目前，吉林省医药制造产业的发展速度仅列全国中游水平，中药、生物药等传统优势门类在全国的地位也正在受到挑战，形势十分紧迫。新医药已被国家列为重要的战略性新兴产业，医药产业快速发展的预期明显增强。医药体制改革使医药产业市场空间大幅扩容。国家政策和市场需求增长激发了全国医药产业的发展，给吉林省医药产业带来了前所未有的机遇与挑战。吉林省医药制造产业的未来发展方向主要为推进医药企业购并重组，发挥大企业大集团在产业集群中的龙头带动作用；发展更加完善的医药流通体系，支持医药物流与连锁经营；加强产业园区建设，积极承接产业转移等。

8. 冶金产业发展现状

吉林省冶金工业以钢铁、冶金炉料、有色金属采矿及冶炼加工业为主。吉恩镍业硫酸镍产品国内市场占有率为60%，大截面轨道客车铝型材占全国市场的75%，稀土镁合金成功应用于汽车等领域。钨、钼、钴等稀有金属及羰基金属研发取得初步成效。自"十一五"时期以来，吉林省冶金工业取得了长足进步，行业基础稳步提升，优势产业的地位日益突出，已成为全省工业经济发展中不可或缺的支撑力量。2011年，吉林省冶金产业总产值为1158亿元，占全国冶金产业总产值的1.21%；冶金产业增加值为287亿元，占吉林省GDP的比重为2.73%，对GDP增长的贡献率为4.55%。

未来，冶金产业的市场需求结构、上下游产业链结构变化等都将受制于经济发展方式的转变，产业发展的不确定因素增多，资源和环境制约更加突出。吉林省冶金产业的未来发展方向主要为调整产品结构、加快省内铁矿资源整合、发挥大企业集团的龙头带动作用等。

9. 建材产业发展现状

吉林省建材产业近年来发展迅速，产值在全国建材产业中的比重不断攀升。吉林省非金属矿产资源丰富，目前已探明资源储量的矿种有61种。部分非金属矿产品质好、储量大，在国内具有明显的资源优势，其中油母页岩、硅灰石、硅藻土是吉林省资源占绝对优势的矿产，这为建材产业的发展提供了保障。2011年，吉林省建材产业总产值为1171亿元，占全国建材产业总产值的2.26%；建材产业增加值为279亿元，占吉林省GDP的比重为2.65%，对GDP增长的贡献率为3.83%。

受下游产业萎缩的影响，对建材产品的需求增速下降，吉林省建材业高速发展的态势难以维持，未来5~10年吉林省建材产业将进入平稳发展时期。吉林省特有的矿产资源如果能够成功地转化为特种建材，将会成为未来吉林省建材行业增长的主要力量。吉林省建材产业的未来发展方向主要为拓展销售区域，迎合新型需求，在合理半径内拓展销售区域，积极介入黑龙江、辽宁和内蒙古市场，加大业务拓展力度，为整个东北区域提供建材产品。

10. 轻工产业发展现状

吉林省轻工产业以木材加工及木、竹、藤制品为主（占轻工业产值的49%），以金属制品业（占轻工业产值的18.67%）、塑料制品业（占轻工业产值的12.12%）、造纸及纸制品业（占轻工业产值的9.12%）为辅，这几个行业对全省轻工业发展的支撑作用显著。当前，国家扩大内需，提升最终消费的政策，为轻工业发展提供巨大的市场空间和机遇。受劳动力价格、土地和电力资源约束，发达省份产业逐渐向北方转移，为吉林省轻工业发展提供了巨人的市场空间和机遇。2011年，吉林省轻工产业总产值为1312亿元，占全国轻工产业总产值的1.75%；轻工产业增加值为301亿元，占吉林省GDP的比重为2.86%，对GDP增长的贡献率为4.95%。

吉林省轻工产业结构性调整压力大，产品结构需要优化。结构性产品过剩和有效需求不足制约轻工产业发展。轻工产业缺少核心企业带动，中小企业易受宏观环境影响。轻工产品结构向高档化、个性化和艺术化方向发展，科技含量高和符合环保要求的轻工产品将具有越来越重要的地位。在节能减排的压力下，造纸业、塑料制品业等耗水、耗能行业发展受到制约。吉林省轻工产业的未来发展方向主要以市场为导向，调整和优化轻工产品结构；加强对轻工产业集群和特色区域投资引导；立足全国乃至东北亚地区的资源和市场，充分发挥吉林省农业劳动力资源优势；利用重点发展木材加工和家具制造业、工艺美术制品业等高附加值产品等。

11. 纺织产业发展现状

纺织产业是吉林省传统产业中规模较小的一个行业，工业总产值只占全国纺织产业的0.43%，占全省工业总产值的1.7%，规模以上工业企业户数占全国纺织产业比重的0.3%。辽源市的东北袜业纺织工业园、吉林市的化纤纺织工业园区、温馨鸟集团服装特色工业园初步形成了吉林省的区域性纺织行业特色，在高新技术纤维及复合材料领域有较强的竞争力。"十一五"期间，吉林省纺织产业经历了前期快速发展和受全球金融危机影响全行业萎靡的起伏回落阶段。2008年，全球金融危机对吉林省纺织加工及服装制造业冲击较小，对化纤制造业冲击较大，化纤产值大幅下滑；自2009年以来，国家实施调整纺织品服装出口退税率等政策举措，吉林省纺织工业在内需拉动基础上缓慢复苏；到2010年年末，纺织工业总产值为219亿元,实现了行业总量指标比2005年翻一番的快速增长。

未来,我国纺织行业结构调整和产业结构的稳步升级,能够有效促进纺织制造业及服装业的发展,扩大化纤行业的市场需求,吉林省纺织工业将走特色纺织、精品纺织的道路,市场空间较大。吉林省纺织产业的未来发展方向主要为提高自主创新能力,走技术纺织业的道路;加强吉林省纺织业与现代工业融合的步伐,提高纺织产品的专用性和科技含量;加快基地和园区建设,形成吉林省纺织产业集群等。

三 长吉图先导区产业发展情况

(一)长吉图先导区产业发展总体概述

长吉图先导区面积和人口均占吉林省的1/3,经济总量占吉林省的1/2,集中了吉林省的优势资源。目前,依托长吉图先导区的区位特点形成了以汽车、石化和农产品加工为优势产业,以装备制造、生物医药、电子信息、新材料和旅游业等为特色产业的区域产业布局。

长吉图先导区优势产业具有一定规模和区域比较优势,经济带动作用和产业关联度强,需要重点加强产业扩张阶段的产业升级,保持产业发展后劲和优势地位。

特色产业以战略性新兴产业为主,技术创新、产品创新和模式创新能力要求较高,有巨大的经济发展潜力,区内尚未形成完整的产业链条或产业集群,需要重点加强产业成长阶段的产业培育,通过集群优势保持产业的高成长性。

(二)长吉图先导区各产业发展现状

1. 汽车产业发展现状

汽车产业是吉林省的战略性支柱产业,主要基地位于长春、吉林两市,地处长吉图先导区核心区域,全省汽车产业生产总值的92%集中在长春、吉林地区。2011年,仅一汽-大众汽车有限公司和中国第一汽车集团公司的工业总产值就占全省汽车工业总产值的69.30%。如果加入其他一汽集团相关重点企业(生产总值超过1亿元)的产值,比值将上升到74.02%。大部分汽车零部件企业主要为一汽集团提供服务,局限性很强。目前,已经初步形成以长春汽车产业开发区、长春经济技术开发区、长春高新技术开发区、吉林市汽车工业园区及四平专用车产业园区为核心的汽车产业集群式发展格局,成为国内规模最大的汽车制造基地。

2. 石油化工产业发展现状

石油化工产业是吉林省三大支柱产业之一,而吉林省石油化工产业主要集中在吉林市，地处长吉图先导区核心区域，仅吉林石化和吉林油田两家中直企业就占吉林省石化行业总产值的 41.7%。目前，长吉图先导区内石油化工产业已形成了石油、天然气、基本有机化工原料、合成树脂、合成橡胶、合成纤维、化肥、农药等多门类千余种较为完整的生产体系。ABS、乙二醇、醇醚、聚乙烯等 20 余套装置生产能力居国内前三位；赖氨酸、丙烯腈、甲基丙烯酸甲酯、燃料乙醇生产能力居国内第一位。但受限于省内资源储量、产品结构和企业结构，预计石化产业的产能扩大空间有限，未来的相对规模还会略有下降。

3. 电子产业发展现状

电子信息产业是国民经济的战略性、基础性和先导性支柱产业，长吉图先导区内电子产业主要集中在长春市、吉林市内，随着产业规模的不断壮大，企业自主创新能力不断增强，科教和人才优势日益显现，先导区内以光电子、汽车电子和软件为特色的产业格局已初步形成。未来，长吉图先导区内电子产业的发展重点主要是依托已有产业基础和技术优势，加快形成产业优势，力争在光电子、汽车电子、新型元器件等方面实现重点突破，加快国家（长春）光电子产业基地、国家（长春）汽车电子产业园、长春和吉林软件园建设。先导区内光电子信息产业的发展方向主要集中在新型光电子器件的生产及应用领域和光机电一体化技术应用领域。

4. 先进材料产业发展现状

先进材料是高新技术和现代产业发展的基础与先导，作为长吉图先导区高技术产业的重要组成部分，先进材料产业具有较强的发展潜质。现已形成吉林市先进材料高技术产业集群及以吉林大学新材料重点实验室为技术依托的新材料科技工业园。未来，长吉图先导区先进材料产业应重点发展以吉林市为核心的特种纤维材料生产基地和高分子材料生产基地，以长春市为核心的光电材料生产基地。长吉图先导区先进材料产业的未来发展方向主要集中在石油化工基础原材料领域，环境友好材料领域，镁合金、钛合金、铝合金等轻质高强合金材料领域，以及能源材料领域等几个重点领域。

第三节　长吉图先导区内开发区的布局与发展情况

截止到 2012 年，吉林省共有各级各类开发区 110 个，其中有 48 个位于长吉图先导区内，占全省比例的 43.64%，其中国家级开发区 8 个，省级开发区 30 个。长吉图先导区内省级以上开发区涉及的产业类型有 32 个，其中包括汽车、化工、农产品加工、冶金建材、纺织、装备制造、医药制造等传统优势产业，也有电子设备制造、旅游文化、软件和信息技术服务、现代服务等战略性新兴产业。开发区名录如表 5-1，表 5-2 所示。

表 5-1　吉林省长吉图先导区内国家级开发区名录

序号	地区划分	开发区名称	审批时间
1	长春（4家）	长春高新技术产业开发区	1991年3月
2		长春经济技术开发区	1993年4月
3		长春汽车经济技术开发区	2010年12月
4		长春净月高新技术产业开发区	2012年8月
5	吉林（2家）	吉林高新技术产业开发区	1992年11月
6		吉林经济技术开发区	2010年4月
7	延边（2家）	珲春边境经济合作区	1992年2月
8		延吉高新技术产业开发区	2010年11月

表 5-2　吉林省长吉图先导区内省级开发区名录

序号	地区划分	开发区名称	审批时间
1	长春（14家）	吉林德惠经济开发区	1992年8月
2		长春宽城经济开发区	2001年9月
3		长春朝阳经济开发区	2002年11月
4		长春双阳经济开发区	2003年6月
5		长春绿园经济开发区	2003年6月
6		长春九台经济开发区	2003年7月
7		长春农安经济开发区	2003年7月
8		长春文化印刷产业开发区	2006年8月
9		长春皓月清真产业园区	2011年8月
10		长春国际物流经济开发区	2012年2月
11		长春南部都市经济开发区	2012年6月
12		长春莲花山生态旅游度假区	2007年4月
13		长春空港经济开发区	2012年6月
14		长春长东北开放开发先导区	2012年12月
15	吉林（12家）	吉林永吉经济开发区	1998年4月
16		吉林龙潭经济开发区	1998年12月
17		吉林东市商贸经济示范区	2001年9月
18		吉林船营经济开发区	2002年11月
19		吉林（中国-新加坡）食品区	2010年6月
20		吉林北大壶体育旅游经济开发区	2003年4月
21		吉林蛟河天岗石材产业园区	2003年6月
22		吉林丰满经济开发区	2003年6月
23		吉林哈达湾经济开发区	2012年2月
24		吉林明城经济开发区	2005年11月
25		吉林蛟河经济开发区	2012年1月
26		吉林汽车产业园区	2012年1月
27	延边（4家）	吉林敦化经济开发区	1992年8月
28		吉林图们经济开发区	1992年8月
29		吉林安图经济开发区	2012年1月
30		敦化六鼎山文化旅游区	2012年1月

一 长吉图先导区内国家级开发区发展建设情况

（一）长春高新技术产业开发区

1. 基本概况

长春高新技术产业开发区自创建发展至今，经历了三个阶段。

1）初始起步阶段（1991～1998年）

1988年，长春市委市政府广泛学习借鉴北京、成都、武汉、沈阳等城市科技园区建设经验，做出了在高校和科研院所聚集市区南部，建立"长春南湖—南岭新技术工业园区"的重要决定，得到了省委、省政府的批准。1988年5月，吉林省政府做出了《关于建立长春南湖—南岭新技术工业园区的决定》（吉政发〔1988〕40号），正式批准"长春南湖—南岭新技术工业园区"为省级开发区。1991年3月，国务院正式批准"长春南湖—南岭新技术工业园区"为国家级高新区。1991年12月，国家科学技术委员会下发国科发火字〔1991〕918号文件批准将"长春南湖—南岭新技术工业园区"更名为"长春高新技术产业开发区"。经过为期8年的开发建设，长春高新技术产业开发区形成了坚实的发展基础，各项事业均得到了较快较好的发展。1993年，长春高新技术产业开发区被国家科学技术委员会评为"全国先进高新技术产业开发区"，进入了"十佳高新区"的行列；1998年，在"纪念火炬计划实施10周年"全国高新技术产业开发区的评比中，长春高新技术产业开发区荣获"优秀管理奖"。

2）二次创业阶段（1999～2008年）

1999年，长春高新技术产业开发区在全国率先提出"二次创业"。创新了发展思路，制定并全面实施了"二次创业"总体发展战略。自实施"二次创业"以来，长春高新技术产业开发区园区建设和招商引资、体制创新和技术创新、经济进步和社会事业全面快速发展，使长春高新技术产业开发区进入了跨越式、超常规发展的崭新阶段。长春高新技术产业开发区各项经济指标、技术创新指标一直位于全国53个国家级高新区的前列。在科学技术部（简称科技部）《2003年度国家高新技术产业开发区评价报告》中，长春高新技术产业开发区"经济发展"和"技术创新能力"两项指标的综合加权排名，在全国53个国家级高新区中均位居第4位。1999年，作为全国53家国家级高新区的4家代表之一，光荣地参加了全国技术创新大会，并被大会确定为书面介绍经验的典型单位；2001年、2003年又先后两次被科技部评为"先进国家高新技术产业开发区"。

3）新一轮发展阶段（2009年至今）

2009年起，长春高新技术产业开发区站在新起点、面对新形势，精心谋划实施了新一轮发展战略规划。全力构筑"两大板块",即优化提升南区,拓展构建北区;突出发展"六大产业",即做强先进装备制造产业,提升生物与医药产业、光电子产业,优先发展新能源新材料产业,培育精优高端生产性服务业和食品加工产业;规划建设"七个园区",即创意与软件产业园区、动漫产业园区、生物与医药产业园区、先进装备制造产业园区、新能源新材料产业园区、精优食品加工产业园区及光电子产业园区;重点打造"四个中心",即商务体育休闲中心、长东北科技创新中心、长东北商务中心、长东北科技生产资料集散中心;着力培育"五个基地",即自主品牌与新能源汽车产业基地、生物疫苗产业基地、半导体照明和光电显示产业基地、动漫产业基地、软件与服务外包产业基地。

截止到目前,长春高新技术产业开发区承载功能显著提高,城市面貌发生了翻天覆地的变化;自主创新能力明显提高,科技基础平台逐步完善;资本市场体系初步建立,金融与科技融合发展的局面逐步形成;战略性新兴产业与高端服务业发展加快,产业结构调整的效果开始突显。新一轮发展的资源禀赋优势日益明显,综合竞争能力大幅度提升。长春高新技术产业开发区已经成为长春市乃至吉林省高新技术产业发展的核心基地、经济发展的重要增长极、城市新形象的重要窗口,成为长吉图的龙头先导区。

2. 主要经济指标

2012年,长春高新技术产业开发区营业总收入、工业总产值分别实现3620亿元、3402亿元,分别比上年增长20%和19%,在2008年基数上分别净增2000亿元;地区生产总值、固定资产投资分别实现801亿元、430亿元,均比上年增长20%以上,在2008年的基数上实现了翻番;全口径财政收入实现458亿元,一般预算财政收入实现91亿元,按可比口径分别比上年增长8%和22%,均是2008年的3倍多。主要经济指标增速高于全省、全市平均水平,经济总量占全市比重比2008年提高了3.6个百分点。

3. 产业发展现状

长春高新技术产业开发区的主导产业包括先进装备制造产业、生物与医药产业、光电子产业、新材料新能源产业、精优食品加工产业及高端生产性服务业。

1) 先进装备制造产业

先进装备制造产业是长春高新技术产业开发区主导优势产业中规模最大、产出最多的支柱产业。多年来,长春高新技术产业开发区依托得天独厚的区位优势,着力发展以汽车及零部件为主的先进装备制造产业,产业集聚水平不断提高,目前已具备国内领先优势。长春高新技术产业开发区依托一汽集团,重点发展中高档轿车、改装车及其零部件产业,重点引进建设投资强度大、技术含量高、带动功能强的大型项目,初步形成了融研发、生产、物流、销售为一体,产业上下游紧密衔接的汽车产业新格局。

目前,长春高新技术产业开发区汽车及零部件企业已发展到 165 余家,已成为长春市汽车关键零部件和外商投资企业的密集区。重点企业有:一汽-大众汽车有限公司、一汽轿车公司新基地、天合富奥汽车安全系统、锦湖轮胎、佛吉亚汽车部件、蒂森克虏伯激光焊接、大众一汽平台零部件、东阳汽车制品、梅克朗汽车后视镜、一东离合器、汽车制动器厂等。主要产品包括汽车底盘、副车架、消声器、转向器、电控单元、制动器、离合器、减振器、变速箱等关键零部件,共 20 多个系列、1600 多种零部件产品。目前,园区中汽车零部件企业已经从仅为一汽集团汽车配套,发展到为国内外 100 多个主机厂的中、重、轻、轿、客、微等各种车型号配套,一些企业技术装备水平已经接近或达到国际水平,形成了产业集群优势突出、区域经济支撑带动力强劲、在省内乃至全国汽车行业中具有举足轻重地位的支柱优势产业。

2)生物与医药产业

长春高新技术产业开发区依托现有生物与医药产业基础,以及长春生物制品研究所、吉林大学、东北师范大学等科研机构的技术优势,致力于发展生物疫苗、基因工程药物、现代中药,形成了完整的产业链,提高了生物医药业国际竞争力。截至目前,长春高新技术产业开发区拥有各类医药企业 200 余家,全区生物医药企业现有生产品种 600 多个,区内已形成独具特色的、亚洲最大的疫苗和细胞因子产品生产基地。重点企业产品主要有:在疫苗方面,有长生生物的吸附无细胞百日咳、白喉、破伤风联合疫苗,冻干甲型肝炎减毒灭活疫苗,狂犬疫苗;长春祈健生物的水痘疫苗,长春百克药业的甲型肝炎灭活疫苗、流行性感冒裂解疫苗等。在基因工程药物方面,有长春金赛药业的重组人生长激素、重组人粒细胞刺激因子,奇健生物的生物酶等。在中药方面,有修正药业的妙泰冲剂,吉林天药的德欧欣捷宁、脑痛宁,万通药业的蚓激酶。全区形成了以修正集团、天药科技、金赛药业、百克药业等企业为骨干的产业群体。随着一批龙头企业和高成长性研发企业的发展壮大,生物与医药产业呈现出规模不断扩张、发展速度明显加快的良好势头。

3)光电子产业

长春高新技术产业开发区依托中国科学院长春光学精密机械与物理研究所(简称长春光机所)、长春理工大学等科技创新优势和已经形成的坚实的产业基础,着力在光显示器件及产品、新型光电子元件、光电子产品制造设备等领域发展。

目前,长春高新技术产业开发区有光电子关键器件企业 100 余家,已经形成了以企业为主体的光电研发机构 30 多家,承担国家各类科技计划项目 40 余项,汽车电子产业集群成为首批国家级"创新型产业集群"。重点企业和产品主要有:吉林省环宇显示技术有限公司的聚合物电致发光二极管(PLED)显示屏、长春希达电子技术有限公司的高清晰度高均匀度全彩色 LED 大屏幕平板显示器、长春新产业光电技术有限公司的工业用大功率全固态激光器及应用产品、长春禹衡光学有限公司的编码器等。

4)新材料新能源产业

长春高新技术产业开发区依托中国科学院长春应用化学研究所(简称长春应化所)、吉林大学、东北师范大学等多所科研机构、大学和 8 家国家级省级的重点实验室,以稀土材料、特种工程材料、汽车用先进材料、光学功能材料、纳米材料等为重点,提高科技含量和附加值,大力培育新材料产业龙头企业,产业集聚加速推进。

目前,长春高新技术产业开发区新材料领域共有企业 80 多家。重点企业和产品主要有:长春高祥特种管道有限公司的复合塑料管、长春汉高表面技术有限公司的车底涂料、长春通达化工有限公司的橡胶和耐磨剂、长春依多科化工有限公司的密封胶、中科英华股份有限公司的热缩材料等。其中,中科英华的热缩双壁复合管、双层绝缘热缩带等产品国内市场占有率达到 80% 以上,是国内产品最全、规模最大的热缩材料生产基地;长春高祥特种管道有限公司国内首创的连续增强塑料复合管,目前已广泛应用于大庆油田等的油、气、水输送,是国内唯一一家生产出用于海上油田油、气、水输送的 ZMG 系列连续增强塑料复合管的企业,同时也是世界上第四个可以独立制造该产品的企业。

5)精优食品加工产业

长春高新技术产业开发区依托吉林省的产业基础、资源优势和科研实力,重点在粮食深加工业、肉类加工业、乳制品加工,以及有机食品、绿色食品等领域发展,打造具有地域特色的精优食品加工产业集群。长春高新技术产业开发区精优食品加工业现有企业 20 余家。新高食品有限公司引进瑞典、日本等知名厂家的先进设备,主要生产包括酸奶、酸乳酪、花色奶等系列乳制品。吉林乳业集团广泽有限公司是拥有四大系列 100 多个品种、年产液态奶 30 万吨的乳制品龙头企业。上海麦之香(集团)有限公司是一家主要从事粮食仓储、加工和经营一体化的大型现代化企业集团,在长春高新技术产业开发区北区用地 70 万平方米建设现代化农业产业园区。

6)高端生产性服务业

长春高新技术产业开发区依托高新技术产业和信息技术优势,以延伸重点领域产业链为切入点,着力发展以服务外包、业务流程、信息技术为主的软件产业;以动漫、工业设计为主的创意文化产业;以各类商业银行、证券交易、投资基金为主的金融服务产业。打造服务长春市、辐射吉林省、影响东北亚的高端生产性服务业产业集群。目前,长春高新技术产业开发区各类服务业企业合计1800余家(不含个体经营业户)。

(二)长春经济技术开发区

1. 基本概况

长春经济技术开发区位于长春市东部,毗邻长春母城,是长春市"双心、三翼、多组团"整体规划中工业化推进的主要区域。1993年4月被国务院批准为国家级经济技术开发区。依托母城长春市得天独厚的产业与资源优势,长春经济技术开发区形成了以富奥集团、圣戈班、海拉车灯、福耀玻璃等为代表的汽车零部件产业,以大成玉米、香港华润、泰国正大等为代表的粮食深加工产业,以中科集团、联信光电、吉林华软等为代表的光电信息产业,以吴太制药、西点制药、精优药业等为代表的生物制药产业等四大主导产业,其中高新技术项目和高附加值项目占80%以上,产业集群效应初步显现。

2. 主要经济指标

2012年,长春经济技术开发区经济保持平稳快速增长,在高基数、高增幅的基础上继续保持良好发展态势。全年为企业争取国家、省市各类政策性资金6226万元;为28家企业达成融资协议1.5亿元;落实中小企业扶持资金近2亿元。通过各项有力措施,长春经济技术开发区支柱产业支撑作用持续增强:汽车及零部件产业实现产值653亿元,同比增长18.5%;生物化工产业实现产值510.5亿元,增长25.4%,其中大成集团产值跃升到500亿元。服务业迈上新台阶,际华工业物流园、温馨鸟创意研发中心、烟草研发等一批生产性服务业项目开工建设,第三产业实现增加值150亿元,增长20%,促进了工业与服务业的互动融合发展。与此同时,长春经济技术开发区利用省市商务、经合部门,以及商协会、驻外办事处等资源和平台,重点围绕保税区,积极开展了叩门招商和联动招商。全年共签约亿元以上项目72个,引进世界500强、央企和行业龙头企业投资项目12个。

3. 产业发展现状

长春经济技术开发区充分发挥环境优势、产业优势和体制优势,实施南部建城、北部建区的"两区"联动战略;建设"九大特色产业园区",即南区建设汽车零部件园区、快速消费品园区、生物制药园区、光电信息产业园区四个园区,北区建设生物产业园区、专用车产业园区、装备制造业园区、综合保税及物流园区、新兴产业园区五个园区;发展"八大产业",即做大做强专用车及零部件、生物化工、现代服务业三个支柱产业,发展壮大装备制造、快速消费品两个主导产业,加快培育光电信息、生物制药和新兴产业;打造"三大商圈",即会展中心—临河街—自由大路商圈、东方广场商圈、兴隆山商圈;建成"两个千亿级产业基地",即专用车及零部件产业基地、生物产业基地,成为长东北先导区经济起飞的引擎、长吉图先导区经济发展的旗舰。

(三)长春汽车经济技术开发区

1. 基本概况

长春汽车经济技术开发区是全国唯一一家以汽车产业为核心的专业开发区,2005年9月29日成立,2010年12月31日晋升为国家级开发区。该开发区位于长春市西南部,总人口22.6万,行政管辖面积110平方公里,其中建成区面积23平方公里,起步区指绕城高速公路以内约17平方公里。开发区先后被授予国家汽车零部件出口基地、国家汽车电子产业基地、国家新型工业化产业示范基地等称号。

2. 主要经济指标

发展至今,长春汽车经济技术开发区迅速崛起,主要经济指标年均增速超过30%。2011年,全区GDP完成404亿元,同比增长18.6%;固定资产投资完成364亿元,同比增长44%;工业企业总产值完成1300亿元,同比增长11%;区属规模以上工业产值55亿元,同比增长35.1%;全口径财政收入完成54.6亿元,同比增长33.7%;本级财政收入完成6.7亿元,增长51%;实际利用内资完成86.8亿元,同比增长14.4%;实际利用外资完成4.24亿美元,同比增长17.5%。在长春市十县(市)区和四大开发区经济指标排名中,该开发区财政收入增幅、固定资产投资总量和实际利用内资总量均列第一位,连续四年获得"长春市年度经济目标责任制优秀奖",已经成为长春市汽车产业的核心区和增长极——一个以整车制造企业为核心,汽车零部件企业及上下游配套产业逐步在地域上聚集,集研发、制造、物流、贸易、服务于一体的产业集群正在强势崛起。

3. 产业发展现状

目前,长春汽车经济技术开发区已拥有一汽解放、一汽大众、一汽丰越三家主机厂,万荣改装车、双龙专用车、扶桑专用车等多家专用车生产企业。2011年,区内整车生产能力已经达到120万辆,拥有汽车零部件企业400余家,引进了德国伟巴斯特、德国纳铁福、加拿大麦格纳多家世界500强汽车零部件企业,生产产品涉及发动机、变速箱、底盘、减震器、汽车电子、汽车内饰件等5000余个品种。经过多年的开发建设,区内现已拥有凯达汽车园、零部件工业园、动力总成园、汽车模具园、日系汽车零部件工业园、欧美工业园、新能源及汽车电子工业园、国家级汽车零部件检验检测中心、一汽自主乘用车研发基地、长春汽车工业高等专科学校等多个特色园区和高校研发机构,形成了德系、日系及自主零部件配套三大板块。

未来5年，汽车经济技术开发区将统筹推进"三化"、实施"三动"战略，以打造世界级汽车产业基地为核心，加快新型工业化建设步伐，把汽车区建设成为国际区域整车产能最大、核心零部件实力最强、研发能力一流、管理服务国际化的世界级汽车产业基地；以工业带动服务业发展，以服务业提升促进产业转型升级，全力"打造世界级汽车产业基地、创建汽车人的幸福家园"，努力把汽车区建设成为长春市"科学发展、加快发展、率先发展"的强力增长极，成为开发开放先行区、汽车工业示范区、生态宜居精品区，以及工业化、城市化、现代化深度融合发展的新城区。

（四）长春净月高新技术产业开发区

1. 基本概况

净月高新技术产业开发区成立于1995年8月，位于长春市东南部，原名为长春净月潭旅游经济开发区。2006年3月6日第四批通过国家发改委审核，核定面积22.46平方公里，并更名为长春净月经济开发区。2011年年初，经吉林省人民政府批准转型更名为长春净月高新技术产业开发区。2012年8月19日经国务院批准成为国家高新技术产业开发区。

综合净月高新技术产业开发区既有基础和发展优势，构建"一核、三带、九园"的产业空间发展格局：一核，即打造"东北亚总部基地"；三带，即建设东部生态旅游休闲带、中部城市功能服务带和西部新兴产业带；九园，即围绕三带，打造了9个各具特色的产业园区，分别为光电信息产业园、动漫创意产业园、启明软件园、影视文化产业园、现代物流园、大学科技园、现代农业科技博览园、健康服务产业园、欧陆风情园。

2. 主要经济指标

2013年上半年，净月高新技术产业开发区实现营业总收入838亿元，完成年计划的51%；地区生产总值实现306亿元，完成年计划的50.1%；全口径财政收入实现50.3亿元，完成年计划的52.9%。主要经济指标高开高走，均超额完成序时任务，增长幅度和质量效益延续了近三年来继续冲高的良好势头。

3. 产业发展现状

在产业发展上，净月高新技术产业开发区构建三业融合跨越发展的现代产业体系。坚持高新技术产业、现代服务业和文化产业共同发展的产业思路。在高新技术产业服务化、现代服务业科技化和文化产业数字化的产业演变进程中，高新技术产业和现代服务业融合重组形成了高技术服务业，其技术含量大、附加值高，发展潜力巨大，辐射带动作用突出。高技术服务业主要包括研发设计、信息技术、数字内容、电子商务、生物技术、检验检测、科技成果转化和知识产权服务8个现代服务业高端领域。文化产业作为现代服务业的重要组成部分，在与高新技术产业融合过程中，衍生出 2 个具有文化内涵和科技特征的高技术服务业重点细分领域，即数字媒体和创意设计。净月高新技术产业开发区已经形成了以高新技术产业、现代服务业和文化产业融合发展的"2+1"现代化产业体系，实现新兴产业的跨越式发展。

（五）吉林高新技术产业开发区

1. 基本概况

吉林高新技术产业开发区于 1992 年 11 月由国务院批准成立，包括高新南区和高新北区两部分，是全国首批国家级开发区，先后被评为全国先进高新区、全国实施火炬计划先进单位。

高新南区规划面积 22.08 平方公里，重点做大做强汽车及零部件、装备制造、电力电子、生物医药、新材料、高端服务业六大产业，大力发展战略性新兴产业和高新技术企业。

高新北区位于吉长高速和吉长北线之间，规划面积 108 平方公里，致力于打造全省战略性新兴产业高地，重点发展公共科技服务、高科技研发和创业孵化、高端生产性服务等产业。构建汽车及零部件、电力电子、生物医药、新材料、高端装备制造等现代产业体系。

2. 主要经济指标

2012 年，吉林高新技术产业开发区地区生产总值实现 196 亿元，全口径财政收入计划达 18 亿元，地方级财政收入为 83 287 万元，招商引资到位资金 96 亿元。规模工业总产值达 330 亿元，规模工业增加值计划实现 100 亿元。社会消费品零售总额实现 69 亿元。预计到 2015 年，各项主要经济指标翻一番，GDP 实现 400 亿元，年均增长 25.5%；全口径财政收入计划实现 40 亿元，年均增长 26.7%；地方级财政收入实现 17.2 亿元，年均增长 27.2%；工业项目落地 100 个，计划实现工业总产值 1000 亿元。

3. 产业发展现状

在产业方向上，吉林高新技术产业开发区坚持以汽车及零部件、生物医药、新材料、高端装备制造、电力电子产业、商贸物流及休闲旅游为主导产业。形成一个（汽车及零部件）千亿级、五个（装备制造、生物医药、电力电子、生物化工、现代服务业）百亿级产业基地。一个千亿级是以一汽吉林、长久改装车整车为龙头，打造百万辆整车生产规模、百户零部件企业、千亿级产值的汽车及零部件产业基地。第一个百亿级产业是以明阳风电主机制造、昊宇核电设备制造、大通高铁和高速公路运梁车及装卸车为主体，发挥老工业基地雄厚的产业基础，打造百亿级新能源和重型装备制造基地；第二个百亿级产业是以华微芯片、恩智浦半导体、深圳航盛集团汽车电子、大全数码为主体，围绕电力电子核心技术，打造百亿级电力电子产业基地；第三个百亿级产业是以国药集团、科伦药业、吉福参科技、吴太感康制药为主体，利用长白山优势资源发展中西药制品，打造百亿级生物医药产业基地；第四个百亿级产业是以凯赛集团为主体，打造百亿级生物化工产业基地；第五个百亿级产业是以软银、软信、意邦智控和一汽国际物流、亚奇物流为主体，打造百亿级现代服务业产业基地。

（六）吉林经济技术开发区

1. 基本概况

吉林经济技术开发区于1998年年底建成，2010年4月被国务院正式批准为国家级经济技术开发区，是中国黄河以北唯一的国家级专利产业化试点基地，是科技部确定的国家级碳纤维高技术产业化基地的核心区域。

吉林经济技术开发区依托资源优势和产业基础，着力发展化工及新材料、碳纤维、汽车零部件、轻工纺织和品牌食品等主导产业，在国家经济发展和东北老工业基地建设的发展战略中，充分发挥吉林经济技术开发区长吉图先导区关键节点作用、长吉一体化龙头区域辐射带头作用、东北重要自主创新示范区作用，凭借国家级经济技术开发区的政策优势、体制优势和环境优势，发展成为吉林北部工业新区的核心区。

2. 主要经济指标

2012年，吉林经济技术开发区地区生产总值实现102亿元；规模工业总产值完成311亿元；全口径财政收入完成11.2亿元。在商务部管辖的全国138个国家级开发区的综合排名3年跨越三大步，即从2009年的第87位、2010年的第82位，跃升至2011年的第73位。预计到2017年，吉林经济技术开发区将迈进千亿级开发区行列。

2013年上半年，吉林经济技术开发区完成地区生产总值48.5亿元，同比增长12.2%；全社会固定资产投资实现74.5亿元，同比增长22.3%；规模工业产值完成162亿元，同比增长22%；规模工业增加值完成38.9%，同比增长23.9%；全口径财政收入完成77 798万元，同比增长10.5%；地方级财政收入实现37 884万元，同比增长26.5%；招商引资实际到位资金达到66亿元，同比增长30.2%；社会消费品零售总额达到2.33亿元，同比增长13%。

3. 产业发展现状

吉林经济技术开发区重点突出发展精细化工、新材料和生物、品牌食品、机械电子装备制造等主导产业。目前，已初步形成了化工、新材料（碳纤维）、品牌食品（农副产品深加工）、装备制造和化纤纺织五大产业园区，聚集了燃料乙醇、吉林化纤、康乃尔化学、众鑫化工、吉研高技术纤维、高琦聚酰亚胺、怡达化工、娃哈哈、伊利、鼎基电力等众多知名企业。吉林经济技术开发区的五大产业园区基本情况如下。

1) 化学工业园区

化学工业园区产业着重发展石油化工、精细化工、化工新材料、生物化工和新能源产业，依托吉化的原料及增量发展空间的优势，以石油化工和生物化工为基础，向精细化工、化工新材料和新能源领域进行拓展和延伸，最终成为带动吉林省乃至东北地区关联产业及区域经济发展、影响全国、具有国际竞争力和影响力的化工基地。

依托中油吉林石化产业基地和增量发展空间优势，以石油化工和生物化工为基础，向精细化工、化工新材料和新能源领域拓展、延伸。拓展石油化工产业链条，以众鑫化工、康乃尔化学等公司为龙头打造精细化工产业基地；依托吉林省玉米资源优势，以吉林燃料乙醇、博大生化等公司为龙头打造生物化工产业基地；依托长吉两市汽车产业及化工产业发展优势，推动两大产业融合共进，打造汽车化工产业配套基地。

目前，园区内现有企业48家，其中规模以上企业28家，产品覆盖74大类200多个品种，综合化学品年生产能力达300余万吨。2012年完成产值189亿元，利税22.6亿元。

2) 碳纤维高技术产业园区

以碳纤维、聚酰亚胺为主导的新材料产业发展迅猛，主要产品为碳纤维原丝、碳丝及其制品、竹纤维、铂金纤维、阻燃纤维、聚酰亚胺纤维等。碳纤维产业原丝产能现为全国最大，已经形成"丙烯腈—聚丙烯腈基碳纤维原丝—碳纤维—碳纤维下游制品"的最完整的产业链条。

园区内现有骨干企业6家，现原丝生产能力5000吨/年，碳化能力680吨/年，产品质量居国内领先水平；碳纤维溶剂产能为5000吨/年，产能现为全国最大。碳纤维辅助材料和下游制品主要有碳纤维自行车、碳布、碳毡、碳绳等，其中1K碳纤维布已占据我国军工市场50%以上的份额。2012年完成产值5.1亿元，利税0.4亿元。

3) 品牌食品工业园区

依托吉林省农副产品原料的资源优势，品牌食品工业园区加快推进食品工业健康发展，先后引进中粮集团、内蒙古伊利、杭州娃哈哈、可口可乐、四川沱牌、台湾顶新、台湾嘉年华等国内外食品行业知名企业。园区现有知名品牌食品企业25家，产品涵盖各类饮料、冷冻饮品、酒精、精致大米、速冻食品等23个大类200多个品种。2012年完成产值29亿元，利税3.9亿元。

4) 装备制造工业园区

装备制造工业园区以当代电子技术为先导、以先进制造技术为基础，融合机械、微电子、自动控制等相关技术形成综合性的高新技术。现有通用设备制造、专用设备制造、交通运输设备制造和电子制造为主的相关企业20家，2012年完成产值14.5亿元，利税2亿元。

5）化纤纺织园区

以吉林化纤集团为龙头，区内集聚化纤纺织相关企业8家，主导产品有粘胶短纤维、粘胶长丝、化纤浆粕、腈纶纤维、纱线五大系列450余个品种，产品质量处于同行业前列。目前，年综合产能45万吨。2012年完成产值53.5亿元，利税0.5亿元。

（七）珲春边境经济合作区

1. 基本概况

珲春边境经济合作区是1992年9月由国务院批准设立的国家级开发区，行政区划面积73平方公里，规划面积24平方公里，起步区2.28平方公里。合作区成立初始，便始终以发展出口加工业和高新技术产业为主，确立了工业生产、金融、贸易、商业、旅游、服务、娱乐的建设主线，快速推动了合作区各项事业的全面发展。合作区以发展劳动密集型和资源密集型的出口加工业为主，着力发展食品、轻工、纺织、服装、建材、林产品深加工等行业。积极寻求引进电子、通信，技术含量和附加值高的技术密集型产业项目，将中俄互市贸易区建设成中俄商品交易和现货中心、中俄经贸合作洽谈中心、信息服务中心，汇集国内外的人流、物流，成为辐射俄罗斯、朝鲜、韩国的国际商品集散地。

吉林珲春出口加工区是2000年4月国务院以国办函〔2000〕37号文件正式批准设立的，是国务院首批设立的全国15个出口加工区之一，也是全国14个沿边开放城市中获得批准的一家。珲春出口加工区实行"境内关外"的海关监管模式，享有国家赋予的进出口免税、入区退税、进料保税、免征增值税、免台账保证金等优惠政策。根据延州发〔2000〕32文规定，在珲春边境经济合作区加挂珲春出口加工区管理委员会的牌子，代表市政府对加工区经济和行政事务实行统一领导和管理。

2. 主要经济指标

2012年，珲春边境经济合作区实现地区生产总值73亿元、工业总产值完成135亿元、财政收入达5.68亿元、进出口总额达5.4亿元。其中，珲春出口加工区完成进出口额3.2亿美元，同比增长20%。其中，出口额达1.71亿美元，同比增长9%；进口额达1.49亿美元，同比增长33%；加工贸易额达2.43亿美元，同比增长24%。

预计到2015年，合作区地区生产总值将达到180亿元，年均增长36.5%；工业总产值将达到350亿元，全口径财政收入将达到12亿元，固定资产投资总额将达到300亿元，位居全省开发区和全国14个国家级边境经济合作区前列。

3. 产业发展现状

珲春边境经济合作区产业体系由过去单一的以纺织服装业和木制品加工业为主转变为现在的能源矿产、纺织服装、木制品加工、高新电子、新型建材、食品海产品加工等特色产业，循环经济、新材料、生物制药等高科技产业和新兴产业从无到有，日益壮大，已占全区工业总产值的1/3，形成高端产业集聚的新型国际经济功能区。依靠现有基础和比较优势，珲春边境经济合作区积极推进与长吉腹地和延龙图前沿产业联动，强化汽车零部件制造、石油化工等领域合作，推动跨市州物流及旅游业发展，延伸产业链条，增强产业竞争力，共同促进产业升级。促进资金、人才、技术、信息、商品等要素在长吉图先导区内自由流动。

继珠三角、长三角、山东半岛等经济发达地区的快速发展，珲春出口加工区围绕电子产品加工业、纺织服装加工业、矿产资源深加工业及海产品加工业等不断发展。在推进原有优势产业发展的同时，加快培育壮大新兴产业。拓展加工区保税物流功能，促使出口加工区从单一的加工制造向研发、试制、采购等综合发展方向转变，推进加工贸易转型升级。目前，珲春出口加工区内已有来自日本、韩国、美国和俄罗斯等国家的64家企业落户，逐步形成了电子产品、服装、木制品、海产品和农副产品等特色产业。

（八）延吉高新技术产业开发区

1. 基本概况

延吉高新技术产业开发区于1993年经吉林省人民政府批准成立，2010年11月29日经国务院批准升级为国家级高新技术产业开发区。延吉高新技术产业开发区规划面积5.33平方公里，其中河南片为3.97平方公里的起步区，河北片面积1.36平方公里。目前，延吉高新技术产业开发区已集聚200多家企业，先后投资建设了中小企业工业园、科技工业园暨全民创业园、IT产业园、医疗器械产业园等一批高水准的"孵化器"和特色园区，形成技术创新、鼓励创业的良好平台，为引进培育高新技术，打造具有国际竞争力的产业集群奠定了基础。

2. 主要经济指标

2012年，延吉高新技术产业开发区实现技工贸总收入168.5亿元，增长25.3%；实现一般预算全口径财政收入42.1亿元，增长20.1%；完成招商引资到位资金20亿元，增长60%；完成固定资产投资26亿元，增长30%。主要经济指标增长幅度为历年之最。延吉高新技术产业开发区2012年共推进招商项目135个，重点推进项目50个，项目计划总投资227.45亿元。

3. 产业发展现状

延吉高新技术产业开发区推进"诚、心、实、意"产业，"诚"指承接长三角、珠三角地区劳动密集型产业,做大现代装备制造产业,加快农机产业园、机械模具产业园建设;"心"指以电子信息为主的高新技术产业,加快电子产品制造业园区和IT产业园建设;"实"指以延吉卷烟厂、秀爱食品等企业为龙头加快朝鲜族特色食品产业园建设;"意"指以敖东延吉药业、天顺药业、喜来健、可喜安等企业为龙头发展壮大医药和医疗器械产业。最终完成"四个2011"的目标任务,"四个20"指产值增长20%、一般预算全口径财政收入增长20%、招商引资到位资金增长20%、固定资产投资增长20%,"四个11"指新开工11个亿元以上项目、竣工投产11个较大的项目、引入11个IT制造业企业、激活11处闲置厂房和土地。目前,已引进敖东国药基地项目,长白山印务水松纸生产项目,红星美凯龙城市综合体项目,日月鑫模具、矿山机械设备及节能水热源泵加工项目,生生绿谷生物制品项目等重大项目。

二 长吉图区域内省级开发区发展建设情况

长吉图区域内省级开发区共30家,2013年上半年,长吉图区域省级开发区经济均保持快速增长,固定资产投资增速在25%以上,重大项目推进快并得到充分实施;产业功能定位更明确,招商引资进展顺利,初步走出了一条省级开发区发展的路子。

(一) 长春地区省级开发区产业发展情况

长春地区现有省级开发区14家,包括吉林德惠经济开发区、长春宽城经济开发区、长春朝阳经济开发区、长春双阳经济开发区、长春绿园经济开发区、长春九台经济开发区、长春农安经济开发区、长春文化印刷产业开发区、长春皓月清真产业园区、长春国际物流经济开发区、长春南部都市经济开发区、长春莲花山生态旅游度假区、长春空港经济开发区、长春长东北开放开发先导区。各开发区立足区域资源基础与特色产业优势,逐步发展成为长春市乃至吉林省的产业高地。

1. 吉林德惠经济开发区

吉林德惠经济开发区于1992年8月经吉林省政府批准建立为省级经济开发区。经过20余年的建设,区内形成了具有一定规模的以生产油脂、豆粕为主的饲料加工业;以屠宰肉鸡、肉牛、生猪为主的畜禽加工业;以生产精制大米、方便面、熟食、香肠、肉串、白酒为主的食品加工业;以生产医用输液、工业糠醛为主的医药化工业;以彩印、包装为主的轻工包装业等支柱产业框架。构建了"德大"巨龙腾飞,猪、牛、羊、米、酒、面等群龙共舞的产业格局。

2. 长春宽城经济开发区

长春宽城经济开发区于1998年4月经中共长春市委、长春市人民政府批准成立，2001年9月被吉林省人民政府批准为省级开发区。宽城经济开发区以工业、物流、商贸为主导，工业方面突出错位竞争，坚持差异发展，以兰家工业园区为载体，打造辐射东北三省、影响东北亚的生活用品加工制造中心；物流业方面发挥区位优势，放大服务功能，依托东北亚物流园区，打造覆盖东北三省、辐射东北亚的国际物流基地。

3. 长春朝阳经济开发区

长春朝阳经济开发区是2002年11月吉林省政府批准成立的省级开发区，开发区毗邻中国第一汽车集团公司、长春汽车产业开发区和长春高新技术产业开发区。长春朝阳经济开发区依托现有的产业基础和区位优势，主动承接长春高新技术产业开发区、长春汽车产业开发区两大开发区的产业辐射，重点发展汽车零部件及机电、电子信息、生物工程、医药及医疗器械、现代物流等产业。

4. 长春双阳经济开发区

长春双阳经济开发区是2003年6月经吉林省人民政府批准成立的省级开发区。双阳经济开发区构建"四园一平台"的发展格局，即高新技术产业园区、洁净工业园区、鹿特色产业园区、文化休闲产业园区和中小企业创业孵化平台。大力发展洁净工业，着力打造"四园"，即健康产业园、纳米低碳产业园区、机械加工产业园区及门业加工产业园区；依托民俗文化，实施集镇"四区"，即文化休闲旅游产业区、回族事业发展区、朝鲜族民俗居住区及满族风情服务区。

5. 长春绿园经济开发区

长春绿园经济开发区是2003年6月经吉林省政府批准成立、9月28日正式揭牌运营的省级开发区，2010年6月12日经吉林省政府批准加挂长春轨道交通装备产业开发区的牌子。长春绿园经济开发区设先进制造业园区、医药食品工业园区、纺织工业园区和物流贸易园区四个功能分区，长春客车厂零部件加工企业、长春铸城集团、长春东方纺织集团等知名企业均坐落在该开发区内。

6. 长春九台经济开发区

长春九台经济开发区是吉林省人民政府于2003年7月批准设立的省级经济开发区，位于长春市东部近郊，隶属于九台市。九台经济开发区形成以机械加工业、矿产建材业、农产品深加工业、房地产业及现代服务业为一体的产业格局。依托特色产业优势，重点建设农业机械装备制造产业园、机加产业园、新材料产业园及食品医药园四大特色产业园区。

7. 长春农安经济开发区

长春农安经济开发区是吉林省人民政府于2003年7月批准设立的省级开发区。农安经济开发区形成了"五园五业"（五园：机械加工配套产业园、广东工业园、服装包装园、现代物流产业园、热电建材园；五业：机械加工业、农畜产品加工业、服装包装业、医药化工业、热电建材配套业）的产业布局。

8. 长春文化印刷产业开发区

长春文化印刷产业开发区于 2006 年 8 月经吉林省人民政府批准成立为省级开发区。长春文化印刷产业开发区坐落于长春市双阳区奢岭镇，是吉林省文化印刷产业建设的重点。开发区成立以来，文化产业发展势头良好，正在成为长春市乃至吉林省文化产业发展极。文化印刷、高等教育、工艺品加工三大支柱行业初具规模，文化旅游产业迅速发展，使奢岭镇成为具文化特色，集休闲、养老、疗养、观光为一体的现代文化休闲旅游度假区。

9. 长春皓月清真产业园区

长春皓月清真产业园区于 2011 年 8 月经吉林省人民政府正式揭牌成立。皓月清真产业园区依托皓月集团，充分发挥国际市场影响力和品牌优势，通过清真产业认证，着力提升吉林省农产品品牌价值，建立清真产品出口基地，同时吸引中东及东南亚地区客商入驻投资建厂，打造成为世界级的特色产业园区。园区建设中高档清真食品加工区、中高端物流配送区和高端生活服务配套及研发区等。

10. 长春国际物流经济开发区

2011 年 8 月，二道经济开发区正式命名为"长春国际物流经济开发区"，2012 年 2 月，长春国际物流经济开发区正式晋升为省级开发区，成为吉林省唯一一家省级物流开发区。长春国际物流经济开发区建设东北亚现代物流枢纽中心、嘉科仓储物流、冠军装饰餐厨物流中心、广亚陶瓷展销中心、鸿兴再生资源物流中心等大型项目。2013 年上半年，长春国际物流经济开发区地区生产总值 62.48 亿元，同比增长 14%，全口径财政收入 20.05 亿元，同比增长 20.3%。

11. 长春南部都市经济开发区

长春南部都市经济开发区是 2012 年 6 月经吉林省政府批准的省级开发区。区内有约 1000 万平方米的绿地水系、9 个形态各异的生态公园，拥有 48% 的绿地率。南部新城采用"流绿都市"的建设理念，被设计成为长春行政办公、金融文化、商业中心等各种功能集于一身，具有城市标志性建筑的城市新核心。南部新城定位在以现代服务业为特色，集中优势资源打造以"大商务、大商业、大文化"为特征的产业体系，建设服务全市、全省乃至全东北、东北亚的现代服务业中心区。

12. 长春莲花山生态旅游度假区

长春莲花山生态旅游度假区于 2007 年 4 月由吉林省政府批准成立。园区开展"一环分两区，两线串多点"长吉一体生态区建设，把莲花山区域建设成独具特色的现代化生态区。所谓的一环是指绿色生态环，两区是指形成商贸服务、总部经济、生态居住、区级行政办公等功能组团的现代都市服务区和集观光、运动、美食、养生、会议、居住为一体的国际化休闲度假区；两线是指雾开河大街—净莲大街沿线，莲花山大路—雪场东西街沿线，多点是指大小不一的旅游度假服务设施组团。

13. 长春空港经济开发区

2012年6月7日，吉林省省委、省政府批准成立长春空港经济开发区。长春空港经济开发区发展高端化的航空经济及临空指向型相关产业，综合考虑空港经济开发区产业的现状特征，以及吉林省产业发展的基础、优势和特色，借助长吉图先导区联动发展优势，确定长春空港经济开发区重点发展航空运输与物流产业（临空指向型）、高端制造与新技术产业、现代服务业三大产业，形成高端航空经济产业体系。

14. 长春长东北开放开发先导区

长东北开放开发先导区系统整合长春市经开区、高新区、宽城区、二道区、九台市、德惠市等资源优势及产业基础，结合功能定位，建设不同类型的功能区。形成以光电子、生物等高新技术产业为先导，以汽车及零部件、农副产品深加工等支柱产业为支撑，以装备制造业、材料、能源等传统产业为基础的新型工业体系。构建国际中转港口长春支线港，实行海关、商检、边检相关设施一体化。创新物流业态，构建铁路、公路、航空、信息一体化物流体系。依托北部新城及空港服务区，大力发展高端生产性服务业，围绕金融、商务、物流、工业地产、信息等领域，建设跨省、跨国产业园区，与国内发达地区合作，承接国际国内产业转移。

（二）吉林地区省级开发区产业发展情况

吉林地区现有省级开发区12家，包括吉林永吉经济开发区、吉林龙潭经济开发区、吉林东市商贸经济示范区、吉林船营经济开发区、吉林（中国-新加坡）食品区、吉林北大壶体育旅游经济开发区、吉林蛟河天岗石材产业园区、吉林丰满经济开发区、吉林哈达湾经济开发区、吉林明城经济开发区、吉林蛟河经济开发区、吉林汽车产业园区。开发区各具特色，对于提升区域竞争力，促进区域经济发展起到了巨大的推动作用。

1. 吉林永吉经济开发区

吉林永吉经济开发区于1998年被批准为省级经济开发区。开发区依托靠近吉长两市的区位优势，确立了为大城市主导产业建立配套园区的发展模式，着力培育汽车部件、食品加工、医药制药和精细化工四大支柱产业。

汽车部件产业发展迅速，已经由零配向主配、附件向主件、单一向核心部件发展；食品加工业，以农产品加工为主；医药制药产业，以生物制药为主。

2. 吉林龙潭经济开发区

吉林龙潭经济开发区是1998年12月经吉林省政府批准建立的省级开发区，

总体规划面积 9.68 平方公里。全国最大的化工原料生产基地——吉林化学工业公司位于吉林龙潭经济开发区内，它为龙潭经济开发区发展精细化工、汽车非金属件配套及橡塑制品加工提供了充足的原料。吉林龙潭经济开发区是国家级化工星火技术密集区，区内已驻有国有大中型企业 40 余家。

3. 吉林东市商贸经济示范区

吉林东市商贸经济示范区是 2001 年 9 月经吉林省人民政府批准设立的新型省级商贸经济开发区。东市商贸经济示范区已经建设成为一个经营理念开放，管理方式科学，配套设施先进，政策环境优越，体现以人为本，经济与文化共同进步，经济与社会协调发展，吸融力更强，集餐饮、购物、旅游观光、休闲娱乐为一体的省内闻名的吉林市中央零售商业区，在吉林省商业领域率先突破，率先发展，带动吉林市整体商业水平攀升，带动吉林市经济实现跨越式发展。

4. 吉林船营经济开发区

吉林船营经济开发区于 2002 年 11 月经吉林省人民政府批准成立为省级开发区。船营经济开发区重点建设"三大园区"，着力发展轻卡车、农用车和专用车等项目：一是在高速公路沿线两侧依托长春一汽、一汽吉林轻型车与大型企业建设汽车工业及机械加工园区；二是建设以零公里广场为中心的综合性物流园区；三是在春光建设集养殖、种植业、生产和加工与销售为一体的具有高科技含量的食品工业园区。

5. 吉林（中国-新加坡）食品区

2010 年 6 月，经吉林省政府批准，吉林岔路河特色农业经济开发区正式更名为"吉林（中国-新加坡）食品区"，目前吉林（中国-新加坡）食品区已经进入全面建设阶段。吉林（中国-新加坡）食品区产业定位为农业、畜牧业、长白山特产业；产品定位为农产品、畜产品、长白山特产品；核心区主导产业定位为食品、药品、保健品等食品药品工业，休闲度假、农业观光等旅游产业，现代物流、商务会展等服务业及科技研发等产业。市场定位为国际市场和国内高端市场。

6. 吉林北大壶体育旅游经济开发区

吉林北大壶体育旅游经济开发区成立于 2003 年 4 月，是全国唯一以体育旅游为主导产业的省级经济开发区，规划控制面积 126 平方公里。北大壶以发展冰雪户外运动、承接高端体育赛事为核心，突出发展体育、旅游两大主导产业，最终打造成具有国际水准的滑雪胜地和旅居休闲度假区。预计到 2030 年，北大壶将实现累计投资 400 亿元，区域接待床位将达到 6 万张，年接待游客 230 万人次，旅游年收入 60 亿元，带动相关收入 600 亿元。

7. 吉林蛟河天岗石材产业园区

吉林蛟河天岗石材产业园区是依托当地资源开采加工石材的特色省级开发

区,天岗域内花岗岩石材资源丰富,是吉林省唯一的产地,总储量达100亿立方米。吉林蛟河天岗石材产业园区以打造东北亚最大的石材集散地为目标,重点引进一批投资规模大、技术水平高、发展后劲强、财政贡献率高的企业入驻,全力以赴承接福建产业转移,建设中国天岗石材城;同时,充分发挥园区优势,由单一的石材产业向装备制造、商贸物流和现代服务等产业综合发展转变。

8. 吉林丰满经济开发区

吉林丰满经济开发区是2003年6月经吉林省人民政府批准设立的省级开发区。丰满经济开发区按照一区多园的功能定位布局,形成了集生物医药业、日化业、绿色食品业及汽车配套业为一体的主导产业群。号召区域周边具有高科技含量的企业全部汇集到开发区来,以提高企业、行业和产业的关联度。在功能区域划分上,丰满经济开发区设计了三个主导产业园区,即医药日化园区、绿色食品加工园区和汽车配套园区。

9. 吉林哈达湾经济开发区

吉林哈达湾经济开发区是2012年2月经吉林省人民政府批准设立的省级开发区,区域面积14.9平方公里,以和平路为界,分为南区和北区。开发区位于吉林市,是通往长春方向的重要门户区域,是长吉图经济走廊的承接带,被吉林市委、市政府确定为"十大功能区"之一——现代服务业集中区。区内拥有100余家国、省、市、民营企业形成的工业集群,形成新型复合材料、先进装备制造、生物科技及现代服务业四个产业板块。

10. 吉林明城经济开发区

吉林明城经济开发区是2005年11月被吉林省政府正式批准成立的新型工业经济开发区,总面积12.9平方公里。开发区主要以金属冶炼、金属加工为产业主导方向,目前是吉林省重要的钢材生产基地和东北地区焊管生产基地。区内驻有全国500强企业之一——吉林市建龙钢铁有限责任公司,东北最大的水泥熟料生产基地——吉林亚泰明城水泥有限公司,以及吉林地区最大的焊管企业——吉林华岐制管有限公司。

11. 吉林蛟河经济开发区

吉林蛟河经济开发区是吉林省政府于2012年1月批准设立的省级经济开发区,是集工业集中区与金融商贸服务区于一体的现代化新区。开发区规划建设长白山特色产业园区、冶金粉体高科技产业园区、浙江工业园和商贸物流四大园区,重点建设生物制药、特色食品、冶金粉体、机械制造、木制品加工及商贸物流六大基地。目前,已初步形成了以长白山制药、黑尊食品、科立辉柴油发电机、九安硼业、森源木业、伟基国贸中心为代表的特色产业格局。

12. 吉林汽车产业园区

吉林汽车产业园区是省政府批准的省内两大汽车产业园区之一,现有一汽吉林汽车和吉林通田汽车两个整车生产企业及40多家规模以上零部件生产厂家。吉林汽车工业园区形成了以一汽吉林汽车公司为核心，集整车和汽车零部件研发、生产、贸易为一体，微型车、多功能用途车等车型共同生产的汽车产业体系。园区全力做大整车制造业，同时协调整车企业，在同等质量和价格的前提下，优先采购本地产汽车用化工品，进行配套。

（三）延边地区省级开发区产业发展情况

延边现有省级开发区4个，即吉林敦化经济开发区、吉林图们经济开发区、吉林安图经济开发区及敦化六鼎山文化旅游区。各个开发区在产业发展上，既有相同的产业，又有各自不同的优势产业。

1. 吉林敦化经济开发区

吉林敦化经济开发区是1992年8月经吉林省人民政府批准成立的省级经济开发区，2008年被农业部命名为全国农产品加工示范基地，被省政府命名为吉林省农产品加工示范区；2009年先后被省政府命名为敖东医药城特色工业园区、延边长白山特产品出口加工区、延边敖东医药科技产业园；2011年成功申报为全国中药材种植加工示范基地。开发区依托资源精深加工为主，以"两头在外"加工为辅，形成了木制品、制药、食品加工、机械加工四大支柱产业。

2. 吉林图们经济开发区

吉林图们经济开发区是1992年8月经吉林省政府批准设立的省级经济开发区。图们经济开发区充分依托资源优势和已形成的产业基础，以发展外向型经济为主体，以引进国外资金和技术为重点，突出发展食品、轻纺、建材加工，以及高新技术产业，建设工贸结合的经济开发区。

3. 吉林安图经济开发区

吉林安图经济开发区于2005年11月由吉林省政府开发办备案设立。安图经济开发区依托产业布局，划分为起步区、发展区和延伸区。其中，起步区又划分为医药加工区、机械加工区、木制品加工区、食品加工区和居住办公服务区；发展区划分为电子高新技术区、轻纺加工区、精细化工区和其他高科技企业区；延伸区划分为生物高新区、矿产深加工区和其他工业区。

4. 敦化六鼎山文化旅游区

敦化六鼎山文化旅游区是国家4A级景区、省级文化旅游开发区，是吉林省第一家文化旅游区试点单位。景区内集渤海文化、佛教文化、清始祖文化和生态文化于一体，是东北亚著名的佛教旅游胜地。

三 长吉图先导区内开发区发展建设存在的主要问题

（一）长吉图先导区内开发区建设存在的问题

1. 科技园区创新能力不足

长春市、吉林市、延边朝鲜族自治州国家级高新区企业科技活动人员、科技活动经费内部支出和研发经费内部支出相对于发达地区的国家级高新区均处于落后水平，创新能力明显不足。

2. 缺乏对科技园区创新资源的系统化组织

科技园区集中了吉林省和长吉图先导区内相对优秀的创新资源，但尚未在长吉图先导区内形成对创新资源的系统化组织，存在创新资源浪费、重复建设等问题，未能通过创新资源的协同与互补实现创新成果的涌现。

（二）长吉图先导区内开发区产业选择中存在的问题

1. 产业选择范围主要围绕传统优势产业，产业选择趋同

在长吉图先导区内38个省级及省级以上的开发区中，共有15个开发区发展食品制造产业，11个开发区发展医药制造产业，10个开发区发展汽车及零部件制造产业，产业趋同现象较为明显。

2. 战略性新兴产业较少，开发区尚未发挥应有作用

在长吉图先导区内发展生物医药产业的开发区有3家，有软件和信息技术服务产业的开发区有2家，数量较少开发区作为战略性新兴产业的有效载体，其功效未能体现。

（三）长吉图先导区内科技园区产业集群培育中存在的问题

1. 政府对科技园区的培育政策趋同，缺少差异性政策支持

长吉图先导区目前有38家省级及省级以上开发区，政府对开发区中产业和企业培育的政策手段大致相似，并没有对不同类型的开发区或处于不同阶段的科技园区给予差异性的政策支持。

2. 缺乏管理模式的适用性考量，开发区的管理模式单一

长吉图先导区内开发区均属政府型管理模式，这一模式对处于起步阶段的科技园区具有较强的适用性。但对逐步从产业集群向创新集群转化的开发区而言需要充分释放企业的活力，此时政府为主导的管理模式会阻碍产业的进一步发展和升级。

第六章　长吉图先导区战略性新兴产业的发展战略

第一节　长吉图先导区战略性新兴产业发展的战略目标

战略性新兴产业是未来经济社会主导的发展力量。加快培育和发展战略性新兴产业是转变经济提升发展质量、发展方式的重要途径，是优化产业布局调整产业结构的重要内容，是拉动经济增长、扩大就业的重要引擎，更是增强自主创新能力、抢占未来世界经济科技竞争制高点的重要契机，同时也关系到我国经济社会长远和全局发展的重大决策。

纵观历史的发展过程，每一次大的经济危机都伴随着随之而来的技术革命的产生。自2007年开始浮现全球经济危机以来，世界各国都根据自身的优势，在不同领域进行着科技竞赛的比拼，都侧重发展一些具有市场需求前景、带动系数大、资源能耗低、就业机会多、综合效益好的战略性新兴产业。目前，我国已经明确七大战略性新兴产业的规划工作，不仅国家有整体规划，各省（自治区、直辖市）也都在战略性新兴产业的开发和培育工作上有所行动。目前来看，主要的发达国家和地区针对未来战略性新兴产业的发展有着各不相同的规划：俄罗斯培育开发纳米和核能技术；日本侧重开发生物发电、能源和环境技术；英国提出发展高科技生物制药产业；德国着重发展网络技术；美国以新能源、节能和信息网络产业为首要发展目标等。在长吉图先导区战略性新兴产业发展的过程中，我们通过甄选及研究提出了具有区域性特点的战略性新兴产业概念，除了国家公布的节能环保产业、新能源产业、新兴信息产业、新材料产业、高端装备制造业、生物产业、新能源汽车产业七大产业外，还从长吉图先导区区域发展的实际出发，将现代农业和现代服务业也归入其中，明确了目前长吉图战略性新兴产业发展的现状，根据长吉图先导区现状制定了培育吉林省战略性新兴产业的战略目标。

一　以产业创新为核心，升级吉林省产业结构

推动区域产业融合，强化区域内部的分工合作，合理整合区域优势产业，推进长吉图先导区战略性新兴产业的高速发展。引导区域内企业进行资源的合理战略整合。在整合产业资源过程中，要继续发挥现有核心企业或龙头企业的

带动作用，培育一批具有较强技术创新能力的企业。特别是要注重配套产业的发展，如汽车产业配套的零部件产业等。

长春市的汽车产业在吉林省占有绝对的优势，长春市的经济技术开发区和高新技术开发区现已发展成为汽车产业的核心区；此外吉林市的高新技术产业开发区内的汽车产业园区也已具备一定的整车生产能力，因此整合汽车产业，构建汽车产业集聚具有特别的意义。巩固长春市的汽车产业的优势地位，不断提升吉林市汽车整车生产的能力，促进各区之间的经济合作和技术、信息方面的交流，促使配套、生产和研发为一体的产业集聚带的形成。吉林省如要加快新能源汽车产业的发展，建设成国内领先、国际水准的新能源汽车研发生产为一体的产业基地，则需要以一汽集团为支柱，以纯电动汽车及混合动力汽车为研究方向，率先形成产业化，形成关键核心部件生产制造的配套体系。首先，构建较为完善的配套系统。加大力度开发动力电池及管理系统、整车管理系统、动力控制系统、动力电机、车用开关及控制器等关键技术及产品，加快产业发展。改善新能源汽车应用及市场认可程度，加快相关鼓励政策的制定，尽快启动长春"千辆"等具有示范意义的项目，完善新能源汽车城市基础设施的建设，改善相关配套设施，加强市场宣传，从而使新能源汽车产业高速发展。其次，应该扩大车辆产能形成产业集聚带。瞄准国际科技技术最新成果，提高整体设计、制造能力，加大力度攻克电池、电机、电控系统等三大核心技术，争夺市场份额，抢占技术优势；提高产业内零部件配套能力，扩大上下游合作，提高省内配套能力，形成新能源汽车零部件产业省内自给自足。培育新宝来纯电动轿车项目建设，扶持奔腾B50、B70混合动力及插电式混合动力车、红旗混合动力车等产业化，构建新能源汽车研发及制造体系。

吉林省的生物产业具有明显的优势，是国家生物技术四大聚集区之一。拥有四个产业园和基地，大专院校、科研院所机构众多，门类齐全，还拥有一批生物医药骨干企业和高端产品，为吉林省生物产业发展奠定了良好的基础。吉林省应整合优势资源，建立创新平台。整合吉林大学医学部、药学院、生命科学院、理论化学国家重点实验室，吉林大学钻智基因工程药物研究中心、东北师范大学生命科学院等科研实力雄厚、具有生物技术研发基础的单位，由省发改委扶持建立"以市场为导向，以高校和科研院所为依托，以服务企业为宗旨，以提高产业创新能力和产业升级为目标"的科技创新平台。维护基因工程药物、疫苗、现代中药等领域的在国内技术和规模方面的领先地位。着重着手于推动传统疫苗的技术改良和产能的提高，加快艾滋病疫苗、新型生物工程疫苗的开发及规模化；支持安神补脑液、返魂草颗粒等中药大品种的二次开发；提高人造胰岛素、人造生长素等生物工程药物的市场占有率，加速人造促卵细胞激素、人造胸腺素、人造（改构）白介素-11等新产品研制及规模化，鼓励研制基因工程治疗性蛋白、单克隆抗体、多肽药物；支持研发生物诊断制剂、干细胞工程、生物芯片等。加速国家一类中药注射用冬凌草素、二类中药注射用胡黄等新产品研制和规模化；重点支持中药材种植（养殖）规范化、规模化，巩固深度研发，并以人参为突破口，改善产业链条，领导开发人参产业再发展项目。扩大化学创新药物、现代医疗器械、生物保健品市场份额。鼓励研发化学类创新产品和新型制剂，并以化学为核心，加速一类化药乙基吗啡（狄奥宁）、酰托普利等新药的开发和规模化，鼓励阿司匹林、金刚烷胺、胸腺素（胸腺肽）、小牛脾注射液等技术提高和生产能力扩大；加速全自动生化分析仪、新型介入治疗仪等现代医疗器械、产品的研究创新，努力创造医药产业新的增长极。通过合理化整合既能培育吉林省的战略性新兴产业，促进科技创新和成果转化，也能带动吉林省高新技术类民营企业发展，增加就业机会。

吉林省是国内新材料产业发展起步较早的地区，在新材料产业发展中占据得天独厚的优势。在高分子材料、新型金属材料、无机非金属材料和精细化工材料等领域，具有一定的科研基础。在人才、科研力量上集中了长春应化所、长春光机所、长春汽车材料研究所、吉林石化公司研究院、吉林大学和长春工业大学等一批科研院所和大专院校，并形成了以吉化公司、吉林化纤集团、吉恩镍业、吉林炭素、吉林铁合金、吉大赢创、麦达斯铝业、中科英华、吉林奥来德、大力公司等一批企业为代表的新材料产业基础。吉林省目前在有机高分子材料、化工新材料、新型金属材料、无机非金属材料、先进复合材料等领域发展新材料产业。着重攻关工业用碳纤维原丝制造和碳化核心工艺，使万吨级生产规模成为可能，构建从原料到碳纤维再到完整产线的产业线，构建规模和工艺国内先进的碳纤维生产及研发园区。加快高性能聚乙烯－聚苯乙烯树脂、ABS、导电聚苯胺、聚酰亚胺等产品的产业化。构筑长春有机高分子材料产业集聚带、吉林化学工业循环经济园区建设。扩大大截面铝合金型材的产业规模和配套产能，研发氮化系列合金等特种铁合金产品，鼓励形成千吨以上稀土镁合金的生产规模，加速羰基金属及其复合粉体材料的规模化，鼓励研制磷酸亚铁锂正极材料和提高市场占有率。着重板材、高精铝合金、镁合金和羰基金属等产品的发展。开发光伏原辅料、非晶硅等的制造工艺，鼓励负离子功能添料、橡胶补强剂、污水处理剂等生产规模化，研制开发特种石墨和新型纳米材料等产品。加速建设纳米碳酸钙项目，研发不同种类的纳米碳酸钙改质剂高端产品，提高市场占有率。扩大树脂复合材料的研发研制，研制铝基和镍基等金属基复合材料，加速研制双金属材料及多金属材料并以低碳钢为基础，研制应用于微电子等领域各种薄膜制品，推进石塑（石头纸）、木塑材料产业化。应推动科技成果转化，鼓励科研单位整合科技资源，以直接投资、参股、技术入股等多种形式，大办新材料类科技企业。鼓励科研院所及科研人员带成果领办创办新材料企业。以此来推动吉林省新材料产业的高速发展。

采取资源整合的方式,理顺风电开发秩序,通过置换的方式,整合已经分散占用的资源,按照每年吉林省风电开发的总体规模,合理安排各个百万风电场的开发规模,逐年有序开发。重点培育"气化吉林"项目;立足于吉林省产业基础和新能源市场需求,加快构建风电、光伏设备制造基地;合理开采油页岩资源,着重培育综合利用;发展地热能源,加快能源利用多元化发展;大力发展核电项目,针对靖宇赤松核电项目应加快工程进度。立足于地区条件,构建规模化太阳能光伏发电设施,大力发展与城市建筑结合的太阳能发热发电设备。因地制宜地开发利用生物质能源,完善秸秆规模化气化、颗粒燃料、沼气利用产业链条,建设生物质能源循环利用产业集聚带。加快西部千万千瓦风电基地项目实施,组织实施中东部山区半山区建设示范试点,强化风电技术装备水平和配套能力。加快吉林省新能源产业高速发展。

依托东北老工业基地的装备制造业基础,提升研发技术水平,提升市场占有率,提升本地配套能力,大力发展轨道交通制造装备、农业装备产业、汽车及零部件制造装备,全力建设具有国际水平的装备制造基地。提升发展轨道客车装备。重点消化吸收国际最先进的高速动车组、新型城轨车辆核心制造技术,提高牵引系统、制动系统、转向架、车体等核心部件的自主设计制造能力。全力支持长客公司以提升自主创新和产业化能力为重点,提高牵引系统、制动系统、转向架、车体等核心部件的自主设计制造水平。加大辽源麦达斯、利源铝业等配套企业技改力度,积极培育引导企业进入配套体系。大力发展农业机械装备。重点发展 50-120 马力系列大中型轮式拖拉机及配套农机具;大力发展纵轴流稻麦联合收割机、自走式和背负式玉米联合收割机、高速机动插秧机和高性能钵育苗插秧机、精密播种机、精种式施肥播种器等具有较高技术含量的农业机械,提升高速机动插秧机、精密播种机的研制开发能力。培育发展汽车专用设备。发挥机械工业第九设计院的技术资源优势,支持一汽兰迪公司、长春天奇公司、嘉信热处理公司、长春艾希公司等企业,重点发展汽车涂装、焊装、总装生产线中的悬挂装备,专业夹具、机械臂、机器人工作站、生产线自动导航 AGV 物流装备、自动化控制系统等成套装备,提供从设计、制造、施工、安装到服务于一体的标志国家水平的"交钥匙工程"服务,实现服务于一汽和国内汽车工业及装备自主化的战略目标。支持一汽锻造有限公司、一汽模具制造有限公司等企业联合国内相关高校及科研院所。采取"产、学、研、用"相结合方式联合攻关,研究开发汽车专用大型精密模具,完成好国家科技重大专项任务。支持长春数控机床、华信钢钩自动焊割设备、吉林恒达金型、吉林世宝机械制造有限公司等企业,重点发展重型数字化摩擦焊机、凸轮轴磨床、数控龙门导轨磨床、数字化切割设备,以及汽车金属表面覆盖件、内饰件模具、汽车焊装夹具、"消失模"铸造裤件、轨道客车铝型材车身框架挤压模具、汽车板筋冷冲压模具、转向机专用铸件等产品，提高为汽车、轨道客车及零部件生产配套的加工辅具制造能力。长春经济技术开发区可以针对具有技术优势的汽车装备提供商进行重点招商。以期形成龙头企业带动，集群发展的区内汽车装备业。

做强电子信息产业，依托装备制造产业和汽车产业的技术优势，以培育发展提升装备工业和汽车工业配套的电子产品为核心，引进消化吸收国外成套生产先进技术，加快自主知识产权研发，重点发展核心电子器件，高端通用芯片及基础软件、极大规模集成电路制造技术及成套工艺、新一代宽带无线移动通信等高端产品，打造中国特色电子信息产业基地。壮大汽车电子产业，打造汽车电子产业园；大力发展光电子产业。充分利用长春市国家光电子产业基地的平台，将长春建设成为"中国光谷"；培育电力电子产业，支持吉林华微等企业项目建设，打造全国半导体分立器件规模最大的产业基地。重点发展电网通信系统及设备、电网安全监测系统及设备、大容量电力变流装置。可再生电能优化控制装置，风电机组、机群运行优化控制装置。电机变频调速器、保护控制系统、可操动稀土永磁电力开关、智能开关柜、动态无功补偿及新能源发电管理系统、IGBT、VDMOS、MOSFET 器件、模块等产品。

立足地方农业资源开发，以农业产业结构优化调整和优势农产品产区建设为主线，以推进农业发展方式转变为方向，以持续增加农民收入为核心，按照"区域化布局、规模化经营、标准化生产、产业化发展"的思路，提高农业综合生产能力、农产品核心竞争能力及可持续发展能力，推进农业产业化经营，提升农业现代物质技术装备和农民知识文化水平，加快发展高端高质高效农业，推进农业现代化进程。我们要做到优化农产品结构、提高科技信息应用、塑造农业品牌形象、培育观光休闲农业、加快支撑体系建设。

根据长吉图地区战略要求、发展条件和环境，未来将以现代物流业、特色旅游业、特色文化产业为重点，大力发展科技、金融、信息、商务会展等生产性服务业，构建以总部经济、金融业、科技信息为支柱，文化创意、现代旅游、商贸物流为先导或支撑的现代服务体系。①坚持总部经济发展与产业转型升级互为促进，重点培育汽车、石化、农产品加工、装备制造等本土优势产业总部型企业，促进长吉图先导区"制造基地"向"总部基地"的转型升级。力争建设成为东北亚重要的总部集聚高地。依托各地区产业优势，在生态环境好、信息人才密集的地区建设总部经济园区，形成以高端商业商务和文化体验为核心的集聚区。②集聚金融机构，培育创新型金融服务业，推进地方金融资源整合，推动长春市金融核心区建设，显著增强长吉图金融业综合实力、竞争力和抗风险能力，为实现长吉图先导区经济社会繁荣发展提供金融服务支撑。③立足长吉图，加强与东北亚国家和地区的合作，创新体制机制，共同建设科技服务创新平台，加强科技服务人员队伍建设，促进长吉图科技信息服务业向服务产业化、人员专业化、技术现代化、管理规范化、服务优质化的方向发展。④充分发挥长吉图地区突出的区位、交通、资源优势，加快物流节点和国际国内物流通道建设，培植一批具有较强竞争力的物流企业，提升为周边区域经济的服务能力，集成整合各区域、行业、企业物流信息中心和政府相关行政信息资源，形成统一高效、资源共享的物流信息网络，构建布局合理、业态完整、设施先进、高效便捷的现代物流产业体系。⑤深度挖掘特色文化资源，强化资源整合和市场化运作，鼓励扶持出版、传媒、歌舞、动漫等龙头企业做大做强，建设一批重大文化产业项目、文化产业园区和文化旅游目的地。⑥加强区域旅游开发与合作，深度发掘整合旅游资源，强化旅游市场培育，坚持旅游资源合理开发与保护并重，加快旅游资源综合性开发和旅游设施建设，重点发展运动、体验参与式旅游产品，建设若干高品位的精品旅游线路，着力打造边境旅游和冰雪旅游两大区域旅游品牌，把长吉图建设成为世界闻名的旅游目的地。

二 整合现有产业资源，提升长吉图先导区战略性新兴产业的竞争优势

借助吉林省地区优势，整合高新技术开发区、经济开发区、工业园区和相关产业园区的构建，构建创新思维活跃、创业条件优良、特色明显、集聚发展的战略性新兴产业园区，使之成为吉林省发展新的增长极，推动吉林省战略性新兴产业高速发展。依照产业载体和优势资源进行产业布局调整，推动产业集中发展，强化产业布局，努力改善战略性新兴产业布局。建设特色优势战略性新兴产业体系，加强产业园区集聚，加速构建和改善集聚度高、特点明显的战略性新兴产业园区，从而推动吉林省战略性新兴产业向着集群化、高端化发展。

吉林省预计在5~10年内将战略性新兴产业构建成吉林省经济发展的主要动力及社会进步的支柱产业，令吉林省的突出产业成为国内国际的优势产业，令产业机构更加完善，特点更加突出，产业配套环境更加完善，构建拥有市场占有率较大的产业集群10个，构建拥有核心竞争力、行业龙头的骨干企业100家，形成具有自主知识产权的高端产品100种。同时，为强化产业集群组织结构，尽快提高产业集群的竞争力，各地要选择基础好的企业，支持并辅佐这些企业加快外引内联的步伐，尽快提高技术层次，培育企业核心竞争力。以中小企业为主体的产业，为提高产业整体竞争力，要加强协调和指导，遵循市场规则，通过发布信息、组织企业论坛等方式，促进企业间的联合，引导部分大企业并购中小型企业等，有效整合资源，增强产业竞争力。形成布局合理、牵动

性大、竞争力强的战略性新兴产业体系和产业新格局。推动形成新能源、新能源汽车、高端装备制造业（轨道客车）、生物医药、生物化工、节能环保、新兴信息产业、新材料、现代农业九大具有优势的新兴产业集群。

新能源产业发展的战略目标：按照保障供给、节能优先、调整结构、多元发展的思路，积极推进能源发展方式转变，大力发展风电、核电、生物质能和太阳能等，构建安全、稳定、经济、清洁的现代能源保障体系。到2015年，全省新能源装机总量达到1572万千瓦，占全省总装机比重达到40.93%，每年节约标煤900万吨，产值达到300亿元，成为国内重要的新能源产业基地。

新能源汽车产业发展的战略目标：以一汽集团为核心，以混合动力汽车、纯电动汽车为主攻方向，率先实现产业化，形成关键核心部件配套体系，构建国内领先的新能源汽车研发生产基地。到2015年，新能源汽车产能达到20万辆，国内市场占有率达到10%以上，动力电池10亿安时、驱动电机10万套、电控系统40万套，实现产值500亿元。

高端装备制造业（轨道客车）发展的战略目标：突出"特色化、集聚化、高端化"，加大技术研发力度，提升骨干企业核心竞争力，扬长避短，错位发展，形成一批具有先进装备特色的产品。到2015年，先进装备制造产业实现产值850亿元以上，建成国内具有影响力的先进装备制造基地。

生物医药产业发展的战略目标：按照巩固基础、发挥优势、整合资源、创新驱动、市场培育、产业集聚的总体要求，稳固生物医药产业现有优势。到2015年，生物医药产业力争实现产值翻两番，达到1800亿元，年均增速26%左右，产值规模进入全国前五位。

生物化工产业发展的战略目标：依托长春大成集团等骨干企业，强化以玉米、秸秆为原料的生物化工技术研发，加速精深加工、原料替代的重大突破，构建亚洲最大、技术领先、结构优化的生物化工产业基地。到2015年，在不增或略增原料消耗的情况下，实现生物化工产业产值翻两番，达到1500亿元，精深加工比重由40%提高到80%，"非粮"产业比重达到30%以上。

节能环保产业发展的战略目标：围绕建设"生态吉林"和发展低碳经济的需要，发挥吉林省老工业基地在工艺设计、机械加工和产品制造等方面的优势条件，以节能、环保和资源循环利用三个领域为重点，引导和培育节能环保产业发展。到2015年，节能环保产业初具格局，产值规模达到200亿元左右。

新兴信息产业发展的战略目标：依托吉林省电子信息产业在基础研究、应用技术研究和产品开发等方面的比较优势和发展潜力，紧跟国际国内发展前沿，突破关键技术、扩大产业规模、形成产品特色，推进新一代信息产业发展，努力将吉林省打造成具有吉林特色、国内知名的国家级电子信息产业基地。到2015年，全省电子信息产业跃升到千亿规模水平，产值达到1200亿元。

新材料产业发展的战略目标：依托吉林省资源、技术、人才、产业优势，瞄准市场需求，围绕有机高分子材料、新型金属材料、无机非金属材料、先进复合材料和化工新材料等领域，按照研制开发、产业化、推广应用的发展路径，加强政府引导推动作用，完善创新体系，提升创新能力，加速成果转化，拓展应用领域，延伸产业链，培育骨干企业，做大产业规模。到2015年，新材料产业产值达到1200亿元。

现代农业发展的战略目标：以扩能力、增收入、强基础、保安全、建制度、重民生为总体要求，实施《吉林省增产百亿斤商品粮能力建设总体规划》，加快灌区改造、沃土培肥、黑土区治理、标准粮田、良种培育和推广、全程农业机械化示范、生产技术集成与普及、病虫草鼠害预防、空中云水利用等项目建设，稳步提高区域内粮食综合生产能力。实施畜牧业攻坚战略，推动畜牧业产品、质量、管理、规模全面升级。推进水产标准化健康养殖，发展特色水产品生产。实施园艺特产创业计划、棚膜蔬菜建设、人参产业振兴计划、北药现代化基地、林业产业化等特色农业发展工程。

三 充分发挥长吉图先导区各区域比较优势，构筑合理产业布局

从吉林省方面来看，吉林省在新起点上实行开放带动战略的重要载体是长吉图规划。首先，长吉图规划拉动了吉林省外向型经济的平台。推行长吉图规划，构建长吉图先导区，这相当于给吉林省提供了一个对外开放合作的平台，使吉林省内陆及沿边地区的开放速度高速增长，推动内陆与边境区域共同发展，使吉林省对外开放水平得到全面提升。其次，长吉图规划成了推动吉林省经济迅速发展的重要载体。众所周知，吉林省经济和社会进步的首要战略是长吉图规划，其能合理地与国家战略相配合，形成了中央和地方的两个积极性的优势，推动了中央沿边开放战略与地方发展新的经济增长点战略的联系互动，这使得长吉图先导区各方面的集聚效应得以提升，积极吸纳对吉林省有利的西方国家和地区产业转移，从而使吉林省经济得以全面提升。

整体规划长吉图先导区产业布局，充分发挥各地比较优势，实现错位发展。借助开放窗口、开放前沿和直接腹地的产业发展导向功能分区，建设长吉产业核心区、延龙图产业核心区、珲春产业核心区三大产业核心区，形成三大产业引导区的发展引擎，加强区域间合作，加快引进力度，推动科技成果推广，构筑地区优势战略性新兴产业。

（一）长吉产业核心区

推进长吉一体化发展，建设长吉产业核心区。重点围绕汽车、石化、农产

品加工等支柱产业，推动长吉产业对接和配套协作。长春市加快形成以现代服务业和先进制造业并举的产业结构，依托长东北开发开放先导区、汽车产业开发区、轨道交通产业开发区、空港经济开发区、兴隆综合保税区、莲花山生态旅游度假区、净月高新技术产业开发区等重点园区，着力打造汽车、农产品加工和轨道客车三大世界级产业基地，加快发展总部经济、金融保险、商务会展、现代物流、文化创意服务外包等现代服务业，建设成为东北亚重要的商贸中心、金融中心、科教文化中心和现代工业基地。吉林市加快形成以先进制造业和服务业为主的产业结构，依托吉林北部工业新区、化工循环经济示范区、吉林（中国-新加坡）食品区、松花湖风景旅游区、吉林北大壶体育旅游经济开发区、内陆港综合物流园区等重点园区，着力打造具有国际影响的综合化工业基地。突出发展轻微型车及多功能车，加快建设全国最大的炉料基地和北方重要的精品钢基地，积极发展现代物流、特色旅游等服务业。

（二）延龙图产业核心区

推进延龙图一体化发展，建设延龙图产业核心区。加强长吉直接腹地与珲春开放窗口的互联互动功能，着重强化先进工业制造业、现代物流业、旅游及高技术等产业为核心的产业体系。延边朝鲜族自治州依托延吉高新区、延吉经济开发区和延边新兴工业集中区，重点发展食品加工、生物医药、机械制造、建材工业、现代物流、服务外包等优势产业，建设成为图们江区域的产业集聚中心和服务经济中心。龙井市重点发展特色农产品深加工、能源矿产、制浆造纸、民俗风情旅游等优势产业，加快建设中国朝鲜族民俗文化城。图们市依托图们经济开发区，重点发展特色农业、新型建材等优势产业。

（三）珲春产业核心区

充分利用地处三疆、临近周边国家优良港口的地理区位优势，推进珲春产业核心区建设。依托珲春国际合作示范区，以及珲春边境经济合作区、珲春出口加工区和中俄互市贸易区，建设成为我国面向东北亚合作与开发开放的重要平台、东北亚地区重要的综合交通运输枢纽和商贸物流中心。重点发展电力、煤炭及煤化工、有色金属加工、油气深加工、精品钢加工等外向型能源矿产业；汽车零部件及装备制造、木材加工、轻工业产品加工、医药保健、新型建材、绿色食品与海产品加工等现代化外向型加工业；重点打造从波谢特港经珲春、长春、阿尔山、乔巴山至乌兰巴托的海陆联运"中蒙国际大通道"，以及以珲春为物流核心圈、延龙图为综合物流区、敦化为重要物流节点的图们江区域物流网络体系；整合境内外旅游资源，积极发展外向型跨国旅游业，重点打造以珲春为轴心、东北亚五国（中、朝、俄、日、韩）为目的地、以境内外客源为支撑的一点、五国、六线（珲春—长白山、珲春—黑龙江、珲春—长春、珲春—罗先、珲春—海参崴、珲春—扎鲁比诺—海参崴—新潟—束草—罗先）的旅游新格局。

四　构建辐射东北亚的经贸合作区域，提升吉林省的国际竞争力

吉林省政府应该积极扩大与国际接轨，加强互利共赢。逐步加大推进"引进来"和"走出去"的对外开放政策。把相关科学技术及人才和项目作为基础，使我国的国际合作力度与深度得以巩固和深化，加快对外的发展形势，提高技术的流动速度，改善与提升我国各方面的再创新能力。积极推进对外的招商引资，发展对外开放政策吸引各国各省企业来吉林省投资建厂，兴办战略性新兴产业企业；对有条件的企业加大其"走出去"的发展力度，使其得以在国内外设立研究组织、生产园区、构建营销组织等，建立国际型企业。让企业有更多的机会参与国际标准化组织工作，加快自主知识产权规范得到国际认可。

从东北亚角度来看，推动大图们江区域开发离不开长吉图规划。从地理位置上来看，东北亚和大图们江区域的地理中心是长吉图先导区，我国已经确认了一些参与大图们江区域的合作开发项目。这些项目中所包含的中蒙国际运输大通道建设、俄朝毗邻地区基础设施合作项目建设、国际空港物流通道建设，使得大图们江地区的合作障碍得以简化，最终建立图们江多边自由贸易区，加强了各国间的经济联系。通过以珲春边境经济合作区为载体，借助长吉图产业园区，鼓励区域外投资者共同参与，巩固边境区域经济技术交流，加速建立跨境经济合作区，为建立更加开放的经贸合作区域创造有利条件。

长吉图先导区参与东北亚区域合作要统筹安排区域内的开发与对外开放工作，应该以长吉图先导区内的开发为动力，实现对外开放水平的不断提升，着力形成"两条腿走路"的开发开放新格局，着力探索延边地区开发开放的新路径。

这次计划扩大了图们江地区的开发范围，将长吉两个城市归纳其中，就是科学地规划了国内外区域开发与合作。首先，要使长吉图先导区内的资源整合、分工规划、完善的产业得以增长与合理分布，大力推进吉林省支撑与拉动功效，加快实施腹地与沿边合作开放的战略决策成果，为更快、更好地实现"三区"互动的新局面铺垫了基础。其次，应全面实施内外联动战略，加速构建吉林省与俄、蒙、朝、日、韩的国际交流。近些年来，俄、蒙两国经济受国际经济危机影响面临困境，建设资金短缺，使得俄、蒙两国十分渴望与我国进行经济合作。这为吉林省以长吉图先导区为平台的发展带来了前景，加强了与其他各国的经济联系与合作发展。我国产业在对外开放合作的带领

下拉动了区域的发展。

　　未来东北区域新的增长极主要来自构建长吉图先导区，这会使其成为图们江区域经济增长与重要产业的基础，中国的核心发展地区与合作基础是图们江区域的合作开发。要大力突出长吉图先导区的区位特点突出、政策集中、环境容量大、资源承载力强的各方面优点，使得优势与强势产业得以更好地发展，大力推进新型工业与现代服务业、现代农业示范基地发展，使地区产业各部分发展更加明确。积极发展长吉图先导区在吉林省经济与社会进步中的核心指导功能，使东北地区的整体综合实力得以提高。

　　东北亚经济合作需要依托于长吉图先导区，其作为重要的合作平台，将成为我国深入东北亚地区、强化区域合作的重要途径和核心措施。延边作为长吉图地区的前沿基地和合作窗口，是国家战略推进的主导区域，同样是长吉图地区参与东北亚地区项目合作地方主体的代表。不管是通道构建还是政策实施都将汇集到这一区域。因此，延边区域的建设与开发应该成为长吉图先导区的主要支撑，完善延边区域与省内内陆区域进行交流合作、互利共赢，努力构建海陆联运国际运输新的渠道、开创延边地区新模式的经济规划，从而使图们江区域合作开发向更高层次发展，打造成我国示范开放开发园区。

　　珲春作为我国在东北亚地区重要的对外开放区域，吉林省可以以珲春国际合作示范区为平台，借助长吉图产业园区，进行招商引资，从而使吉林省产业结构得到进一步完善、产业布局更加合理，进一步巩固边境地区经济和技术的联动，共同开发、共同发展，鼓励构建跨境经济合作区，发挥长吉图先导区成为东北亚地区优势互补、内外联动作用，使之成为有效的合作载体，为建设更加开放的经贸合作区域创造有利的条件。

第二节　长吉图先导区战略性新兴产业发展的 SWOT 分析

　　SWOT 分析也称为态势分析，它是一种战略分析方法，最早由美国旧金山大学的管理学教授韦里克（Weihrich）于 20 世纪 80 年代提出。这一方法的名称来源于 strength（优势）、weakness（劣势）、opportunity（机会）和 threat（威胁）四个英文单词的首字母缩写。SWOT 分析经常被用于制定企业战略和分析竞争对手，其中，S、W 是内部因素，O、T 是外部因素。本书将 SWOT 分析法运用于长吉图先导区战略性新兴产业的现状研究，希望通过这个分析能对长吉图先导区战略性新兴产业的优势、劣势、机会和威胁有一个深刻的认识和了解，从而为吉林省及其他相关部门制定战略性新兴产业的发展战略提供更合理可靠的依据，有助于实现长吉图先导区战略性新兴产业快速、健康的发展。接下来将分别从这四方面对长吉图先导区战略性新兴产业的发展进行 SWOT 分析。

一 长吉图先导区战略性新兴产业的 SWOT 分析矩阵

本节主要是对长吉图先导区战略性新兴产业所具有的优势、劣势、机会和威胁四个方面进行分析，现将分析情况汇总到如表 6-1 所示的 SWOT 分析矩阵中。

表 6-1　长吉图先导区发展战略性新兴产业的 SWOT 分析

S（优势）	W（劣势）
（1）区位优势突出 （2）科技优势明显 （3）部分战略性新兴产业已粗具规模，市场前景广阔 （4）拥有一批龙头企业，具有产业基础优势	（1）科技创新能力不足，核心技术缺失 （2）域内融合度不高，各个产业之间联系不足，产业合作程度不高，产业链整合空间较大 （3）发展缺乏地方科研力量支撑，企业创新主体地位缺失
O（机会）	T（威胁）
（1）国家宏观政策的支持 （2）地方政府高度重视长吉图先导区战略性新兴产业的发展，并给予大力支持 （3）全球金融危机促使东北亚各国加强合作，国际合作开发空间巨大，为长吉图先导区战略性新兴产业的发展提供了广阔的舞台	（1）国外企业的进入对产业造成威胁 （2）市场竞争激烈，传统产业与战略性新兴产业易发生冲突 （3）相关法律法规标准体系有待完善 （4）东北亚复杂的局势为长吉图先导区战略性新兴产业的发展带来了太多的不确定性

二 长吉图先导区战略性新兴产业发展的优势分析

（一）区位优势突出

长吉图先导区的主要范围是中国图们江区域的核心区域，它包括长春市的部分区域（长春市城区、九台市、德惠市和农安县）、吉林市的部分区域（吉林市城区、蛟河市和永吉县）及整个延边朝鲜族自治州地区。整个先导区的面积和人口占到了吉林省的 1/3 左右，经济总量则约为吉林省的 1/2，所以长吉图先导区对吉林省来说具有举足轻重的地位，从国家层面上来看，它还是我国参与图们江区域合作开发的核心地区和重要支撑点。

图们江是我国内陆进入日本海的最近水上通道，地处中、俄、朝三国交界处，是东北亚地区重要的交汇点，也是中心区域。东北亚区域各国都与内江外海联通，具有联通海陆便捷港口的天然优势。目前，陆路运输通道主要有九条，各通道端口都有港口相连，构成陆海大通道，其中有六条与中国有关，最重要的是中蒙大通道全线贯通长吉图先导区。同时，吉林省的国家级综合保税区及规划建设的长东北国际物流园区等陆路港与朝鲜罗津港互动，实现"港口后移、就地办单、海陆联运、无缝对接"的对外物流新通道。

正是长吉图先导区的重要地理位置，使得长吉图先导区成为整个东北亚区域经济技术合作的重要平台、我国面向东北亚开放的重要门户、东北地区新的重要增长极和我国沿边开发开放的重要区域。而长吉图先导区的战略性新兴产业也正好可以借助这些重要的区位优势获得快速发展。

(二) 科技优势明显

长吉图先导区面积和人口均占吉林省的1/3，这里集中了吉林省大量的优势资源，长吉图先导区共拥有40余家各类科研院所，集中了全省90%以上的大学和科研机构，这里具有大学和高中程度的常住人口占比高达31.62%，并与中国科学院、韩国科研机构建立了密切的合作机制。长吉图先导区内聚集了吉林大学、东北师范大学、长春理工大学、吉林农业大学等众多高校。由于这些高校本身在电子信息、高分子功能材料、地质勘探、生命科学等方面都拥有非常雄厚的理论研究基础，所以它们在为先导区战略性新兴产业的建设提供了大量人才的同时，还带去了一批实用先进的科技成果。这些先进成果在发展战略性新兴产业中，都能转化为长吉图先导区的技术优势。例如，吉林省的纳米碳酸钙、OLED材料及磷酸亚铁锂等一大批先进科研成果目前在我国处于国内领先地位，有的甚至处于世界先进水平。

同时，吉林省拥有长春光机所、长春应化所、中国科学院东北地理与农业生态研究所、长春生物制品研究所等科学研究机构107个。其中，自然科学研究机构92个（中科院属3个，省属47个）；社会科学研究机构15个（省属11个）。拥有中国科学院和中国工程院院士21人（不包括双聘院士）。全省已建成国家重点实验室11个，省部（吉林省与科技部）共建重点实验室2个，省属重点实验室31个，省级科技创新中心（含工程技术研究中心）81个。长春光机所在发光学、光学工程、应用光学，以及精密机械与仪器四个研究领域具有明显的科研优势，除此之外，长春光机所还在信息显示、大功率半导体激光技术、频谱技术、微电子装备制造技术、航天技术、国防光电子技术、远红外技术及光电传感技术8个方面拥有国内领先的核心技术和产业化基础，基于以上的优势，目前长春光机所已经发展成为我国大型光测装备、航天光学遥感器和机载光电平台的主要研制生产基地。长春应化所始建于1948年12月，是中国科学院最早建立的应用研究机构之一，尤其是在应用化学领域，长春应化所拥有一大批科研成果，在先进材料、能源材料、资源与环境材料等三大领域成果突出，在稀土资源、二氧化碳资源、植物资源、水资源、先进复合材料、先进结构材料和先进功能材料、高密度存储、清洁能源及节能技术10个方面拥有很强的科研实力。这些都充分说明了长吉图先导区内具有大量的科技人才资源及配套的研究机构，能为区域内战略性新兴产业的发展奠定丰富的人才基础。

(三) 部分战略性新兴产业已粗具规模，市场前景广阔

战略性新兴产业在我国的发展虽然并不久远，但吉林省深刻认识到战略性新兴产业的发展对推动本省经济发展方式转变，加快产业结构调整升级等方面的重要作用，于是依托长吉图先导区，对七大战略性新兴产业，以及现代农业和现代服务业进行了大力发展并取得了一定的成绩。目前，在新材料领域，吉林省的产值规模已达到 300 亿元，同时有很多的科技成果被成功转化。例如，碳纤维、聚醚醚酮、聚乳酸、硅藻土助滤剂、纳米水性涂料等一系列具有自主知识产权的成果在长吉图先导区范围内已经开始产业化生产，市场前景非常好。在生物技术领域，吉林省是国家生物技术及产业的四大"聚集区"之一。在生物医药领域，长吉图先导区拥有一个国家级的生物医药产业基地，其中包含了一大批生物技术实验室、中试基地和工程中心，在生物疫苗、基因工程及诊断试剂等方面技术全国领先。在生物化工领域，长吉图先导区在生物化工醇、赖氨酸及非粮生物质技术等三个方面处于世界领先水平。在电子信息领域，长吉图先导区在光电子、电子材料、汽车电子、传感器网络等领域具有明显优势，除此之外长吉图先导区在大功率晶体管、LED 显示技术、无线传感器应用研究、车载电子信息系统等方面具有巨大的发展潜力。在新能源领域，吉林省具有很好的风能资源，同时生物质能和太阳能等清洁能源发展也具备了一定的基础条件。在高端制造业领域，吉林省是我国最大的高速铁路运输设备制造基地，市场需求巨大。

(四) 拥有一批龙头企业，具有产业基础优势

长吉图先导区坐落于东北老工业基地，经过多年的发展，目前已初步形成了专业化程度高、规模强大的综合性加工制造基地，同时先导区拥有 4 个国家级开发区、43 个省级开发区及一大批的工业企业，如中国一汽集团、大成集团、轨道客车、通化东宝、希达电子、奥普光电等企业。这些企业分别在混合动力和纯电动汽车领域、生物化工醇领域、轨道客车高速动车组、基因人重组胰岛素、光电测控、激光脉冲生成等方面拥有各自的核心技术，这些技术在国内外都具有一定的优势，部分产业已经形成了产业集群，例如，新能源汽车产业完全可以利用吉林省支柱产业的产业基础优势而获得较快的发展。而其他战略性新兴产业也可以依托于这些大企业来形成产业规模，在各自领域打造产业基地。

三 长吉图先导区战略性新兴产业发展的劣势分析

（一）科技创新能力不足，核心技术缺失，严重限制了长吉图先导区战略性新兴产业国际化战略的发展

金融危机加快了全球知识创造和技术创新的速度，科技对经济增长的贡献率日益突出，科技创新已成为引领国家经济发展的主要力量。但是当前，几乎所有的战略性新兴产业都面临着核心技术的缺失问题。

增强先进技术的创新能力和应用水平是发展我国战略性新兴产业的关键。尽管目前我国的战略性新兴产业发展规模不小，有的甚至处于世界前列，但在战略性新兴产业核心技术、关键技术的创新应用及系统资源的整合能力上，和西方发达国家相比，我国还有很长的路要走。长吉图先导区虽然聚集了大量的科研机构，每年吉林省企业申请的专利数很多，但在战略性新兴产业方面的专利却很少，更不用说核心专利了。从国际专利分析来看，物联网领域的精密传感器、高端芯片及生产电动汽车电池的重要装备等核心专利大部分都掌握在美国、日本等发达国家手中。长吉图先导区发展战略性新兴产业的公司缺乏与之相配套的核心技术，使得公司在发展过程中，很多关键技术都依赖于国外的先进公司，从而导致区域内战略性新兴产业的长期发展严重受限。

（二）域内融合度不高，各个产业之间联系不足，产业合作程度不高，产业链整合空间较大，区域内部的关联协作水平有待提高

"十一五"期间，吉林省加大了汽车与化工产业的融合力度，化工产业为汽车产业提供配套的比重有了很大的提高。这种关联产业的双向互动提高了产业的质量与整体竞争实力。但从总体看，域内产业的融合度不高，多处于产业技术经济联系较少的孤立运行状态。以汽车制造业为例，虽然其产值占到吉林省工业产值的40%以上，但是由于以一汽集团为首的企业为中央直属企业，且其自主创新水平不足，大部分原材料从国外或者省外进口，本地配套率只有30%左右，因而其对长吉图先导区内的其他相关产业发展的影响度不够。战略性新兴产业的发展需要打破这种僵化的产业机构现状，加大各个产业的联系与合作。同时，也需要打破地域局限，加强长春、吉林和延边的联系。

（三）发展缺乏地方科研力量支撑，企业创新主体地位缺失

长吉图先导区的基础研究力量较强，但产业应用型技术创新力量明显不足。现阶段区域内的创新资源多集中在高等院校和科研机构手中，在科技体制改革

尚未完全到位时，企业很难成为自主创新的主体。这严重制约了长吉图先导区内企业自主创新能力的提高，而且也增加了产业结构转型的难度，一些具备市场前景的科技成果，由于技术转移机制的不健全而不被企业所知，从而难以转化为现实生产力。目前，技术创新活动的企业主体还未到位，应从高校科研单位的价值取向上引导创新力量与成果向企业转移。长吉图先导区内的企业严重缺乏创新资源的积累，企业与科研机构及高校间的创新纽带尚未建立起来，中国科学院在吉林省的研究领域主要集中在国防高端应用上，民用技术转移不多。地方科研院所人才老化，成果欠丰，改革陷入困顿，无力支撑企业创新。统计数据显示，全省有研发活动的企业仅占15.8%，有研发机构的企业仅占17.7%，有新产品销售的企业仅占18.8%，企业距离创新主体的地位尚远。

四 长吉图先导区战略性新兴产业发展的机会分析

（一）国家宏观政策的支持

我国历来高度重视高科技产业的发展。自全球金融危机爆发以来，中央政府相继推出了一系列的产业发展规划，力求通过国家的政策扶持和带动作用实现产业结构的合理升级，变被动为主动，寻求经济增长的新引擎。2009年5月21日，李克强同志在北京出席支持新能源与节能环保等新兴产业发展工作座谈会上做出重要讲话，指出要针对我国经济运行中遇到的新问题，重点推动战略性新兴产业的发展。会上，他还强调了目前我国发展新战略性产业是立足当前、渡过难关、着眼未来的重大战略抉择。

2009年8月30日，国务院批复的《中国图们江区域合作开发规划纲要——以长吉图为开发开放先导区》明确地表达了我国准备对沿边地区的开发开放进行积极探索的基本思路。该纲要的批复为我国进一步推动和参与图们江区域经济合作开发确立了行动纲领。长吉图先导区得到国家的高度重视，当然，区域内的战略性新兴产业也正好可以搭上改革的顺风车获得较快发展。七大战略性新兴产业由于其"新兴"的特点，政府的大力支持显得尤为重要。2010年10月10日，《国务院关于加快培育和发展战略性新兴产业的决定》正式颁布，由此拉开了我国战略性新兴产业发展的序幕。"十二五"规划中，提出要重点发展战略性新兴产业，并把它列为"十二五"期间的重中之重。目前，我国各省（自治区、直辖市）都制定了相应的战略性新兴产业发展规划和政策，在具体产业上国家还出台了多项优惠政策鼓励我国战略性新兴产业的快速发展。例如，在节能环保产业，国家颁布了《国务院关于落户科学发展观加强环境保护决定》《中央企业节能节安排监督管理办法》《城市污水再生利用技术政策》等多个重要条例。除对战略性新兴产业给予大量政府优惠政策之外，国家还给予了各个战略性新兴产业强大的财政支持，据相关部门预测，"十二五"期间，我国在节能环保产业的投入将达到3.1万亿元。

战略性新兴产业的发展离不开投资、金融、人才和政策等多种政策的支持。国家扶持政策的大力支持，为发展战略性新兴产业提供了重要保障。目前，我国在资源、产业、技术及配套的政策法规等方面，战略性新兴产业的发展均提供了一定的支持条件，国家为此还设立了战略性新兴产业发展专项资金，建立稳定的财政投入增长机制，引导和鼓励社会资金投入战略性新兴产业。这些良好的外部环境为长吉图先导区战略性新兴产业提供了前所未有的机遇。长吉图先导区正可以利用这一契机努力发展战略性新兴产业。

（二）地方政府高度重视长吉图先导区战略性新兴产业的发展，并给予大力支持

纵观战略性新兴产业发展的历史，我们不难发现地方政府在其中扮演了重要的角色，那就是为产业的迅速发展保驾护航。由于战略性新兴产业以其新兴性和战略性的特点，对地方经济的发展具有重要的现实意义，不仅能促进地方产业结构的转变升级，更作为新的经济增长点，拉动当地经济的快速发展。在国家的战略引导下，各地方政府都瞄准了战略性新兴产业这块肥肉，为积极推动当地战略性新兴产业的发展提供了一系列的优惠政策，当然吉林省也不例外。2013年2月16日，吉林省省委书记王儒林在长吉图先导区战略实施领导小组全体会议上强调要把全省改革开放作为一个整体，以长吉图先导区战略为总纲，做好窗口、做大前沿、做强腹地、辐射南北、东进西连，推动产业发展、通道建设、区域合作、改革创新等各方面工作实现更大突破，以长吉图先导区带动吉林省振兴发展实现新的跨越。2013年7月31日，吉林省省长巴音朝鲁在科技创新和科技成果转化座谈会上明确提出要把吉林省的科教优势和产业优势结合起来，大力推进长吉图先导区战略性新兴产业的发展。而延边朝鲜族自治州为了进一步加快提升延龙图在长吉图先导区中的开放前沿功能，近年来一直在实施"工业强市"战略，做强优势产业，做大战略性新兴产业，做精传统产业，目前已基本形成以优势产业为主体，配套产业和特色产业跟进发展的格局。为支持长吉图先导区内战略性新兴产业发展，长吉图先导区内的长白县还积极鼓励民营企业发展战略性新兴产业，根据战略性新兴产业年销售收入、地方级税收和销售收入增长率的不同标准，分别给予企业相应的补助。

总的来说，地方政府为了促进长吉图先导区战略性新兴产业的发展，分别从土地、财税、金融、对外经贸合作等方面给予了长吉图先导区一系列的政策支持。比如，在土地上，给予用地指标倾斜，优先安排产业园区、战略性新兴

产业的建设用地指标；在财税上，建立了稳定的长吉图先导区财政资金保障机制，采用多种方式筹集开发专项资金并逐年加大投入力度，支持产业升级、战略性新兴产业的项目建设；在金融上，当地政府积极鼓励和引导各类金融机构按照有关政策法规推动产品和服务的创新，创新投融资体制，拓宽融资渠道。

（三）全球金融危机促使东北亚各国加强合作，国际合作开发空间巨大，为长吉图先导区战略性新兴产业的发展提供了广阔的舞台

长吉图先导区属于图们江国际合作区范畴，国际合作更是题中应有之意。受2008年全球金融危机的影响，俄罗斯和蒙古两国出现较大的经济困难，导致国家建设资金趋紧，所以两国都期望与我国进行经济合作，以此来渡过难关。而吉林省正好抓住这个机会，以长吉图先导区为平台积极开展对俄、蒙两国的区域经济合作，并以此为契机，在增强区域内国际合作的同时快速发展战略性新兴产业。美国、日本、韩国在俄、蒙两国的能源开发合作领域所做的努力，对国际通道的建设提出了迫切的要求。朝鲜在国际制裁和长期经济困境的内外双重压力下，实行对外开放、加强国际合作是走出当前困境的唯一选择，为此，朝鲜参与图们江区域合作的需求也很强烈。近年来，随着各国在图们江区域的国际合作不断得到重视，图们江区域的合作形势也发生了巨大变化。

面对当前世界经济的复杂形势，东北亚各国有基础，也有迫切的需要改善和加强双边及多边关系，加快区域经济合作，提高区域经济竞争力。目前，东北亚区域合作有以下几个特点：双边合作进一步加强，"伙伴关系"在区域内蔚然成风；各国深化经济开放，加快了经济开发区和经济特区的建设，为区域经济合作的长足发展提供了保障；图们江地区、环渤海经济圈、环日本海经济区、中蒙俄沿边经济合作地带等几大次区域合作区发展成熟；区域合作呈现多层次发展势头，多边交流机制增多。从长远看，东北亚区域经济合作有着巨大的发展潜力。随着东北亚各个国家的加入，区域内战略性新兴产业的发展将获得更多的发展机会，各国产业间的合作也将进一步加强。

与此同时，长吉图先导区与其他国家或地区的多边贸易合作正在不断展开。目前，在长吉图先导区投资与贸易较多的国家或地区中除东北亚国家外，还有德国、美国、法国、加拿大、墨西哥等。长吉图先导区的贸易合作伙伴已涵盖东北亚、北美、欧盟、中东等地区，这种贸易体制，有助于在更大范围内开拓国际市场，利用国际资源，增强市场竞争力。国外企业的加入不仅能为长吉图先导区战略性新兴产业带来先进的技术，同时还能营造一种竞争机制，敦促国内企业的创新活动。

五 长吉图先导区战略性新兴产业发展的威胁分析

(一) 国外企业的进入对产业造成威胁

由于我国的战略性新兴产业发展较晚，而众多的新兴技术又掌握在发达国家手中，所以当前就节能环保、生物、新兴信息、高端装备制造、新材料、新能源、新能源汽车等七大战略性新兴产业的发展来说，西方发达国家占据了大量的市场份额。而长吉图先导区作为我国沿边开放的口岸，势必需要与国际市场进行对接。随着我国战略性新兴产业市场的开放，国外企业将以其先进的技术优势和雄厚的资金优势进入长吉图先导区，无疑这会对长吉图先导区的战略性新兴产业发展带来巨大的竞争压力，挤占区域内企业的市场份额，从而导致很多中小投资者生存困难。长吉图先导区的七大战略性新兴产业，以及现代农业和现代服务业也将面临严峻的挑战。

自从我国加入世界贸易组织（WTO）后，人民币逐渐升值，中国市场的购买力不断增强，吸引了一大批外国企业进入我国市场。同时，通货膨胀及美元疲软等因素使得我国企业进口核心零部件的价格居高不下，对区域内相关企业造成了新的冲击，所以长吉图先导区内的相关企业和科研机构承受了技术垄断及市场竞争的双重压力。

(二) 市场竞争激烈，传统产业与战略性新兴产业易发生冲突

战略性新兴产业以其"新兴"的特点，在发展过程中不仅需要和国外的新兴产业企业竞争，同时和区域内的传统产业也存在着明显的竞争关系。当前，举国上下都在提倡发展战略性新兴产业，但人们在把目光投向战略性新兴产业的同时，传统产业往往容易受到人们的忽视。诚然，战略性新兴产业的发展对我国未来经济的发展具有重要的促进作用，是未来我国经济发展新的增长点，但传统产业作为我国经济发展的基础，在近期仍然是增强我国综合国力的重要保障。如果忽视国内传统产业的发展，不仅容易造成产业本身出现问题，更会带来经济增长缓慢和就业困难等一连串的问题。

(三) 相关法律法规标准体系有待完善

战略性新兴产业的发展离不开国家相关法律法规的支持，但由于我国的战略性新兴产业发展较晚，目前还属于起步阶段，所以国内相关的政策支持体系还不尽完善。虽然我国相关部门已经制定并出台了一些法规政策来促进战略性新兴产业的发展，但其主要侧重于指导性、原则性的方针政策，还缺乏系列配

套且可操作性较强的政策。其不完善之处主要体现在管理体制、政策制定及融资渠道三个方面上。

在管理体制方面，主管产业发展的部门太多，如工业和信息化部、科技部、商务部等多个部门，导致在管理体制上出现多头管理的混乱局面。在多头管理体制下，每个部门都只从自身职能出发来制定相关的政策，相互之间缺乏协调和有效的沟通机制，所以很难避免相互之间在政策上发生冲突，并直接导致管理低效和资源分散等一系列问题。以生物产业为例，涉及该产业发展的部门多达十余个，相互间的平衡维度非常大，政策上的矛盾与冲突也相当多。这些部门连消除相互间的矛盾都困难，更谈不上集中起来形成方向和力量的统一，自然也就无法从根本上落实国家的整体战略。

在政策制定上的不完善主要表现为税收政策的制约。特别是在新兴信息和生物等产业，较高的增值税率，再加上个人所得税得不到抵免，以及国家层面的引导性资金缺乏等因素，导致区域内从事战略性新兴产业的企业因享受不到政府的优惠政策，承受较重的负担，使得企业难以开发先进的技术来创建国际著名的企业品牌。

在融资渠道方面的现实问题集中在民营企业融资难上。这一点主要表现为以下三个方面：一是从事战略性新兴产业的民营企业资产大多以无形资产为主，而固定资产较少，不足以作为贷款的抵押或担保物，所以大多数民营企业很难从银行取得贷款；二是缺少有效的风险投资运行机制来支持战略性新兴产业的企业从萌芽、成立再到产业化的发展壮大；三是战略性新兴产业中的民营企业还未形成集中的融资联盟，承担风险的能力和其他大企业相比相差很远，所以在资本市场上进行融资活动时很难和大企业竞争。

（四）东北亚复杂的局势为长吉图先导区战略性新兴产业的发展带来了太多的不确定性

东北亚六国之间历史问题众多，不少国家之间都存在领土争议问题。有的国家对中国的崛起心存疑虑，朝鲜、韩国之间又频频发生军事摩擦，朝核问题不时激化矛盾，欧洲、印度等国对俄罗斯远东地区和蒙古的资源兴趣浓厚，不愿看到东北亚经济一体化，也通过多种方式牵制东北亚六国之间的合作，而世界大国美国更是对东北亚六国的合作强加干扰，众多的国际因素使得六国之间缺乏必要的信任，严重制约了六国合作的进程。其中，尤其是紧邻长吉图先导区的朝鲜半岛，其复杂的局势及长期存在的朝核问题，不仅反映了大国与小国、强国与弱国间潜藏暗长的利益纠纷，更隐藏着大国与强国之间在东北亚地区的竞争与角逐。由此引发了整个东北亚地区政治局势的动荡和不安。这在一定程度上无疑限制了长吉图先导区战略性新兴产业的国际合作，同时也存在着巨大的安全隐患。

整体来说,对长吉图先导区的战略性新兴产业进行 SWOT 分析,旨在通过详细的内外环境的研究,深刻地认识区域内发展战略性新兴产业的现状及存在的问题,并最终制定出符合战略性新兴产业发展的战略。吉林省应立足于长吉图先导区的产业基础,抓住改革机遇,发展战略性新兴产业,建立起立足东北,面向全国,走向世界的现代产业体系。

第三节 长吉图先导区战略性新兴产业发展的战略选择

一 产业带:长吉图先导区发展战略性新兴产业的重要路径

近年来,吉林省牢牢把握国家实施振兴东北老工业基地战略的历史机遇,牢牢把精力集中在投资拉动、国企改革、项目建设、招商引资等一系列工作上,使吉林省成功步入了良性的发展开发开放的轨道。与此同时,吉林省在拥有众多优势的同时,也存在诸多劣势,例如,吉林省的社会总需求和社会供给都不是特别大,在全国经济总量省市排名中排名偏后;此外,吉林省的产业结构呈现一种不均衡的发展。从吉林省长期发展的角度来看,长吉图先导区发展而带来的经济总量的增长占吉林省内总量比重较大,地位举足轻重,并且起着带领中小企业生存发展的支撑作用。同时,长吉图先导区的发展将会有助于其周边地区的经济发展,为其起到积极的带头示范作用。通过长吉图先导区的开发开放,也将促进提升吉林省的创新能力与创新动力,因此这既是吉林省开展经济的重中之重,也是大势所趋。

吉林省产业带的形成是吉林省某区域或者某几个区域共同经济发展的一个显著特征。在其形成的初期,区域内的企业区位行为受环境条件的影响,其具体表现为向某一优势区位集中,进而不断发展成为若干城市工业集中区,企业在不断发展及运营的过程中又由于其具有优势的区位中心,不断向外沿轴线蔓延扩散。这两种空间过程既有相互推动作用,又有相互制约的作用,因此逐步形成了产业带。产业带是一条带状的链条产业集中区域,是吉林省众多相关的产业经过不断发展而逐步形成的区域性基地,在这个区域性基地内,相关产业经过不断的集聚,逐步产生一定的集聚效应,这样将更有利于发展壮大产业。在产业带里,各种相关资源将会得到更有效的利用和配置。在吉林省的产业带上,其具有相当多的优势,例如,区域性的地理集中致使的生产费用和运输费用的减少、原料与供应的区域集中,吉林省省内高校输送的人才的集中,供销商的集中,各大企业的产业集中,各种配套服务的集中等。同时,通过上述的产业集聚效应而致使的成本下降、创新能力增强、各大企业的奖励机制不断完善与创新，由此不断地发展而逐步形成的企业间良好的竞争与合作关系。产业带的发展不是依靠某个核心企业或大企业发展单独拉动或支撑的，而是必须依靠产业带内企业整体发展共同支撑，通过合力维持产业带的高速发展。因此，吉林省发展长吉图先导区而衍生出的产业带是提升吉林省地区区域型核心竞争力的有效途径，同时也是吉林省发展长吉图先导区战略性新兴产业的重要路径。

吉林省发展战略性新兴产业逐步形成产业带，目前，吉林省拥有100多家省市级及以上的科学研究中心、研究所，因此，吉林省拥有较好的能将科学技术投入到企业中，然后在企业中实施最后产出成品的这样一种科学技术转化优势。此外，吉林省拥有较多的科学研究学校及大量人才，吉林大学、长春工业大学、长春工程大学、东北师范大学、吉林师范大学等具有较强学术型高等学府近50所；吉林省拥有通过高等院校培训出来的专业技术的人员近70万人；吉林省的科学研究机构组织共有近150个；吉林省拥有各大知名企业的科研院所等机构组织共有266个。此外，从自身的产业来说，要想不断完善发展成为产业带，自身的产业基础必须够强才行，吉林省的产业基础十分牢固，在新能源汽车、现代农业、电子信息自动化等众多方向上都拥有较强的产业基础。因此，这些条件都为吉林省建设长吉图产业带提供了坚实的基础。

在现代市场经济引导的条件下，产业带最主要的作用体现在各大企业竞争和合作的主要来源上，主要是指在吉林省长吉图先导区的区域内，各大知名企业与小企业根据产业链上横向的、积极的竞争与合作相耦合形成的良性关系和产业链上纵向比较专业化而形成的合理分工，将其集聚在吉林省长吉图先导区，从而不断发展、形成产业组织间的集聚效应。在吉林省长吉图先导区内，提供原料和零部件的产业链上游产业与生产加工的下游产业之间、上下游产业内部之间都逐渐地通过合理有效的分工和良性的竞争合作不断地完善吉林省的产业不平衡发展状态。

在产业组织或产业市场关系的内部，通过发展吉林省龙头产业，依此不断发展产业链中其他相关上下游产业，逐步建立与吉林省市场经济相一致的独特的某种产业市场关系和组织形式，最后不断促进吉林省产业链、产业价值链的逐步完善，这样将极大地推进吉林省产业升级的步伐。在吉林省产业价值链上，各大知名产业都会将专业化分工具体实施到原料和零部件的生产环节上。也就是说，各大知名企业仅仅做产品、零部件的设计或者其中的某一个生产环节就足够了，由产业链逐步发展的高度精细化的配套服务体系会帮助其进行企业间贸易，其他的生产环节可以交由其他企业来做，这样每个企业都只做自己具有相对优势的零部件或者生产环节的某部分，这样更加有利于每个企业可以专门为某个零部件而进行专业化、精细化生产，而且区域性独特的优势可以保证运费等配套服务的费用大大降低。与此同时，在吉林省长吉图先导区内，大量企业集聚在此，各大企业之间不断地进行竞争和合作相结合的生产方式，打破了思维禁锢，在此区域内又增加了区域内部的各大企业更加相互良性合作的关系，而非以前的区域内企业的不良、不合理竞争关系。这样做的好处就是，在长吉图先导区内通过各大企业间不断地竞争与良性合作的关系，可以逐步发展为各大企业争先进行创新竞争。也就是说，要想不断满足各种需求，企业只有不断进行竞争才可以保证其具有生产空间，而且在其区域内的各大企业可以通过互相之间的借鉴和参考，将创新竞争不断完善从而可以发展为技术的不断进步，这样将更加有利于加快吉林省产业发展和产业结构的脚步。

从长吉图产业链上企业的组织结构来看，一种普遍存在的生产方式是大而全或者小而全。也就是说，不管企业的规模多大，但其想把自身设计为可以为任何企业做配套服务的企业，而并非做专业化生产的企业，产业链上的企业相互之间的合作就不会十分和谐。从吉林省的经济总量和社会总体的角度来看，吉林省改革开放初期建设的老工业基地所产生的影响至今对企业的发展还起到重要的制约作用。但是各大企业自身所用的生产制造技术、装备等基础设施都相对偏落后，在产业链上企业的集中程度和集聚效应都尚未表现出来，资源利用率相对较低，大多数企业集团还形成不了规模等问题依然存在并且制约着吉林省经济的发展。同时，虽然吉林省的大中型企业并不算少，但是在全国上来讲具有相对优势且资源雄厚的名企业来说非常少。总体上来讲，吉林省的企业都尚未达到一定的规模经济，同行业产业链横向之间协作合作的水平较为低下，与知名企业的劣势不同，小企业的劣势体现在规模偏小，呈现出一种不合理的趋势，小而全模式的企业过多，缺乏相对着重于专业化分工配套服务的企业、企业过多而且竞争能力普遍都较差上。同时，经济开放的程度对吉林省产业集群所产生的影响尤其明显，其主要的根源就是吉林省的开发开放程度较低。由于吉林省经济的开发开放程度较低且恶性循环，以致影响到营销到资本的汇集与筹集，还有人力与生产技术的流动，除此之外，还可能关系到吉林省市场经济体系的形成和发展，对其进行影响并产生作用。因此，进行吉林省长吉图开发开放成为重中之重，其中尤为重要的是吉林省长吉图先导区必须把产业带视为长吉图先导区发展战略性新兴产业的重要路径。

二 创新集群：吉林省长吉图先导区提升战略性新兴产业的重要方向

吉林省创新集群是省内各种创新活动最终汇总的高级形态。通过构建吉林省的创新集群，可以在省内各大企业进行有效的集聚，并且可以对创新的资源进行有效的统一整合，逐步实现在吉林省长吉图先导区内的产业集聚。以创新主体的共同利益为目标，进而不断有效地展开对省内各大企业的创新活动，最终不断对吉林省的集群创新能力进行提升，使其迈入新的创新时代。创新集群对长吉图先导区的发展、建设具有诸多的积极作用，具体体现如下。

（一）吉林省创新集群是推动长吉图先导区经济增长的重要方式

在吉林省内，为经济做出重要贡献的大中型企业主要位于长春、吉林、延边地区，这样在区位上就具有一定的优势。吉林省可以将其优势转化为先导区内部合理的专业化分工和相互之间良性的竞争合作关系，通过这样的努力可以大幅度地提升企业的工作效率和资源利用率，同时利用吉林省独具的、优秀的区位优势，不仅可以大幅度降低长吉图先导区内各大企业之间进行贸易交易的运输配套服务成本，还可以通过滚雪球式的良性循环，通过其区位优势和优秀的政策保护，对更多的相关产业、企业进行吸引，将其也集聚于长吉图先导区内。这样就逐步地扩大良性的集聚效应，从而致使成本费用进一步降低。因此，可以说创新集群是吉林省推动长吉图先导区内经济增长的重要方式。

（二）吉林省创新集群是长吉图先导区创新系统的一种重要的实现方式

在吉林省创新集群的区域内部，通过创新集群的建立，可以将专业的知识、市场供需双方之间的信息、生产设计所需要的技能等众多方面进行集聚，产生良性的积累效应。在区域内的企业，在不断通过自身的发展逐步将发展过程中的专业知识、生产信息与技术进行积累的同时，也将不得不面临着在长吉图先导区内部产业链横向之间同行企业的良性压力。这样，企业就必然会对欠缺的方面进行创新活动，来提升自身的实力与优势，这样各大企业就形成了每时每刻都保持着具有创新能力的活力与动力。

（三）吉林省创新集群是提升长吉图先导区竞争力的重要方式

在吉林省长吉图先导区内部，由于其区位优势而形成的具有专业化分工的产业集聚效应不断扩大，极大地促进了此区域内企业的生产效率，随之而来的是在此区域内的创新活动大幅度增加与涌现，呈现出一种良性的可持续发展与极强的区域竞争力。在信息时代的今天，电子技术、互联网技术、信息飞速发展，区位之间的限制对企业来讲已经构不成足够的威胁了。同时，信息、资本、技术等重要资源也迈向世界化、全球化发展，因此吉林省长吉图先导区通过大量企业的不断集聚产生了极大的相对优势。在先导区内部，将会呈现出一种与单纯城市相连接不同的竞争力与创能活动能力，大量企业都开展与自身相对优势相关的活动的专业化分工，将以一个主要企业为核心，大量企业对其进行相关的配套等服务,这样更加有利于提高区域内所有企业的生产效率,从而实现良性循环,最终提升长吉图先导区的竞争力,乃至吉林省的竞争力。

(四) 吉林省创新集群能够引导长吉图先导区集群内产业实现可持续发展

首先,吉林省的创新集群在长吉图先导区内部扩大产业的有效需求,同时又增加了对其产业的有效供给。在此区域内,产品通过产业、企业的集聚大幅度保证了质和量,这样完全可以在一定程度上大幅度地降低对产品商品的交易成本,在保证了顾客对产品的需求的同时,又降低了顾客对产品的交易费用,在有众多好处的同时,身为买方又有能力进行一定的议价。这样保证了其产品的买方的强烈购买欲和吸引力,从而从根本上保证了产品的有效需求。其次,吉林省长吉图先导区的创新集群有利于吉林省产业的持续创新。企业的创新不仅指的是企业在生产或者某一环节上技术的创新,也可以指的是企业在某种制度上或者管理方法方式上的创新。在吉林省先导区内部,各大企业之间、机构与企业之间都会通过创新系统的方式方法逐步地形成类似链条,其两端分别是供应商与客户群或者顾客,通过其内部的不断运营,逐渐达成一种内部良好的竞争与合作相结合的机制,然后逐步向一种生产技术与各种信息知识相结合的创新系统扩散。再次,吉林省的创新集群通过其运行发展将会更加有助于吉林省产业的进化机制,延长产业的生命周期,将产业衰退尽力地延缓。任何产业都会有属于自己的生命周期,同时也会受到它的约束,例如,产业步入发展期时,其创新能力较为强大,发展空间也会被人看好,而其步入产业成熟期的后期或者步入衰退期时,众多限制性的条件因素就会制约其发展。因此,当某产业步入成熟期的后期或者衰退期时,在长吉图先导区内通过产业集群的发展,使此产业总的企业通过相关的业务整合,丢掉拖后腿的业务,对其他企业进行收购兼并等来延长产业的生命周期。此外还可以快加产业的升级换代,让企业尽量地维持在成熟期的后期,使企业在价值链中拥有较高的附加价值,这样就算企业步入衰退期,企业也可以进行有效的产业转型。这样不仅有利于产业企业对资源使用的最大化效益,同时还可以对资源进行有效的管理,避免浪费。最后,吉林省还可以在其创新集群的有效管理和监督的管制下,在长吉图先导区内进行资源控制。这样就可以避免资源浪费,为企业节约大量的成本,还可以间接地为企业的持续发展能力做出较为显著的贡献,并且可以对资源进行管制监控。在此区域内部的企业还可以对三废进行统一治理,保证废物的再回收利用,实现所有污染物的最大使用价值。集中治理的好处还在于从总成本上的下降到单个企业的治污成本的降低都会得到利益,同时环境也可以得到相应的治理,会得到质的飞跃。这样的规划不但利于区域内的企业得到长远发展,得到经济效益,还顺应了时代发展对工业的要求,最终达到一种经济社会协调发展、人与自然和谐统一的理想社会。

（五）吉林省创新集群可以有效促进吉林省的产业结构调整和升级

从产业结构调整和升级的角度来看，吉林省的创新集群是在长吉图先导区的区域内产业之间相互竞争与合作的一种混合良性关系，能提供大量的相似相关产品，又有接收众多相似产品的终端下游企业的一种完备性的复杂经济组织系统。从产业结构的角度出发，吉林省的创新集群又是某些产品或者零部件在众多企业上的不断进行的加工深度和产业链的延伸，从而产业结构并不是一成不变的，而是通过对其调整而不断进行优化升级的。吉林省的创新集群不单单包括直接从事交易贸易双方的上下游企业，同时也包含了在上下游中间起到链接作用、支撑作用的行为主体，就像众多科研院所、高等院校和政府机构等都会对其有一定的影响，假如没有这些在中间起到支撑和链接作用的行为主体，仅靠上游和下游或者贸易双方是不可能完成交易的，只有这些行为主体通过相互耦合，复杂地组合在一起才能完成。在此作用的同时，创新集群最主要的作用就是能够确保这些行为主体都能有效地参与进来，并且能够有效地完成交易的这样一种比较复杂的经济组织形式，借助于这种特殊的组织结构——创新集群，各大企业之间可以逐步发展成为一种创新协作关系，最终可以极大地提升各大企业创新活动的创新能力。从吉林省产业结构和产品结构上来看，各大企业通过区域内部良性的合作与竞争的压力从创新集群中获得的高品质的差异化优势，这样将逐步促进吉林省产业结构的不断优化及产品结构的合理化。从吉林省的资源禀赋的配置角度来看，创新集群是一个有效的资源配置的方式，在这种方式内将长吉图先导区区域内部的各种资源要素以一种比较好的方式有效地进行组织整合起来，最终用此进一步从事那些在区域内具有竞争优势的经济活动。通过以上各方面来看，吉林省创新集群都可以有效促进吉林省的产业结构调整，满足升级的需要。

三 科技园区：长吉图先导区实现战略性新兴产业集聚发展的重要载体

吉林省长吉图先导区具有一定的相对优势，如区位优势、自然资源的储备量、市场优势等条件，但吉林省长吉图先导区能否将上述区位优势转化成为顾客的潜在需求及有市场需求量的产品是关键之处，同时也是发展长吉图先导区经济的重中之重。因此，需要从中寻找到某个载体，利用其逐步将吉林省的众多优势进行转化，而科技园区作为一个有效的载体，其自身所具备的各项特征都能够保证其成功地将优势转化为产品或者服务。因此，科技园区是吉林省长吉图先导区实现战略性新兴产业集聚发展的重要载体。

(一) 科技园区可以保障吉林省的短缺优势要素的有效导入

吉林省在拥有众多优势的同时，同样也拥有一定的短缺优势要素，如技术和资本要素、监督制度、管理要素、市场经济的观念等，因此这就严格地限制了长吉图先导区将其优势转化为产品或者服务的发展，也是主要的制约因素之一。科技园区独具的特征就是一个载体，而在这个载体上政府可以通过管理运行逐步改善、完善吉林省经济的软环境和硬环境，因此科技园区能用较为有效的方式处理这些短缺优势要素。

吉林省政府通过科技园区，借助于市场的力量，将其进行有效的综合利用，这样可以逐步地慢慢改善、完善科技园区的基础设施，同时吉林省通过对自身资源的优势、劣势分析，可以掌握自己较为短缺的要素，并且将其作为参考从而出台一些有利于自身的优惠政策，如减免税收、以较低的价格进行土地转让等。同时，吉林省政府应该以科技园区的体制改革和创新为突破口与渠道，而对吉林省独特的市场环境、政策环境等进行不断优化升级，从根本上解决吉林省不利于经济软环境和硬环境的要素。吉林省通过利用科技园区这一载体，实施上述的措施方法，可以将吉林省长吉图先导区逐步发展成为外资不断涌入的"沃土"，将科技园区发展为一个借助于引资的平台。而在这个科技园区独特的招商引资的平台上，利用其不断地吸引外资企业的涌入，然后从自身制度出发，改善不利于招商引资的制度，出台一些有利于开发开放的政策，进而通过人才培养不断壮大吉林省技术人员的队伍。通过吉林省的一些措施，可以将这些短缺优势要素进一步导入，最终逐步发展长吉图先导区的经济，并将其提升至一个良性循环。所以，科技园区要想保障吉林省的短缺优势要素的有效导入，必须坚实地发展吉林省的科技园区的建设。

(二) 科技园区能有效完善吉林省优势要素的质量

吉林省先导区内优势要素虽然比较多，但从总体来说质量并不是特别高，量多质低是制约长吉图先导区经济增长的要素之一。当众多工业企业集聚在长吉图先导区的科技园区内时，科技园区可以把利用政策优势和物质优势等将剩余劳动力吸引到科技园区内。与此同时，当劳动力在向科技园区转移的同时，自身的技能将不断完善，得到质的提高，同时所获得的收入水平也会得到大幅度的提高，并且人员的纪律性也与企业的纪律性相关，可以提升其劳动纪律性。科技园区将成为长吉图先导区内不断积累人力资本的有效载体，劳动数量优势也逐步转化为质量优势。

当科技园区发展到一定阶段时，随着吉林省经济发挥发展软环境和硬环境的不断优化,当政府有充裕的资金时,政府可以把部分资金投入到基础设施的建设上去,包括交通等,这样就会更加节约运输成本,更加有利于招商引资,进而实现经济发展与基础设施建设的良性循环。与此同时,鉴于基础设施的不断提升,当地生活水平也会逐步稳固上升,这样将更加有利于将潜在的市场优势转化成现实优势。因此,通过科技园区的成功发展,能够逐步有效地完善优势要素的质量。

(三) 科技园区可以产生明显的外部规模效应

科技园区是众多相关产业、企业集聚地,在这个集聚地的科技园区中,通过科技园区的运行机制可以发展成为一个具有明显的正的外部效应的集聚地。通过招商引资等不断吸引大量劳动力的涌入,这样可以通过劳动力的供求关系来节约企业的劳动成本,而且基础设施的不断建设将更加有利于外资企业的进入,在长吉图先导区内利用信息的共享性,生产等技术上的外溢效应,科技园区还具备较大规模的原材料市场供给和中介组织。这些条件都大力促进了科技园区较强的创新氛围,因此科技园区可以产生明显的外部规模效应。

并且通过科技园区,大量的企业集聚在区域内必然产生大量的废弃材料和垃圾,因此在科技园区可以建立起"物质—能量"循环利用的网络。各大企业之间届时必然会对大量的废弃材料和环境保护等问题达成共识,共同促进废料废物的再利用,这样不仅可以极大地节约企业的生产成本,还可以有效地克服经济发展中的负的外部效应,达到集中激励污染,大大地节约了治理、改善环境的成本。

(四) 科技园区能有效改善吉林省优势要素的系统结构

科技园区根据其自身独特的优势具备了较强的集聚功能,科技园区可以将长吉图先导区内具有优势的生产要素都集聚在此区域内,良性循环成为众多大中型企业集聚的区域,逐步慢慢发展成为吉林省重要的经济区域,在此区域内逐步产生较为强烈的外部规模经济。而且科技园区用于较强的竞争合作功能,这样可以将大中型企业的信息、资源、技术等进行共享,这样将更加有利于企业在此区域内进行不断的创新活动。此外,科技园区还拥有极强的分工合作的作用,可以保证每个企业只做自己比较擅长的零部件生产其中的某个环节,各大企业在不断进行横向与纵向的专业化分工的同时,将共同达到利益的最大化,这样极大地促进了吉林省经济的不断增长,实现内部的规模经济。最终,通过吉林省科技园区将这些资源进行不断的整合、共享与配置,达到整体大于部分之和的系统效应,从而有效实现当地长吉图先导区的区位优势的有效转化。

（五）科技园区对吉林省经济联动产生极大的推动作用

由于科技园区集聚着大量的企业，区域内部的竞争也就十分的强烈，所以每个企业都致力于创新活动，节约自身的成本费用，提高自身产品的差异化等。逐渐地，科技园区将极大地提高企业的经济利润，给吉林省经济联动产生极大的推动作用。同时，科技园区这种竞争与合作并存的关系，可以进一步推动中小企业向专业化方向完善发展，从而实现从小而专迈向小而精的步伐，推动着中小企业自身的不断发展。在长吉图先导区内，科技园区具备产业集聚的特征，这将极大地促进第三产业的不断发展，其主要包括金融业、培训机构、第三方物流等产业，通过制造业的不断发展极大地促进了第三产业的巨大需求。因此，从较为长远的角度来看，机遇产业集群的创新集群的科技园区对当地经济和社会发展发挥了重要的作用。同时，由于其大量企业集聚在科技园区内，优胜劣汰的机制将会更加有利于促进内部规模效应，届时，几乎可以预见的是在每个科技园区内都能产生具有较强影响力的龙头企业。因此，科技园区的发展将对吉林省经济联动产生极大的推动作用。

第七章　依托科技园区的长吉图先导区战略性新兴产业的选择

第一节　长吉图先导区战略性新兴产业选择的原则与基准

2009年9月，温家宝在主持召开的战略性新兴产业座谈会上，首次明确提出了我国的七大战略性新兴产业，即节能环保、生物医药、信息网络、高端装备制造、新材料、新能源、新能源汽车产业。会上，他还强调了我国发展战略性新兴产业的必要性和紧迫性。面对战略性新兴产业所带来的巨大的产业带动效应，全国各大省市都跃跃欲试，并以国家大力推动战略性新兴产业的发展为契机，制定和规划了战略性新兴产业的发展目标。当然，各省市的战略性新兴产业并不完全限制在这七个领域当中，而是根据自身的实际情况制定出符合本地区发展的、有针对性的战略性新兴产业。由于各省市选择战略性新兴产业的原则及基准不尽相同，所以各地选择的战略性新兴产业也有所差异。吉林省依托长吉图先导区的优势条件，制定了长吉图先导区战略性新兴产业选择的六大原则，并确定了相应的选择基准。

一　长吉图先导区战略性新兴产业选择的原则

（一）适用性原则

适用性原则是战略性新兴产业选择最根本的原则。战略性新兴产业是否能够得到发展，主要取决于其是否适应长吉图先导区发展的内部环境和外部环境。首先，战略性新兴产业的培育需要投入大量的人力资源、自然资源、技术资源和政策资源等，先导区在战略性新兴产业选择上要慎重考虑待选战略性新兴产业的机会成本问题。其次，每一项高新技术均需要一定的时间来完成其技术产品化和市场化的过程，长吉图先导区要选择在产业领域拥有成熟和优势技术的产业，在恰当的时机进入市场，完成产业化。再次，战略性新兴产业的发展需要充分利用先导区的技术积累、人才积累和政策支持，先导区对某一产业的资源配置能力也是决定该产业能否作为一个战略性新兴产业来发展的重要依据。最后，战略性新兴产业的主要来源除了全新的高技术产业外，更多应考虑与传统产业升级相关的战略性新兴产业，这就要求选择的战略性新兴产业是长吉图先导区内具有比较优势的产业，从而能给整个区域的产业结构升级带来巨大的推动作用。

（二）整体性原则

长吉图先导区是东北亚经济区的中心，地处吉林省内。先导区集中了吉林省的优势经济资源，是吉林省发展的重要组成部分。先导区的产业选择和发展要在统筹考虑吉林省整体产业布局的情况下进行规划。同时，长吉图先导区主要由长春市、吉林市的部分地区和延边朝鲜族自治州构成，三地产业规划的联动性也是关系到长吉图先导区产业发展的重要因素。因此，长吉图先导区战略性新兴产业的选择要综合考量吉林省，以及长春市、吉林市和延边朝鲜族自治州的"十二五"发展规划，并根据国务院批复的《中国图们江区域合作开发规划纲要——以长吉图为开发开放先导区》和吉林省下发的《〈中国图们江区域合作开发规划纲要——以长吉图为开发开放先导区〉实施方案》中的发展重点。

（三）前瞻性原则

新一代的科技革命将贴上智能、环保和可持续发展的标志，选择和培育长吉图先导区的战略性新兴产业要紧跟科技革命的步伐，重点选择和培育那些"能源资源消耗低、市场前景广阔、创造就业机会多、产业带动系数大、产生综合效益好"的产业领域。战略性新兴产业的标志性特征就是具有巨大的产业成长性和风险性。由于战略性新兴产业均处在产业发展的初期，技术、产品和市场的开发均具有很大的不确定性。为了规避不确定性为产业发展带来的风险，最大限度地获得良好的经济和社会效益，长吉图先导区就需要在战略性新兴产业选择之初对战略性新兴产业的成长性和风险性给出合理的预期，通过对拟发展的战略性新兴产业的技术成熟度和产品的市场接受度等方面的科学评价，对满足合理预期的战略性新兴产业优先发展和重点培育。

（四）创新性原则

战略性新兴产业对技术的要求较高，一般要拥有行业的核心技术且要具有良好的技术经济效益，因此要选择科技含量较高、自主创新能力较强的产业或者具有促进产业内部升级、吸纳技术进步的潜力的产业，这样才能够创造出较高的劳动生产率及较高的附加值。战略性新兴产业主要来源于用高新技术改造传统产业所形成的新产业、新技术产业化形成的产业、社会事业产业化所形成的现代服务业三类。前两类产业模式以技术创新为主，辅以模式创新等创新形式，而现代服务业则主要依靠新技术发展下的模式创新和市场创新。因此，长吉图先导区在战略性新兴产业的选择上要着重考察具体产业是否拥有行业关键核心技术,是否具有良好的经济技术效益,是否具有明确的目标市场,通过系统分析选择科技含量较高、自主创新能力强,或者能为产业升级或改造带来新的模式和市场需求,促进产业内部结构升级的战略性新兴产业。

(五) 集聚性原则

产业链或者产业带是战略性新兴产业形成的标志之一。长吉图先导区所选择的战略性新兴产业应具有一定的产业基础,有快速发展的能力,并且能尽快形成新的产业链和新的产业集群,从而有助于推动先导区产业集聚的发展。战略性新兴产业往往依靠异常复杂的高技术和高密度的知识积累,并呈现出多种技术的融合与集成的趋势,在产业发展的各个环节、阶段之间存在着高度依赖性。企业难以通过内部独自开发完成所有所需的技术,也没有一个企业能够单独地在内部完成从设备供应、研究开发、生产、营销与服务的整条价值链所包含的增值活动。这就要求长吉图先导区在选择战略性新兴产业的过程中要注重处于不同技术层次的企业、高校、科研院所和服务机构之间以某种形式协同联合,通过集聚效应实现产业化发展。科技园区正符合这一要求,园区能够形成主体、资源和项目的集聚,以集群的形式提高整体的创新搜索能力,有效降低单一项目成功的不确定性风险。面对技术的复杂性与市场竞争激烈的外部环境,依托科技园区发展产业集群已成为一种必然趋势。

(六) 生态型原则

国家提出发展战略性新兴产业的目的之一就是转变以牺牲自然环境为代价的粗放式经济增长方式,从过去盲目地追求 GDP 的增长转向低碳 GDP、绿色 GDP 的增长模式。以"三低"(能耗低、污染低、排放低)和"三高"(效能高、效率高、效益高)为特征的低碳经济已经成了世界各国关注的焦点,低碳化甚至零碳化必定会成为未来全球经济发展的方向。因此,长吉图先导区在战略性新兴产业的选择上,应尽可能选择那些接近零排放,能够使用比传统产业更清洁、更有效的技术的产业,或者选择那些所使用的工艺方法能够尽可能减少对自然资源或其他不可再生能源的消耗,从而达到保护生态的产业。

二 长吉图先导区战略性新兴产业选择的基准

战略性新兴产业是一国长远经济发展的重大战略选择,它既要在当前社会的经济发展起到重要的支撑作用,还要在未来我国经济社会的发展过程中引领经济的可持续发展。战略性新兴产业的选择是振兴区域经济、提升竞争能力的战略抉择。长吉图先导区战略性新兴产业的选择,不仅需要遵循科学有效的选择原则，更要以合理可行的选择基准为依据。

产业选择的基准林林总总，在繁多的标准下，几乎每个产业都有着成为主导产业的可能性，纷繁的选择基准也影响着产业政策的一致性。实际上，综合已有的研究成果并借鉴国外经验和时代特征，准确把握战略性新兴产业选择的一些基本原则，在此基础上可将众多选择基准提炼为既精练又有很强操作性的少数几个基准，结合具体的地区产业特征灵活运用就足够了。温家宝在一次讲话中指出战略性新兴产业选择的重要性，"选对了就能跨越发展，选错了将会贻误时机"，并提出产业选择的三条依据：一是产品要有广阔的市场前景及稳定的市场需求；二是要有良好的技术经济效益；三是要能带动一批产业的联动发展。这三条依据倾向于国家宏观层面上的产业结构的整体布局，而具体到地方性战略性新兴产业的选择，更多的是要在国家产业规划的基础上，立足区域实际，注重特色优势，瞄准技术前沿。本书在充分考虑了战略性新兴产业的内涵、特征及产业发展前景之后，借鉴了国内外有关区域战略性新兴产业选择的理论，然后再结合长吉图先导区的产业发展现状，最终确定了长吉图先导区战略性新兴产业选择的五大基准，即产业综合效益基准、产业带动性基准、产业技术资源基准、产业区域比较优势基准和产业可持续发展能力基准。

（一）产业综合效益基准

《"十二五"国家战略性新兴产业发展规划》中明确指出，战略性新兴产业是以重大发展需求和重大技术突破为基础，对经济社会的整体发展和长期发展具有重大的带动作用，知识技术密集、成长潜力大、物质资源消耗少、综合效益好的产业。所以从该规划中可以明确地看出，战略性新兴产业必须要具有较好的综合效益，在整体发展效果上既要产生一定的产业集聚效应，又要营造出有良好的需求前景。只有选择那些具有长期且稳定的国内外市场需求，即高需求收入弹性的产业部门才能推动整个产业结构的不断合理优化。所以长吉图先导区在选择战略性新兴产业时首先要把握好该产业的发展是否能给吉林省带来较好的综合效益。

（二）产业带动性基准

温家宝曾反复强调，产品具有广阔的市场前景和稳定的市场需求、具有良好的技术经济效应、能带动一批产业的联动发展是选择战略性新兴产业的三条最重要的科学依据。长吉图先导区战略性新兴产业要具备很强的带动性，能向前或者向后带动先导区内一批相关产业及配套产业的发展，不仅包括给传统产业提供发展的机遇，还包括促进一批新兴产业的产生。在投入产出分析中，感应度系数和影响力系数就是对产业关联性和产业带动性的定量表达。一般来说，这两个系数较大的产业在区域经济中发挥的带动作用也较大，故长吉图先导区选择的战略性新兴产业应该是感应度系数和影响力系数都较大的产业。

（三）产业技术资源基准

温家宝指出"战略性新兴产业就是新兴产业和新兴科技的深度融合"。科技部部长万钢同志认为战略性新兴产业的"战略性"主要是针对产业的结构调整而言的，而"新兴性"则在于技术及商业模式的创新。纵观我国的七大战略性新兴产业，我们可以发现，在这七大产业中都包含了我国当前科技发展的先进成果。战略性新兴产业就是要利用这种先进技术的力量优化产业结构，提高我国产业的竞争力。长吉图先导区战略性新兴产业的发展必须以技术创新为基础，把先进的科学技术水平带入到先导区内，引导产业链上各个环节的技术进步，使整个产业链为先导区带来更高更好的技术经济效益。

（四）产业区域比较优势基准

长吉图先导区战略性新兴产业的选择，应该按照先导区所处的发展阶段，选择具有比较优势的战略性新兴产业。对战略性新兴产业细分领域的选择要坚持有所为而有所不为，突出关键的思想。具体说来，长吉图先导区在进行战略性新兴产业领域的挑选时应把握以下两点：第一，战略性新兴产业要具备产业间的竞争优势。选定的战略性新兴产业与区域内的其他产业相比，要具有更强的稀缺资源获取能力，这样才能保证战略性新兴产业能在激烈的产业竞争环境中得以生存、发展和壮大。第二，战略性新兴产业应具备显著的产业内竞争优势。在战略性新兴产业领域内，某区域可能还没有实现比较优势，但应具有预期的比较优势。长吉图先导区选择的战略性新兴产业在和其他地区的相同产业比较时，应具有相对更优越的产业发展条件及更强的市场发展能力。长吉图先导区战略性新兴产业的选择应该充分发挥先导区的比较优势，产业比较优势基准体现了长吉图先导区战略性新兴产业选择上的地域性特征。战略性新兴产业的形成和发展受到一系列经济规律和环境因素的制约，它应是对现有优势产业的承接和替代。优势产业拥有的良好基础，有利于战略性新兴产业形成新的产业比较优势。战略性新兴产业的选择既要拥有一定的竞争力，又要符合先导区的产业发展规划。

（五）产业可持续发展能力基准

战略性新兴产业的战略性特征是针对产业结构调整而言的，它对经济结构的作用具有长远性，这种长远性主要体现在两方面：其一是该产业具有良好的长期效益；其二是该产业具有发展的可持续性，即具有资源能耗低的优良特性，符合低碳环保的先进理念。战略性新兴产业由于其可持续性的内涵而肩负了推动我国低碳经济发展的重要使命，所以长吉图先导区在对战略性新兴产业进行选择时，一定要仔细考量产业的可持续发展能力，只有产业具有较高的可持续发展能力才能得到长远的发展。

第二节　备选战略性新兴产业集的建立及重点发展领域的遴选

一　备选战略性新兴产业集的建立

2009 年，温家宝在战略性新兴产业发展座谈会上指出，"选择战略性新兴产业要兼顾第一、第二、第三产业和经济社会协调发展，统筹规划产业布局、结构调整、发展规模和建设时序，在最有基础、最有条件的领域率先突破"，这对我们选择战略性新兴产业可以说提供了一套完整的思路，同时对长吉图先导区战略性新兴产业集的备选也提供了一定的借鉴意义。总的来说，长吉图先导区战略性新兴产业细分领域和重点发展方向必须遵循"三点一线一面"的原则。"三点"即要求战略性新兴产业具有广阔的市场需求和发展前景，适应全球性"低碳化""绿色化"的发展趋势，能够推动相关产业和产业链的兴起；"一线"即长吉图先导区要选择重点发展的战略性新兴产业并非是短期的政策性行为，而是着眼于先导区未来的长期性规划；"一面"是指先导区战略性新兴产业的发展并不是长吉图先导区这一区域的"专属"，而是要盘活全国这一整盘棋，实现区域协调均衡地发展。

战略性新产业并不是简单地由某几个产业构成的，其涉及的领域较广，包括的行业领域很多。从现实层面上来说，我们不可能选择所有领域的产业来作为战略性新兴产业。随着科技水平的不断提高，新兴产业周期的转变也在不断加速，因此选择一些领域内的产业作为战略性新兴产业已经成为必然的发展趋势。长吉图先导区坐落于东北老工业基地，虽然国家提出建设长吉图先导区并不久，但在城一系列国家政策支持下，在近几年的发展过程中，区域内的经济得到了很大的提升，目前已经具备发展战略性新兴产业的条件。吉林省深刻地认识到现阶段选择一些重点领域和发展方向是迅速占领世界科技发展前沿的关键一环，决定了长吉图先导区未来在我国，乃至全球的高端产业链中的地位，因此对先导区内的战略性新兴产业集的选择必须选好、选对。因此，本书在国家战略性新兴产业范围的基础上，结合吉林省的实际，将现代农业和现代服务业也归入战略性新兴产业的备选集中。

二 长吉图先导区重点发展领域的遴选

本书从长吉图先导区的产业发展状况出发，根据上一节战略性新兴产业选择的原则与基准，对内依托吉林省具有优势的产业和大量的科研机构，对外借助沿海和国外的先进技术和模式，最终挑选出长吉图先导区具有发展潜力的八个战略性新兴产业，并希望借助于这八个重点领域的发展来调整和升级长吉图先导区乃至吉林省的产业结构，提高产业的创新能力。

（一）新一代信息技术产业

新一代信息技术产业包括电子信息核心基础产业、下一代信息网络、高端软件和信息技术服务。它所涉及的领域均为战略性新兴产业的发展重点，具有高投入、高回报的特点，同时该产业的发展给其他产业的发展带来了明显的正外部效应。在《国务院关于加快培育和发展战略性新兴产业的决定》中，国家明确提出了发展"新一代信息技术产业"的主要内容。具体来说主要包括8个领域，即加快建设安全、广泛的信息网络基础设施；加快推进三网融合建设，促进云计算、物联网的研发和产业化；推动新一代互联网核心设备、新一代移动通信设备，以及智能终端的研发和应用；着力发展新型显示、集成电路、高端软件和高端服务器等核心基础产业；提升网络增值服务、软件服务等信息服务能力；加快重要基础设施的智能化改造过程；大力发展数字虚拟等技术；促进文化创意产业的发展。新一代信息技术产业所涵盖的这8个领域包含了众多的技术，应用范围广阔，能够实现和传统产业的有效融合。

长吉图先导区应从区域技术、人才等资源优势出发，着重打造大数据、云计算和物联网三大产业。大数据领域主要依托中国科学院超级计算中心和吉林省现有的互联网数据中心（IDC）、内容分发网络（CDN）、云计算和物联网领域的基础，充分发挥长吉图先导区内云中漫步、格润物联等公司在大数据收集、处理和传输领域、物联网的行业优势，借助中国科学院、吉林大学、东北师范大学的技术优势，发挥长春市博士联合会等协会的人才优势，围绕通过先发优势和集聚效应，继续发展和打造大数据、云计算和物联网产业链，建立吉林省辐射全国的数据平台来进行集成创新。

（二）生物医药产业

生物医药产业由医药产业和生物技术产业共同组成。医药产业主要包括制药产业与生物医学工程产业两部分；而生物技术产业的主要内容包括基因工程、细胞工程、发酵工程、酶工程、生物芯片技术、基因测序技术、组织工程技术、生物信息技术等。我国的生物医药产业具有较好的发展基础，市场前景广阔。目前，产业发展处在重要战略机遇期，国家高度重视生物医药产业的发展。"十二五"规划确定了生物医药发展的重点，包括基因药物、蛋白药物、单抗克隆药物、治疗性疫苗、小分子化学药物等。医药产业是吉林省的优势产业之一，也是吉林省经济腾飞的一大亮点。目前，吉林省生物医药产值规模在全国排名第七位，具有良好的发展态势。长吉图先导区应紧紧抓住国家实施医药体制改革，扩大医疗保障投入机制的机遇，依托吉林省现有生物医药产业基础，充分发挥长白山丰富、独特的中药材资源和产业优势，大力发展生物制药、现代中药、医药中间体和化学药，争取建成国家生物产业基地和药品出口基地。

长吉图先导区的生物医药产业发展参差不齐，地区之间差别较大，尤其是长春和延边。长春市基本形成了生物医药产业的集群式发展，这里集中了吉林大学、长春应化所等一批高水平的研究机构，以及100多家国家及省部级重点实验室、药物安全评价中心、药品临床研究基地、新药研发机构，已初步形成了从基础研究、小试、中试直至产业化的研发平台和创新体系。而延边地区虽然医药资源丰富，但生物医药产业的发展尚处于起步阶段。目前，长吉图先导区正在围绕人参等长白山特色资源的基因工程技术、疫苗、现代中药等生物医药两大方向开展集成创新。同时，联合修正药业集团、吉林金宝药业股份有限公司、通化万通药业股份有限公司、吉林亚泰生物药业股份有限公司等省内重点生物医药企业，形成完整的产业链，提高长吉图先导区乃至吉林省地区生物医药产业的国际竞争力，推动区域产业结构优化升级。

（三）光电子产业

光电子产业包括信息光电子、能量光电子、消费光电子、军事光电子、软件与网络等领域。光电子技术不仅全面继承兼容电子技术，而且具有微电子无法比拟的优越性能，具有更广阔的应用范围，是21世纪最具魅力的朝阳产业之一。长吉图先导区应充分利用长春市国家光电子产业基地的平台，依托光电子领域现有产业、技术、人才基础，发挥长春光机所及其下属企业、长春理工大学、吉林大学在光电子领域的优势，整合长吉图先导区现有资源，重点在以半导体激光器为核心技术的激光加工领域、以精密机械为核心技术的特种加工设备领域、以光栅为核心技术的光谱仪器领域、以光电传感器为核心技术的光学仪器领域和以星载技术为核心的航天领域进行集成创新突破，建设精密机械设计制造基地、极大规模集成电路制造装备及成套工艺研发基地、航天光学遥感侦察与测绘设备研发基地、航空光电侦察测绘有效载荷生产基地、大型光电测控与对抗设备研发基地、大功率激光器研发制造基地。

目前，长吉图先导区的电子信息产业已形成了以光电子和汽车电子为主的产业发展格局。"十二五"期间，将规划建设长春国家光电子产业基地、国家（长春）汽车电子产业园、吉林省（通化东昌）医疗电子产业园，打造产业链，形成产业集群，最终把长春打造成"中国光谷"。依托长春光机所、长春理工大学、吉林大学等科研技术优势，走光机电一体化、软硬件相结合发展装备制造业的路子。光电子方向重点规划发展以液晶显示器（LCD）、LED技术为主的半导体发光器件与应用领域；以半导体激光器为主的激光产品生产领域；以数控光栅传感器和光电测控仪器为主的光电仪器与设备制造领域；以航天摄像装置为主的国防光电子领域，以及以太阳能光伏材料为主的光伏产业等方向。

（四）新能源产业

新能源产业是指包括新能源技术和产品的科研、实验、推广、应用及其生产、经营活动等，它是将风能、太阳能、地热能和海洋能等非传统能源实现产业化的一种高新技术产业。常见的新能源形式包括风能、水能、太阳能、核能、生物质能、地热能、潮汐能等，其中风能、水能、核能、光伏及生物质能是我国目前重点开发的新能源领域。新能源产业是我国七大战略性新兴产业中发展最为成熟的，它对缓解我国能源需求压力及优化能源结构有着重要的现实意义。

吉林省能源资源种类较多，如煤、石油和天然气等，但能源供给能力远不能适应国民经济快速增长的需要。优化能源结构、大力发展新能源和可再生能源已经成为关系到吉林省经济社会发展的重要举措。长吉图先导区也应秉承低碳化、生态化发展的理念，积极探索和发展先导区内适合的新能源产业，并通过与科研机构合作、承接国内其他省份先进技术和多渠道国际合作等方式，规模化开发新能源产业。

（五）新材料产业

材料是人类进化和现代文明的标志，也是人类社会赖以生存和发展的物质基础。随着科学技术的发展，新材料产业在社会生产过程中应运而生。新材料是对新出现的或者正在发展的具有传统材料所不具有的优越性能和特殊功能材料的总称。新材料产业包括新材料及其相关产品和技术装备，具体涵盖了新材料本身形成的产业、新材料技术及其装备制造业、传统材料技术提升的产业等。与传统材料相比，新材料产业具有技术高度密集、研究发投入高、产品的附加值高、生产与市场的国际性强，以及应用范围广、发展前景好等特点，其研发水平及产业化规模已成为衡量一个国家经济、社会、科技和国防实力的重要标志之一，是在世界范围内广受重视的战略性新兴产业。

长吉图先导区应立足资源、技术、产业和市场优势，以研发为基础，以应用为重点，以产业化为目标，推动一批科技成果转化、开发一批重点产品、打造一批拥有核心竞争力的大型企业,建设一批国家级新材料产业基地,重点发展以吉林市为核心的特种纤维材料生产基地和高分子材料生产基地,以长春市为核心的光电材料生产基地。重点发展领域将依托工程塑料、合成橡胶、碳纤维等基础和优势,加快聚酰亚胺、高性能聚乙烯－聚苯乙烯树脂、稀土异戊橡胶、聚苯胺等产业化;突破工业用碳纤维原丝合成及碳化关键技术,建设国内规模最大的碳纤维生产基地和有机高分子材料生产基地;加快镍、钼、镁及合金的核心技术和系列产品研发,形成千吨以上生产能力;大力发展高性能汽车用钢、大截面铝合金型材,满足汽车、高速轨道客车等应用需求。

目前,长吉图先导区已在稀土镁合金、特种工程塑料、合成橡胶制备、环境友好高分子材料和碳纤维领域取得了技术突破,达到国内甚至国际领先水平。长吉图先导区应继续依托长春应化所、吉林大学、长春工业大学等科研单位的技术优势,围绕一汽集团、吉林石化、长客股份、吉恩镍业等企业的需求,重点围绕环境友好高分子材料、能源材料、轻质高强结构材料、稀土分离与功能材料、生物医用材料等方面进行集成创新。

(六) 新能源汽车产业

在2009年颁布的《新能源汽车生产企业及产品准入管理规则》中,新能源汽车被定义为采用非常规的车用燃料来作为动力来源,综合车辆的动力控制和驱动方面的先进技术,形成的技术原理先进,具有新技术、新结构的汽车。新能源汽车产业是从事新能源汽车生产与应用的行业,在当今提倡全球环保的前提下,新能源汽车产业由于能够有效减少空气污染和缓解能源短缺,成为未来汽车产业发展的导向与目标。这一产业主要包括研发和生产新能源汽车整车、储能装置、驱动装置、整车电子控制系统、专用辅助系统、专用接插件、供能装置及车网互动。

吉林省是国内规模最大的汽车制造基地,已初步形成了以长春汽车产业开发区、长春经济技术开发区、长春高新技术开发区、吉林市汽车工业园区及四平专用车产业园区为核心的汽车产业集群式发展格局。目前,吉林省的新能源汽车主要分为三类:混合动力汽车、纯电动汽车及燃料电池电动车。长吉图先导区依托传统汽车产业的优势,在新能源汽车领域进行了较早的尝试,虽取得了一定的突破,但效果和影响力明显不足。混合动力汽车具有较好的节能减排效果,在技术上易于实现;纯电动汽车具有使用过程零排放、低能耗的特点,但目前技术上还有待提高;燃料电池汽车是未来汽车发展的战略方向,由于其技术上的复杂性,短期内产业化比较困难。

在世界能源危机和生态环境恶化日趋严重的外部环境作用下,长吉图先导区应在吉林省的汽车产业基础上依托区内吉林大学、一汽集团、长春华奥汽车制造有限公司、长春名巨电动机制造有限公司、深圳航盛电子股份有限公司、长春锂源新能源科技有限公司、长春国基电子科技有限公司等一批科研院所和企业，在新能源汽车整车和零部件、电池的研发和生产领域形成产学研联盟和集成创新能力。具体来说，先导区应以一汽新能源汽车产业基地和华奥新能源客车产业园为依托，引进多能源动力总成系统、驱动电机、动力电池等关键领域的技术研发机构和行业重点企业，以新能源轿车和新能源客车为重点，提升技术攻关能力，加速产业化进程，打造集研发、生产、服务为一体的新能源汽车产业集群。

（七）现代农业

现代农业就是通过科学技术的渗透、现代要素的投入、市场机制的引入和服务体系的建立，用现代科技手段改造农业、现代工业技术装备农业、现代管理方法管理农业、健全的社会化服务体系服务农业，使农业在形态上成为具有当今世界先进水平的现代化农业。吉林省农业发展不仅具有经济意义，更具有国家战略意义。发展现代农业是实现可持续发展的必由之路，同时也是我国解决"三农"问题和调整经济结构的必然选择。吉林省积极发展现代农业正是在保证国家利益的同时谋求区域利益的重要手段。

吉林省地处享誉世界的"黄金玉米带"，有着"黑土地之乡"的美誉，农业生产条件得天独厚。在全国粮食生产百强县中吉林省有 13 个县入选，其中排名在前十位的有 6 个县。2012 年吉林省粮食总产量 3343 万吨，占全国粮食总产量的 5.67%，居全国第五位。多年来，吉林省的粮食商品率和玉米出口量均居全国首位。

基于吉林省传统农业发展的绝对优势，吉林省现代农业的发展重点应围绕种植业、园艺特产产业和农产品加工业三块来展开。具体来说，种植业应重点建设中部专用玉米产业带、沿江沿河优质水稻产业带、中东部高油高蛋白大豆产业带和西部杂粮杂豆产业带。园艺特产业围绕东部、中部、西部三条园艺特产产业带进行建设，东部以中药材、经济动物、食用菌和长白山山珍为主，西部以油料和经济作物为主，中部以瓜菜为主，建设蔬菜、中药材、食用菌、经济作物、经济动物、长白山山珍食品及水产七大北方园艺特产产业基地。农产品加工以种植业和园艺特产业的产业布局为基础，促进大成、中粮、皓月等龙头企业集聚，重点开展粮食、畜禽、特产品和林副产品加工。

长吉图先导区应依托吉林大学、吉林农业大学等高校和科研院所的技术优势，通过产学研联盟和国际合作示范区等形式大力推进和建设先导区内优质商品粮基地、生态林业基地、精品畜牧业基地和高效特色产业基地，通过先进理念和模式打造一批具有国内和国际知名的产品品牌，通过创新与集聚树立长吉图先导区乃至吉林省的现代农业品牌。

(八) 现代服务业

随着现代科学技术向服务行业的不断渗透，服务业中的现代化越来越明显，最终发展成现代服务业并逐渐出现在人们的生活中。现代服务业是伴随着信息技术和知识经济的发展产生，用现代化的新技术、新业态和新服务方式改造和提升传统服务业，并向社会提供高附加值、高层次、知识型的生产服务和生活服务的服务业。它与传统服务业相对应，是一种现代化、信息化意义上的服务业，其本质是实现服务业的现代化，而其核心则是发展技术、信息和相对密集的现代生产性服务业。如今，现代服务业正逐渐成为实现经济全面协调可持续发展的保障；实现行业结构调整、优化、升级的途径；成为提升城市和区域综合竞争力的选择。这也为长吉图先导区的发展带来了新的方向。

根据长吉图先导区的战略要求，以及地区的区位优势、产业优势和市场需求，先导区内应以现代物流业、特色旅游业、特色文化产业为重点，大力发展科技、金融、信息、商务会展等生产性服务业，构建以总部经济、金融业、科技信息为支柱，文化创意、现代旅游、商贸物流为先导的现代服务体系。具体来说，要依托于区域内的汽车、石化、农产品加工、粮食生产等产业带来的大宗商品和东北亚中心的区域位置大力发展现代物流业；依托长吉图先导区快速发展的需要打造金融服务业；依托互联网和大数据的快速发展打造电子商务等信息服务业；依托长吉图先导区内特色旅游资源打造旅游业；依托汽博会、农博会等特色会展打造会展业；依托电影业和动漫产业发展文化创意产业。

第三节　长吉图先导区战略性新兴产业发展的技术路线

一　技术路线方法介绍

为了更加有效地加速长吉图先导区战略性新兴产业的发展，可以利用技术路线图这一研究方法，更快更明确地实现吉林省传统产业的改造和升级。

技术路线图是一种非常重要的战略规划工具，从20世纪70年代至今，国际上许多成功应用的案例使技术路线图备受推崇，现在正向着理论的深度、技术与产品的广度和可操作性这一方向发展。而我国国内应用技术路线图这一技术工具进行战略规划活动的起步相对较晚，比较有代表性的应用是：广东省的产业路线图、由科技部组织的国家技术路线图和中国科学院组织的科技路线图计划，现在国内其他省市也在进行技术路线图的研究和制定工作。

我国也是在最近几年才认识到技术路线图在科技战略情报研究中的价值。

在竞争日益激烈的外部环境中，科学和技术信息研究不断吸收企业的智慧，先后引进了情景分析、SWOT分析、BCG矩阵、德尔菲法和其他许多方法。在全球经济一体化的浪潮中，在科学和技术研究领域的国际合作已经非常普遍，为了掌握科学技术和发展趋势的最新成果，就需要汇集多元智能，跨境、跨区域合作已成为一种趋势。技术路线图战略情报技术以其独特的分析框架与组织形式，可以适应目前的科学和技术规划的要求，势必将成为一个非常重要的研究方法。

因为技术路线图的发展是由管理实践来引导的，而不是由管理理论来引导的，所以分析技术路线图在各个领域的应用及其自身的发展演进，对于技术路线图的应用和研究具有十分非常重要的参考价值与指导意义。本节将对技术路线图的内涵与框架，以及发展的不同阶段的特点与应用实践情况进行综合的介绍，并且把技术路线图应用于长吉图先导区的战略性新兴产业中。

（一）什么是技术路线图

路线图是指应用简单的图形、表格、文字和其他形式描述技术变化的步骤或者技术相关环节之间的逻辑关系。它可以帮助用户定义在这一领域的发展方向与实现目标所需的关键技术，明确产品和技术之间的关系。它包括最终的结果和制定过程。技术路线图具有高度概括、高度综合与前瞻性的基本特征。

技术路线图是一种结构化的规划方法，我们可以从三个方面概括：它作为一个过程，可以集成各种利益相关者的观点，并将其统一到预期目标上来；作为一个产品，纵向上它有力地将目标、资源和市场相结合，并明确它是技术和它们的属性之间的关系，横向上它可以将过去、现在与未来统一起来，既描述现状，也预测未来；作为一种方法，它可以被广泛应用于技术规划和管理、行业未来预测及国家的宏观管理中。

（二）技术路线图的结构与制定步骤

技术路线图可以使用数据图表、文本和其他形式如报告、常用图表形式。技术路线图专家认为，无论采取哪种形式，都必须回答以下三个问题：在充分考虑技术、产品、市场前景和其他因素的情况下，我们计划去哪里吗？我们现在在哪里？我们如何到达那里？要回答这些基本问题，技术路线图一般在结构上采用多层结构格式，横坐标（时间维度）反映的是技术随时间的演化，纵坐标（空间维度）反映的是技术发展和研发活动、产业、基础设施、市场前景等不同层面的社会条件的联动关系。根据不同的用途，不同的应用领域，在纵坐标上内容（水平）代表发展技术路线图会有所不同。

制定技术路线图的过程是利益相关者组织在该领域的未来发展达成共识并

表达出来的过程。在一般情况下，国家级企业技术路线图制定过程可以分为以下四个步骤。

（1）准备阶段。确定发展技术路线图的方法，收集相关方面的文献，确定利益相关者，形成技术的发展和市场情况的初步分析。

（2）确认对未来的愿景。分析现状与各种社会条件和障碍，在很大程度上决定了未来的发展目标和时间框架，可采用研讨会方式完成。

（3）确认技术发展路线。为了实现目标，根据技术发展和实际情况来确定发展的优先方向，描述研究项目，可采用研讨会方式完成。

（4）形成技术路线报告。

二 技术路线方法的可行性研究

（一）技术路线图应用于战略性新兴产业

产业是产生于社会分工的基础上，按照国民经济的划分标准，在商品或者劳务的生产与经营方面具有某种同类属性的企业经济活动的集合。而战略性新兴产业担负着新的社会生产分工职能，具有一定规模和影响力，代表市场经济体制和产业结构转型的新方向、新要求，并且也代表了科技产业的一个新的水平。因此，战略性新兴产业一般具有创新性、先进性、综合性、国际性、风险性、成长性及可持续性等特征。战略性新兴产业的发展战略是指从大局出发分析战略性新兴产业的发展，分析构成产业发展全局的各个因素之间的关系，找出影响并决定经济全局或者局部的发展因素，并相应地做出筹划与决策。技术路线图作为技术预见工具具有高度集成、高度概括、富有远见和多样化的参与性等基本特征。反过来说，战略性新兴产业的发展成熟，因为没有成熟的发展基础，其技术路线图的研究，更适合从产业发展的角度，全面研究其发展战略，而不是直接从技术入手研究其技术发展路径。

具体来说，技术路线图对战略性新兴产业发展战略制定的作用主要体现在以下三个方面：①新兴产业的技术基础与相关产业的发展现状，确定市场需求，明确行业发展的趋势，把发展重点集中在将要出现的潜在的市场上面；②综合运用调查、情景分析、头脑风暴法等方法，产学研相结合的各界讨论，明确产业发展方向；③通过技术路线图制定方法与程序可以有效地整合政府、产业界、大学、科研机构、人才、知识与信息资源，实现产业资源的优化配置。

基于技术路线图的新兴产业发展战略制定，着重于通过政府主导、产业企业重点参与、相关利益者参加的形式，利用技术路线图工具，通过有效地沟通和交流，制定出更加科学合理的产业发展战略。

具体的技术路线图方法已经在企业界、科学界和政府被广泛应用，并得出了有效的结论，产生了良好的效果，也证明了技术路线图应用于长吉图先导区战略性新兴产业的可行性。

（二）技术路线图用于科学研究

在科研研究方面，技术路线图正在快速的发展。技术路线图中可以将各种理论和发展趋势，以及各种理论模型组合在一起，鉴别出学科内和学科间潜在的联系，解释并理解各种调查与实验，发现更广阔的知识空间。技术路线图甚至还可以把解决问题的各种工具与设备和图纸、图表与会议演说等整合在一起。

（三）技术路线图用于技术预测

最初提出将技术路线图用于技术预测的是 BP 石油公司，并且已经制定了一个以路线图技术为基础的预测方法。最初用来设计技术战略，其中包括该公司的商业活动。在开展技术预测时，企业可以使用技术路线图方法对各方面的意见，包括规划、投资、监测和执行等进行可视化的描绘与总结。技术路线图为企业技术预测过程提供了一种结构化的对话平台，极大地帮助了不同层次的企业技术交流，它提供了一个切实可行的办法以确保研发计划是正确的选择，正确优先级和获得充足的财政支持。

（四）技术路线图用于知识管理

技术路线图可以将市场、人才、技术、管理、环境等其他因素紧密结合，进行有效的管理知识，提高它们的竞争。所以，技术路线图作为知识管理的工具之一，可以用来了解企业环境、战略、技术开发、人力资源等最佳组合建立企业中人和人、人和信息之间的联系。技术路线图提供了一个工具，还介绍了一个过程，促进在一个特定的背景下获取、理解、组织甚至创造知识，有利于提高决策能力和知识共享，促进有利于组织的学习气氛。

（五）技术路线图用于技术管理

从实践上看，技术路线图还可以应用于技术管理的全部过程，包括技术的规划、技术方案的选择、技术投资的决策和技术的评估等。

（六）技术路线图用于产品开发管理

技术路线图还可以用于产品开发，改变原有的基于资金的技术开发模式，通过综合考虑资源、市场、技术等各方面的因素来选择产品的开发方案。

（七）技术路线图用于项目规划

作为一个项目的规划工具，技术路线图可以帮助确定项目需要的技术能力，制订项目实施计划，从而确保技术在需要时可及时获得。技术路线图用时间规划的方式将应用研究、产品开发实践和需求相结合。识别并集中在最困难的技术问题上，并有针对性地开展研发活动，检查和解决项目最需要解决的问题。

（八）技术路线图的其他方面应用

技术路线图被广泛用于行业研究，如美国石油组织于2000年绘制出石油产业技术路线图，描绘了2020年美国石油工业的情况。它也可以用于政府管理，如美国能源部能源办公室环境管理的技术路线图用于环境管理。技术路线图也渗透到我们的日常生活中，欧洲科学技术观测局于2003年制定了一份与我们日常生活密切相关的住房供应、交通、购物、商务、教育和学习、文化、休闲和娱乐、健康和其他方面的观察报告。

三 长吉图先导区重点领域发展的战略性新兴产业技术路线图

上文对技术路线图的内涵和框架，以及不同发展阶段的特点和应用实践情况进行了综合介绍，下面将利用技术路线图这一方法，把技术路线图应用于选择出的长吉图先导区拟发展的战略性新兴产业中，从而更加明确实现吉林省传统产业改造和升级的路线及途径。通过与各领域技术专家进行多次座谈，将长吉图先导区七个战略性新兴产业（现代服务业除外）重点发展领域集成为先进制造、先进材料、现代农业和生物工程四大领域。

（一）先进制造领域

1. 产业发展与技术现状
1）行走机械制造领域

本书主要从汽车电子、轨道客车和新能源汽车三方面对长吉图先导区行走机械制造领域进行技术分析。根据长吉图先导区行走机械制造领域的发展状况和现实条件，在综合考虑发展趋势、研发力量、研发与引进成本的差异，以及产业发展结构等因素的基础上，运用科技路线图绘制未来两个五年计划内行走机械制造领域的产业发展方向、重点技术领域和关键技术，以及实现技术产业化的时间节点和发展路径。

（1）汽车电子技术。汽车电子产业缺乏拥有自主知识产权的产品，其中差距最大的是电子电器，无论是发动机、动力组成还是底盘技术，实际上最后核心技术都归为电子电器上。2011年，中国1800多万辆产能，其中合资车产量占主要地位，自主生产的车不到1/3。实际上，中国汽车电子产业是以合资体系为中心的，国外品牌和技术占绝对主导地位，国内市场上电子电器零部件主要是由外资企业或合资企业生产的。国内汽车电子企业只能制造附加值极低的零部件。发动机管理系统、车身电子稳定系统、中央控制器等电子关键件主要由外商独资或合资企业生产，90%的正时齿轮系统、防抱死刹车系统、80%的电动玻璃升降系统，都由外商独资或合资企业生产，我国汽车电子零部件空心化的问题突出，大部分汽车电子企业缺乏核心技术和产品竞争力，整体技术亟待突破。

近年来，国内自主创新企业没有按照产业需求路线发展，因此在自主创新的形势走下坡路。但是在自主创新中，国内汽车电子企业介入的不是产业的核心系统，车身、发动机、安全保障、底盘等主要还是从国外进口。从产业角度来看，国内汽车电子企业市场占有率低，虽然个别企业占有一席之地，但总体上市场形势非常严峻。

汽车电子是发展现代汽车工业的重中之重。随着汽车机械技术、材料技术等的发展逐渐进入稳定期，汽车电子的创新及应用作为提升汽车安全性、可靠性、稳定性、舒适性、娱乐性及发展智能交通的必要手段成为发展汽车工业的重要内容。汽车电子技术已经成为汽车产业发展的关键技术和核心技术，它融合了现代通信技术、传感技术、网络技术、控制技术、计算机技术、微处理器技术、新材料、新工艺等内容，是现代汽车工业发展中最有价值、最有贡献的组成部分，也是优化"人-汽车-环境"整体关系最为重要的手段。

（2）轨道客车。轨道客车装备制造产业是吉林省重要的支柱产业之一，经过多年发展，长春已成为名副其实的中国"轨道客车之都"。2012年有36个轨道客车配套项目陆续开工，年底吉林省轨道客车配套率将达40%。轨道客车龙头企业长客股份订单需求量很大，订单满满。

长春轨道客车装备产业开发区是吉林省乃至全国轨道客车的摇篮。一批批具有高科技含量的轨道客车配套产品，从这里走向全国，走向世界。2012年4月到6月，包括日立永济电机、上海坦达座椅、德国福伊特等企业的26个轨道客车配套新、续建项目陆续开工投产。

目前，产业园内共有轨道客车配套生产企业42家，轨道客车本地配套率达到32%，拥有年产1000辆高速动车组，1200辆轨道客车，500辆铁路客车的生产能力，产业集聚效应已初步显现。2012年产业园继续加强了与长客股份的密切合作，谋划布局了一批零部件加工、模具制造、新型复合材料等配套项目。

今后，长吉图先导区应全力打造立体式的轨道客车产业基地，通过轨道客车产业的发展，带动吉林省装备制造业的发展，通过整车1000亿产值基地的建设，不断延伸产业链条，为促进全省工业向高端化、规模化、集群化、品牌化转换做出贡献。

长客股份近年来业绩突出，已然成为闻名全球的轨道客车研发生产企业。其研发生产的专供哈大线"CRH380B型高寒动车组"，保留了"高速动车组"的技术特点和优势，更加适应北方的严寒气候，它在防寒采暖、密封及防雪等方面都采用了全新的设计。高寒动车组技术在世界处于领先水平。2012年3月，长客股份公司出口巴西里约热内卢的首列EMU电动车组上线运营，是长客股份打开南美洲市场的处女作，也揭开了吉林省轨道客车出口新的一页。

（3）新能源汽车。中国新能源汽车发展快速，但由于相对国外起步较晚，在技术方面还存在许多问题，可供推广的品种单一，仅混合动力客车可实现小批量生产，混合动力轿车仍处在试验阶段，纯电动汽车及关键核心部件的研发与生产尚处于起步阶段；从事新能源汽车企业的自主研发能力较弱，研发资金投入不足，还没有真正满足纯电动汽车使用要求的关键核心部件，产业链还不完善。新能源汽车技术的复杂性和目前人力和财力的现状，决定了吉林省新能源汽车产业化工作的长期性和艰巨性。

吉林省新能源汽车研发与产业化起步较早，与国内其他省份相比，具有一定的产业基础和人才优势，并取得了一批具有自主知识产权的技术成果。一汽是我国最早进入新能源汽车领域的企业，其生产的普锐斯混合动力轿车引进日本丰田的技术，现已形成小批量生产能力。自主研制的混合动力客车技术指标一直保持国内领先水平，目前已开始批量投放市场，在大连和长春公交线路上进行示范运营。一汽客车公司中型纯电动客车已进入小批量生产阶段，并在长春市和辽源市公交线路进行了示范运行。锂离子动力电池也已开始小批量投入生产，在长春市和辽源市初步形成了锂离子动力电池、磷酸亚铁锂正极材料、锂离子电池隔膜材料等较为完整的动力电池产业链，年生产能力已经达到0.8亿安时。

到2015年，纯电动、混合动力等新能源轿车和客车及专用车，品种基本齐全，形成一定的批量生产能力；新能源汽车自主配套体系基本形成；动力电池、驱动电机、整车控制器生产能力满足省内配套需要；基本形成省内自主研发能力，力争完成省级和国家级动力电池、驱动电机、电控系统实验室的建设。

2）光电信息领域

（1）产业发展现状。近年来，长吉图先导区依托雄厚的研究基础和独特的研究优势在光电信息产业上取得了跨越式发展，由于相关研究机构集聚长春，长春市成为长吉图先导区光电信息产业的核心发展城市。以长春市为例，在产业规模方面，2010年其光电信息产业实现产值470亿元，是2005年的4倍，发展速度之快，规模之大，位居全国前列；在企业数量方面，2010年仅长春市的光电信息类企业总数就超过了 350 家；在产品种类方面，主要光电信息产品达到 500 余种，半导体激光器、光电编码器、微光夜视仪、航空摄像机等产品成为国内外知名品牌；在自主创新方面，光学遥感、激光调阻、激光电视、全固态激光器、稀土发光等 49 项光电信息自主创新产品在全国光电信息领域产品创新中处于领先地位；在产业集群方面，创建了以长春光机所为主体的"中国科学院长春光电子产业园区"和以吉林大学、长春理工大学为支撑的"长春光电技术产业园区"，2004 年，长春市同武汉市一起被列为国家第一批"光电子产业基地"。由此可见，吉林省已成为国内重要的光电产品制造研发及投资的核心地。

虽然长吉图先导区光电信息产业成果颇丰，但在某些方面存在的问题依旧非常突出，在一定程度上阻碍了产业发展。首先，企业规模较小。东光集团是长春市最大的光电企业，但近些年光学产品的比例逐渐减小；奥普光电技术股份有限公司虽然现已上市，但规模也远不及其他地区光电行业的上市企业。其次，行业发展分散。吉林省光电信息产业没有形成相对集中的产业集群，产业链条集聚不够、延伸不宽，整机厂商少，器件、材料厂商多的结构性矛盾依然突出。最后，人才与成果流失严重。吉林省光电信息产业在人才与研发成果保护方面仍有欠缺，从业人力结构不优、人才保护方式不得当等问题仍是造成产业体量规模不大、总量不高、发展不快的重要瓶颈。

（2）技术现状。作为中国光学科技的摇篮，吉林省在光电信息领域产品研发及技术创新方面一直处于全国领先地位。

在长吉图先导区内，长春光机所是中国最早开展光学科学与工程技术研究的研究所，也是我国目前光学领域内最大的研究所。长春光机所现已形成了基础研究、应用基础研究和高技术研究完整的科研体系。优势学科领域涉及发光学、现代应用光学、信息显示技术、光学工程、微纳科学与技术、医用光学、先进加工制造技术。其主要研究方向包括固体稀土离子中的激光光谱学、低维半导体发光物理、短波光学、光学 CIMS、光电子技术、光学超晶加工、空间光学技术、光电测控、平板显示技术及微纳机械科学技术等。近年来，长春光机所还取得了以"神舟五号""神舟六号""风云三号"有效载荷为代表的一批重大科研成果，2010 年对外新签科研合同额达到 17 亿元。长春光机所是我国高级航天光学遥感器、机载光电平台及大型光测装备的主要研制、生产基地，为我国的国防建设、经济发展和社会进步做出了一系列突出贡献。

长春理工大学以光电技术为特色，在激光技术、光电检测仪器、光电医疗仪器、光电教育仪器、现代光学及应用电子技术等方面具备了雄厚的研发实力。学校建有高功率半导体激光国家重点实验室、空地激光通信技术国防重点学科实验室、光电测控与光信息传输技术教育部（直属）重点实验室，以及空间光电技术、光电功能材料、精密与特种加工、光电检测装备、生物检测、固体激光技术与应用、应用化学与纳米、微波通信技术工程8个吉林省重点实验室；拥有空间光电技术国家地方联合工程研究中心，以及教育部光电功能材料、吉林省光电测控仪器、吉林省激光加工、吉林省空间光电技术、吉林省半导体激光技术、吉林省特种电影技术及装备6个省部级工程研究中心；还有中德激光加工技术科技部国际科技合作基地、国际纳米光子学和生物光子学吉林省国际科技合作基地；是吉林省光机电一体化研究与设计、激光加工、固体激光技术与应用、光电子器件与应用科技创新中心。

吉林大学在光电信息领域也具备一定的研发优势，其电子科学与工程学院的微电子学与固体电子学为国家重点学科。学校拥有国家重点实验室——集成光电子学国家重点联合实验室吉林大学实验区。该实验室主要研究研究方向包括"半导体量子阱材料物理""重要光电子器件物理、设计与工艺""光波导器件设计与工艺实现""光电子器件应用及系统技术""光电子新材料、新器件、新应用技术"等，配备有分子束外延设备、精密光刻机、反应离子刻蚀机、单色仪、半导体激光器常规参数测试系统、半导体激光器热阻测量仪、低温光荧光测试系统等先进实验设备，在新型半导体光电子器件及其系统研发方面取得了一系列高水平成果，在有机发光、OLED等领域优势明显。

依托长春光机所、长春理工大学和吉林大学三个优势研究单位，长吉图形成了一批与光电子相关的国家重点科研机构。其中，拥有国家级重点实验室8个，国家一级学科10个，省部级实验室38个，国家级质量监督检测中心2个，企业技术中心25个。虽然长吉图先导区光电信息领域技术优势较强，但技术成果转化步伐慢，同上海、广州等地比较具有一定差距。名牌产品少，产品领域覆盖虽广，但消费类终端产品少，国内知名产品少，专业性产品过多，没有体现技术优势，没有形成品牌效应，产品结构性矛盾依然存在。

2. 主要技术需求

1）行走机械制造领域

（1）汽车电子。重点发展的汽车电子领域应满足以下几种特点：产品技术含量高，具有重大技术创新价值；产品投入产出效益好，附加增值高，具有高经济价值；市场壁垒低，市场容量大，具有高成长性；和上下游产业关联性强，可大力带动关联产业发展，具有高渗透性和关联性。

发动机、变速器、转向系统、制动系统、传动系统、悬挂系统、汽车总线控制系统中的关键零部件技术要求实现自主化，新能源汽车专用零部件技术要达到国际先进水平。建设长春国家汽车电子高新技术产业化基地——汽车电子产业园。

（2）轨道客车。形成年产380公里/时和250公里/时高速动车组1200辆、城轨客车 1800 辆、动车组检修 180 列的能力,满足国内市场并出口海外市场,国内动车组市场份额超过 30%,普通铁路客车市场份额超过 40%,国内城铁车市场份额超过 40%,实现工业产值 500 亿元。

(3) 新能源汽车。实现 2015 年锂离子动力电池为一汽集团等整车企业配套,年产能达到 1 亿安时,驱动电机形成、整车控制器形成规模化生产能力,并能够为两省内新能源汽车配套,吉林省新能源汽车自主配套体系基本形成;形成省内自主研发能力,力争完成省级和国家级动力电池、驱动电机、电控系统实验室的建设;混合动力轿车(含插电式)、混合动力客车、中型纯电动客车、纯电动轿车形成一定的批量生产能力。

针对新能源汽车产业急需解决的重大科学问题,此领域的技术需求主要集中在解决新能源汽车电池技术、驱动电机技术、整车控制器技术三方面。其中,新能源电池的技术需求主要在正极材料、负极材料、电解质成分、电池隔膜技术、电池外壳材料五方面技术问题上。

2) 光电信息领域

基于长吉图先导区光电信息产业的产业发展现状和技术研发现状,围绕市场可能的需求方向,选取长吉图先导区重点技术领域,确定以下技术需求。

(1) 激光。激光领域需要进一步完善半导体激光器技术,实现半导体激光器的大功率化、高亮度化及高精度化,通过技术研发带动上游激光芯片等材料及材料生产设备的发展,拉动下游全固态激光器、光纤激光器、激光电视、激光切割设备、激光淬火设备、激光精密雕刻设备、激光复合熔覆设备、激光打标机、血管瘤激光治疗仪、脊椎骨质增生激光治疗仪等一系列半导体激光器件和设备生产企业的发展,形成大功率半导体激光技术应用产业链。除此之外,汽车、客车需要激光切割、激光焊接、激光热处理及激光调阻机等激光技术参与到生产制造过程中。空间激光通信领域也需要更高端技术,以满足国家某些特殊行业通信要求。

(2) 特种装备。特种加工设备领域在微电子加工和超精密加工方面有着较大需求,高精度激光调阻机、自动超声波粗铝丝压焊机、超小尺寸 LED 贴片机、TFT-LCD 短路环激光切割机和 COG 邦定机等微电子专用生产和后封装设备需要继续进行研发改进。只有特种装备实现高精度、高标准才能带动精密机械加工行业的发展,进而带动整个特种加工设备领域的发展。

(3) 光电子显示。在有机光电材料与器件方面,研发重点在 OTFT 基板制备技术、OTFT-LCD 集成技术、OLED 白光照明技术、高分子太阳能光电转换材料和有机光伏电池大面积制备技术,以及 OPV 关键材料和有机光伏电池制备技术等,并探索在光通信和近红外成像等领域实际应用。在研发过程中,寻求与企业的对接,降低制造成本,进一步提高材料稳定性,促进产业化进程。

（4）光电仪器。在光电传感器方面，需要集中解决数控光栅传感器、CMOS芯片及传感器方面的高精度、批量化的技术问题。在光电检测仪器方面，工业用检测仪器和激光检测仪器均需要实现进一步升级和批量化生产。生化分析仪器和高档内窥镜应实现自主研发，激光医疗仪器、新型X光机也要快速实现批量化生产，这样可以将我国光电医疗仪器研发生产快速带入到国际先进层面上。光电遥感仪器、光电教学仪器需要尽快追赶上某些发达国家的技术水平。光学仪器领域的光学传感器（红外、日盲紫外探测器）、液晶波前校正器需要实现小批量产业化。在光谱仪器方面，由于国内高档和新颖光谱仪器市场被外国仪器占领，许多急需的专用仪器还是空白的，所以从根本上解决我国光谱仪器产业发展落后问题已迫在眉睫，大面积高精度光栅制造技术成为急需解决的技术难题。

3. 技术创新目标

"十二五"期间，深入贯彻落实科学发展观，坚持走新型工业化道路，以做强做大汽车电子产业、轨道客车和新能源汽车产业为主线，依托特色资源和比较优势，加快结构调整和发展方式转变，做优做强优势产业，培育发展新兴产业，改造提升传统特色产业；积极培育骨干龙头企业，延长产业链条，打造具有核心竞争力的大型企业集团；加大招商引资力度，推动企业兼并重组，实现强强联合；加强自主创新和技术改造，实施投资拉动、项目带动和创新驱动战略。大力引进国内外先进技术和优秀人才，发展高端产品，切实提高高端装备制造业增长质量和效益，努力建设具有国际水平的高端装备制造基地。

1）行走机械制造领域

（1）汽车电子。打破部分技术瓶颈，全面提升电子产品性能，提高消费者认可度。制定完善的鼓励政策，加大政府扶持力度，大力发展中小型企业，投产建设产业缺失环节的相关项目，建立完整的汽车电子产业链。降低产品价格，创新产品销售宣传方式，做好产品的售后服务工作，抢占国内市场份额，在国内市场稳步增长的同时，进军国际市场。

（2）轨道客车。做优做强优势装备制造产业，打造国际一流的集研发设计、集成制造、修造服务为一体的轨道交通装备制造基地，到2015年，国内动车组市场份额高于30%，普通铁路客车市场份额高于40%，国内城铁车市场份额高于40%，实现工业产值500亿元。积极引导和培育更多吉林省内企业进入配套体系，全面提高为轨道客车的配套能力和水平，努力实现省内配套产值300亿元以上，配套率50%以上，使长吉图轨道交通装备制造技术达到国际先进水平，制造规模居世界前列。

（3）新能源汽车。集中长吉图汽车产业的优势资源，打造吉林省新能源汽车产业基地。长春市要加快产业布局，促进一汽新能源汽车生产基地的建设，尽快形成批量生产能力，积极开展三大关键部件的研发、形成配套能力。吉林市要加快锂离子动力电池及材料生产基地建设,加强辽源汽车电器和汇丰电机公司驱动电机的研发,实现产业化。

2)光电信息领域

(1)激光领域。在半导体激光器方面,到2015年,完成5千瓦超高亮度大功率半导体激光器、200瓦高效率高功率半导体激光器、2瓦单模大功率980纳米半导体激光器和5瓦大功率1.5~2.0微米半导体激光器研发,将红绿蓝半导体激光器应用于激光电视。到2020年,力争将10千瓦超高亮度大功率半导体激光器、500瓦高效率高功率半导体激光器、5瓦单模大功率980纳米半导体激光器和10瓦大功率1.5~2.0微米半导体激光器研制成功,使采用红绿蓝LD的激光电视达到国际标准,为后续批量生产做好准备。

在激光加工方面,到2015年,将部分激光切割与激光焊接技术进行实践应用,将激光热处理与激光调阻机全面投入使用;争取到2020年建立一套或多套全面融合激光切割、激光焊接、激光热处理技术及激光调阻机的生产专线,应用于汽车、客车等的生产过程中。

在空间激光通信方面,到2015年,争取将飞机/飞艇与地面、与飞机/飞艇10G/50千米样机研制成功,并完成试验,到2020年研制出10G/100千米的工程样机;另外,全面攻关卫星与卫星或卫星与飞机/飞艇5G/40000千米关键技术,争取进行演示实验,到2020年完成5G/4000千米的工程样机;到2015年,研制出2.5G/10千米的工程样机,实现地面与地面站间激光通信,到2020年完成初步应用,为10G/5千米样机研发打下基础。

(2)特种装备领域。特种装备领域涉及微电子加工和超精密加工两方面。在"十二五"及"十三五"期间,应以COG和CMOS晶圆切割代工项目为平台,积极发展微电子加工产业;以90纳米节点曝光光学系统产业化核心技术开发作为超精密加工领域的重点任务,争取到2020年实现高端扫描光刻机等集成电路关键制造装备的产业化与国产化。

(3)光电显示领域。在有机光电方面,到2015年,突破大面积OTFT制备技术及OTFT-LCD集成技术,发展高性能有机红外成像材料及变色材料;"十三五"期间,突破OTFT-LCD集成技术和喷墨打印技术,开发高效率OLED白光照明技术,发展OPV关键材料和低成本柔性有机光伏电池制备技术,同时开发高性能有机光子材料,探索其在光通信和近红外成像等领域的实际应用。10年内,持续开发大尺寸OLED白光照明技术及高分子太阳能光电转换材料和有机光伏电池大面积制备技术,为其后续产业化奠定基础。在无机光电方面,主抓LED高端显示产品及路灯照明应用的关键性技术研究及产业化,及LED显示器件和LED照明器件的后封装设备的研发和产业化。

(4)光电仪器领域。光电仪器领域又可以细分为光电传感器、光电检测仪器、光电医疗仪器、光电教学仪器、光电遥感仪器、光学仪器、光谱仪器几个领域。

在光电传感器方面，2015年之前重点关注数控光栅传感器、CMOS芯片及传感器的研制与生产，争取到2020年能够彻底解决国内图像传感器应用受制于人的局面。在光电检测仪器方面，争取快速实现工业用检测仪器和激光检测仪器的批量生产，力争2020年达到国际领先水平并在国内广泛投入使用。在光电医疗仪器方面，主抓生化分析仪器、高档内窥镜的研发，力争到2020年这两项仪器应广泛投入应用；高端激光检测仪器和新型X光机尽快投入使用，未来继续改进研发及制造水平，在国内大范围推广。

在光电教学仪器方面，光电综合参数测试仪几年内快速投入应用，完成教学仪器的数字化显示，2020年之前，扩大推广范围，争取占领国内大部分市场；2015年之前，研制出高端教学仪器和网上教学光电仪器，于2020年前在国内投入使用，并占领部分国内市场。

在光电遥感仪器方面，2015年前争取让地基测试仪器、空基测试仪器、天基测试仪器的研制水平达到国际领先标准，并在2020年之前推广使用。

在光谱仪器方面，开展光栅制造与应用技术的工程化研究，力争到2015年将"长行程纳米级工作台""长行程、等速率精密刻划系统"研制成功，制作出长寿命光栅刻划刀具；2020年，研制出米级行程纳米精度工作台，实现米级行程工作台高精度微位移控制技术和米级行程纳米精度相位锁定技术自主化，尽快解决高精度光栅国产化问题，提高我国光谱仪器精度。

在光学仪器方面，到2015年，完成NA 0.75 DUV光刻投影物镜集成及精密环控研发，力争到2020年能够对高NA DUV投影光刻物镜进行装调与检测，带动以图像显示为主的光学仪器产业发展。红外、日盲紫外探测器、液晶波前校正器具尽快实现小批量生产；2020年实现大规模生产。

4. 关键技术突破方向

先进制造产业正逐步向全球化、信息化、专业化、极端化、绿色化、服务化方向发展，制造技术则向数字化、自动化、集成化、智能化、精密化、虚拟化等方向发展，并且彼此渗透、相互依赖、相互促进。

1）行走机械制造领域

（1）汽车电子。吉林省、黑龙江省汽车电子技术产业的整体技术水平已经有了很大的提高，但与国外技术水平相比有一定差距。汽车电子市场基本分为两类：一是车体汽车电子，包括发动机、底盘和车身电子；二是车载汽车电子，包括行车电脑、导航、音响和信息娱乐系统，以及车载通信系统等。车载类又分为车厂定制的前装和市场销售的后装。在车体汽车电子领域，技术几乎被国外汽车电子厂商垄断。目前，在被外企垄断的前装市场，除了个别本土企业在一些非核心技术领域，如汽车影音有零星突破外，大部分企业掌握的技术都很有限。其中主要的技术突破方向包括：发动机控制系统、自动变速箱控制系统、底盘电子控制单元、底盘集中控制系统、分布式车身控制系统、车载娱乐信息中心、车载网络产品、车用微控制器芯片、车载总线通信芯片、车用传感器与模块、功率器件等。

（2）轨道客车。依托吉林省轨道客车制造龙头企业长客公司的国内外竞争优势，以提升自主创新和产业化能力为重点，进一步提升长客公司引进消化吸收创新能力，提高牵引制动控制系统、转向架、车体等核心部件的自主设计制造水平及综合检修水平，全力支持长客高速动车组维修基地建设，将长春轨道客车产业园打造成国际一流的集研发设计、集成制造、修造服务为一体的轨道交通装备制造基地。支持长客装备公司在新区建设国内一流的铁路客车、城轨车辆和动车组检修基地，形成六大产品业务板块，努力实现高速动车组三级修48-72列及五级修，600辆铁路客车制造及检修，6万根普速轴和高速轴锻造，2万条轮对造修，6万套旋压制动缸制造、1000辆转向架的生产能力，产值突破100亿元。在轨道客车九大关键技术上走合资之路，加大招商引资力度，吸引世界轨道客车巨头及国内配套龙头企业到吉林省投资合作，实现关键技术的引进消化吸收，满足长客公司高速列车牵引制动控制系统、轮对制造、精密铝合金型材等方面的需求。在十大配套技术方面提高配套水平，对现有吉林省内已形成配套规模及水平的辽源麦达斯、利源铝业、吉林华信、新金享冷弯型钢、长春研奥电器等省内轨道客车配套企业加大技术改造投资力度，积极引导和培育更多省内企业进入配套体系，全面提高为轨道客车的配套能力和水平，努力实现省内配套产值300亿元以上，配套率50%以上。"十二五"期间将轨道客车打造成千亿元产业，制造技术达到国际先进水平，制造规模居世界前列，具备国际竞争力。

（3）新能源汽车。提高油电、气电混合动力大型客车系列产品的研发能力。陆续开发纯电动城市环卫车、游览车、机场转运车和邮电传送用车等专用车辆开发，拓展电动汽车示范领域，形成多品种、多系列的新能源汽车产品，满足不同领域的需要。加强对混合动力和纯电动整车研发体系建设，新能源汽车和高校联合开展对混合动力和纯电动等新能源整车的自主研发，掌握关键技术。

支持开展锂离子动力电池技术研究，提高电池及关键材料的生产一致性、安全性，加强电池管理可靠性和轻量化等方面设计。实现新能源汽车关键部件省内配套。积极支持全省示范推广新能源汽车。加强示范城市示范运行线路基础配套设施的建设。加强与外省及外国的技术交流合作，积极引进国内外先进技术及人才，提高企业自身研发能力。

完善新能源汽车产业链：电动汽车、混合动力汽车及新能源汽车专用发动机、电机、电池、控制系统、专用零部件、电动汽车充电站及配电系统等配套产品。

2）先进动力材料与装备领域

（1）数控机床中的高性能伺服电机。中国科学院沈阳计算技术研究所的下属子公司沈阳高精数控技术有限公司承担数控技术产业化工作。为完善数控系统在国产中高档数控机床电气系统整体配套能力，为实现产业化后部分国内用户的电气配套问题，研制生产主要方向针对机床等自动化设备的中高端应用的永磁同步控制电机。

（2）微型燃气轮机。重点突破高速微型燃气轮机技术、高速微型燃气轮机技术，以及电动机、制冷机等相关微型动力产品技术。

（3）先进动力系统核心部件用关键材料。重点突破完成燃压机组用一、二、三、四级全套涡轮工作和导向叶片的技术；完成燃压机组其他近十种高温部件的研制，并在2012年投入批产；研制输气动力用燃机系列热端涡轮叶片；攻克发电行业用先进重型燃机热端涡轮叶片制造的共性技术；为先进动力装备系统的发展解决材料及制备关键技术问题。

3）光电信息领域

统筹考虑省内光电信息产业各个细分领域的技术研发现状和未来技术发展趋势，在各领域确定了以下关键技术突破方向。

（1）激光领域。激光加工领域重点突破"高亮度超大功率光纤耦合半导体激光器技术"；空间激光通信实现飞机/飞艇之间、飞机/飞艇与地面、卫星之间、卫星与飞机/飞艇、地面站与地面站之间样机的成功研发；激光加工领域着重研究如何将激光加工技术嵌入到汽车、客车生产线中。

（2）特种装备领域。以COG与CMOS晶圆切割代工项目为平台，积极发展微电子加工产业；通过90纳米节点曝光光学系统产业化核心技术开发，实现高端扫描光刻机等集成电路关键制造装备的产业化与国产化。

（3）光电显示领域。在有机光电材料与器件方面，突破大面积OTFT基板制备技术及OTFT-LCD集成技术，开发大尺寸OLED白光照明技术，开发高效率高分子太阳能光电转换材料和有机光伏电池大面积制备技术，突破全有机OTFT-OLED显示集成技术和喷墨打印技术，开发高效率OLED白光照明技术，发展OPV关键材料和低成本柔性有机光伏电池制备技术。

（4）光电仪器领域。在光电传感器方面，主要研发数控光栅传感器、CMOS芯片及传感器；在光电检测仪器方面，主要研究如何实现工用检测仪器和激光检测仪器的批量化生产；在光电医疗仪器方面，生化分析仪器高档内窥镜是研发重点；光电教学仪器要继续往高端数字化方向发展；地基测试仪器、空基测试仪器、天基测试仪器是光电遥感仪器领域下一步完善的技术方向；光学仪器领域研发将主要围绕光刻投影物镜集成技术展开；光谱仪器领域主抓大面积高精度光栅制作技术研发。

5. 产业技术路线图

先进制造领域产业技术路线，如图7-1所示。

第七章 依托科技园区的长吉图先导区战略性新兴产业的选择

领域	子领域	"十二五"时期（2011年—2015年）	"十三五"时期（2015年—2020年）
激光领域	半导体激光器	5kW超高亮度大功率半导体激光器；200W高效率高功率半导体激光器吧条；2W单模大功率980nm半导体激光器；5W大功率1.5~2.0微米半导体激光器；红绿蓝LD适用于激光电视	10kW超高亮度大功率半导体激光器；500W高效率高功率半导体激光器吧条；5W单模大功率980nm半导体激光器；10W大功率1.5~2.0微米半导体激光器；激光电视技术达标
	激光加工	激光切割与激光焊接技术部分实现应用；激光热处理与激光调阻机全面投入应用	适用于汽车、客车等生产，建立专用线
特种装备领域	空间激光通信	飞机/飞艇与地面、与飞机/飞艇10G/50km样机及试验成功；卫星与卫星或卫星与飞机/飞艇5G/40 000km关键技术与演示试验；地面与地面站间，工程样机5.5G/10km,	研制工程样机10G/100 km；研制工程样机5G/4000km；初步应用2.5G/10km, 研制样机10G/5km。
	微电子加工	以COG与CMOS晶圆切割代工项目为平台，积极发展微电子加工产业	
	超精密仪器加工	90nm节点曝光光学系统产业化核心技术开发	实现高端扫描光刻机等集成电路关键制造装备的产业化与国产化
光电显示领域	有机光电	突破大面积OTFT制备技术及OTFT-LCD集成技术；开发大尺寸OLED白光照明技术及高分子太阳能光电转换材料和有机光伏电池大面积制备技术；发展高性能有机近红外成像材料及变色材料	突破全有机OTFT-OLED显示集成技术和喷墨打印技术；开发高效率OLED白光照明技术，发展OPV关键材料和低成本柔性有机光伏电池制备技术；开发高性能有机光子材料，探索其在光通信和近红外成像等领域实际应用
	无机光电	LED高端显示产品及路灯照明应用的关键性技术研究及产业化；LED显示器件和LED照明器件的后封装设备的研发和产业化	
光电信息	光电传感器	数控光栅传感器研制与产业化；CMOS芯片及传感器的研制与生产	填补国内该领域空白，彻底解决国内图像传感器应用受制于人的局面
	光电检测仪器	工业用检测仪器（车辆、电线电缆等）批量生产；激光检测仪器（在线）批量生产	国内广泛应用达到国际先进水平
光电仪器领域	光电医疗仪器	生化分析仪器研制成功；研发高档内窥镜；激光医疗仪器、新型X光机投入应用	国内广泛应用，达到国际先进水平；特种三维内窥镜投入应用；提高技术水平，扩大国内应用范围
	光电教学仪器	应用光电综合参数测试仪、教学仪器数字化显示；研制高端教学仪器、网上教学光电仪器	扩大国内推广；在国内投入应用，占领部分国内市场
	光电遥感仪器	地基测试仪器、空基测试仪器、天基测试仪器国内领先	在国内推广应用，逐步达到国际先进水平
	光学仪器	NA0.75DUV光刻投影物镜集成及精密环控；红外、日盲紫外探测器及液晶波前校正器实现小规模批量化生产	高NA DUV投影光刻物镜装调与检测；红外、日盲紫外探测器及液晶波前校正器实现批量化生产
	光谱仪器	长行程纳米级工作台研制成功；长行程、等速率精密划线研制成功；长寿命光栅刻划刀具制作	米级行程纳米精度工作台；米级行程工作台高精度微位移控制技术；米级行程纳米精度相位锁定技术
行走机械制造	汽车电子	电机控制关键技术研发；动力总成控制系统研发及产业化；汽车电子专用芯片研发及产业化重点工程	形成全球汽车电子产业基地，建成完整的汽车电子产业链，在原材料、元器件、汽车电子模块等各环节分别形成较大规模的产业群
	新能源汽车	省内新能源汽车销量在当年新车销量中所占比重达到10%以上；公交、出租、公务、市政、邮政等领域推广使用新能源汽车，配套设施建设基本健全；纯电动、混合动力等新能源轿车和客车及专用车，品种基本齐全，形成批量生产能力；支持一汽技术中心、一汽客车、吉林大学等单位联合开展对混合动力和纯电动等新能源整车的自主研发，掌握关键技术；加强新能源汽车关键部件的研发；动力电池、驱动电机、整车控制器生产能力满足省内配套需要	建成完善新能源整车自主研发体系；新能源汽车自主配套体系基本形成
	轨道客车	实现牵引制动控制系统、轮对制造、精密铝合金型材的技术吸收；深化系统集成技术、轻量化车体技术、高速转向架集成及制动技术、列车网络控制技术；提高牵引控制系统、转向架、车体等核心部件的自主设计制造水平及综合检修	将长春轨道客车产业园打造成国际一流的集研发设计、集成制造、修造服务为一体的轨道交通装备制造基地；将轨道客车打造成千亿元产业，制造技术达到国际先进水平，制造规模居世界前列，具备国际竞争力

2011年　"十二五"时期　2015年　"十三五"时期　2020年

图 7-1　先进制造领域产业技术路线图

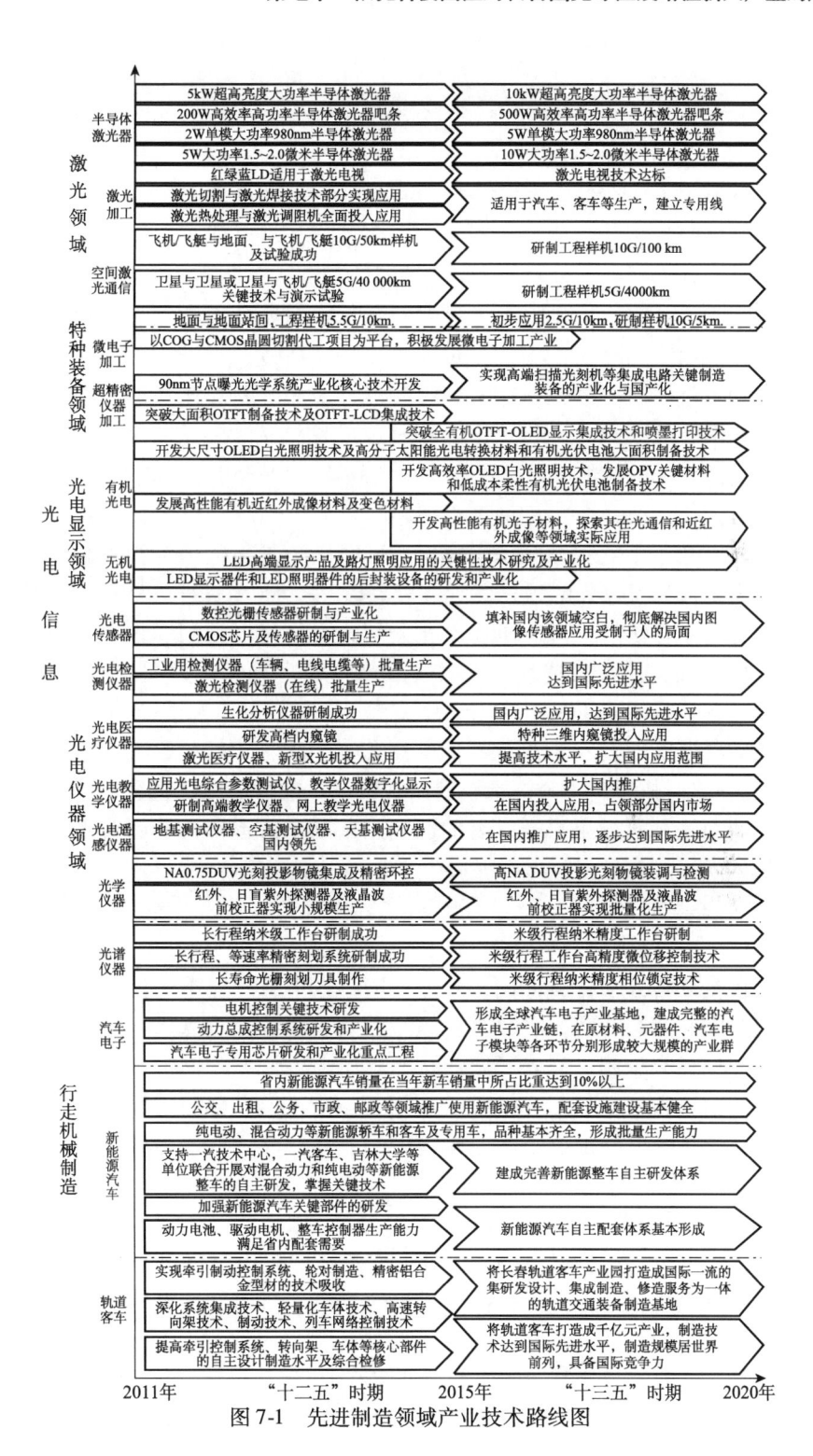

（二）先进材料领域

1. 产业发展与技术现状

先进材料作为社会经济和现代科技发展的物质基础及先导，在工业生产中起着举足轻重的作用，是能源、汽车、电子信息、航空航天、建筑、交通运输等行业发展的基础，是高技术产业的重要组成部分。

经过几十年的奋斗，我国先进材料产业不断发展壮大，产品的种类、数量不断增加，应用范围逐渐扩大，初步形成了包括研发、设计、生产和应用，品种门类较为齐全的产业体系。随着国家和地方对先进材料产业的不断重视，近几年，长吉图先导区的先进材料产业也迅速成长起来。依托资源优势，结合产业发展需要，在先进材料领域已形成了一定的技术积累和研发实力。

吉林省的稀土镁合金、特种工程塑料、合成橡胶制备技术已达到国内甚至是国际领先水平，环境友好高分子材料正向着以二氧化碳聚合物和聚乳酸为基础的材料发展，具备较强的领先性。早在2009年，吉林省先进材料工业总产值就已经超过了300亿元，形成了以吉化公司、吉林化纤集团、吉恩镍业、中科英华、中科希美、长春圣博玛、吉大特种塑料等一批企业为代表的产业基础。除此之外，吉林省集中了长春应化所、长春光机所、吉林大学等一批国际知名、国内一流的科研院所和大专院校；拥有高分子物理与化学、电分析化学、稀土资源利用、超硬材料等11个国家级重点实验室。这些单位一直在广泛开展先进材料技术研究且科研成果卓著，有的已达到国际先进水平，从而对吉林省先进材料领域的发展形成了强有力的支撑。

2. 主要技术需求

1）环境友好高分子材料领域

在环境友好高分子材料方面，聚焦我国绿色生态产业重大需求，结合东北区域特点、资源结构特点，以二氧化碳和生物质资源为重点，通过催化剂设计和聚合反应过程的控制，深入了解结构与材料使役性能之间的关系，探索掌握二氧化碳基塑料和聚乳酸的高效低成本制备技术，发展薄膜、纤维和发泡专用材料技术和先进的成型加工技术，在国内建立具有国际竞争力的生物降解塑料产业。

2）先进化学电源关键材料领域

先进化学电源关键材料方面，主要研究液体燃料电池移动电源电极反应机制，开展电催化活性与稳定性、高分子聚合物电解质改性、电池结构优化，发展多孔电极微区时空传递理论。同时，深入理解高分子/电极界面物理化学特性，制备具有高载流子迁移率的新型窄带隙有机聚合物光伏材料和染料。此外，开展稀土储氢电池的关键材料研究，解决材料和器件所涉及的基本科学问题。

3）轻质高强结构材料

轻质高强结构材料主要围绕铝、镁、钛合金及其复合材料，研究在苛刻使用条件下的性能提升和绿色制备方法。与一汽集团、北车集团合作，开发轻质高强合金结构件和非承重件，应用于车体轻量化等方面。

4）功能材料

稀土异戊橡胶的主要技术需求集中在稀土催化体系创新和异戊橡胶性能提高，异戊单体高效合成技术开发和碳五资源整合及高值化利用突破，聚合、凝聚和后处理工程技术创新等方面上。

稀土及钍资源清洁低碳冶金技术以稀土清洁冶金工艺的原始性创新为核心，开展分离化学、流程化学的基础研究，发展我国原创的高效、安全、洁净的绿色萃取分离流程及其他新的分离方法，完善氟碳铈矿提取和分离的清洁工艺，实现高效化、高值化和清洁化的工业生产，继续开发高纯氟化铈优质原材料的工业制备技术；开发第三代单一稀土分离提取绿色新流程；研究核纯钍的高效分离与制备技术；解决分离流程中环境保护和资源合理利用等重大问题。

稀土功能材料领域主要研发稀土新材料和新技术。新材料主要开发宽温区、大容量稀土镍氢电池，用于脱硫、脱氮、脱硝和柴油机尾气净化新型稀土催化剂，温度超过1250℃的新型稀土热障涂层材料，以及轻质、高强和耐腐蚀的稀土铝合金、稀土镁合金及钨铝合金材料；新技术主要集中在研发新波段红外稀土激光晶体制备技术、环保型稀土硫化物着色剂中试关键技术及稀土电极材料核心技术等关键技术上。

羰基金属材料领域主要攻关技术集中在以铁、钴、镍、铜为主的羰基金属材料开发制备上，不断优化羰基金属配合物的合成工艺。探索羰基金属材料多方面产业化应用的技术方法。

固体润滑材料领域的技术需求集中在发动机节能减排与可靠性关键固体润滑技术方面。

5）生物医用材料

生物医用材料主要研究以金属为主的硬组织材料与器件，以聚酯类合成高分子及多糖类天然高分子为主的软组织材料与器件，以多肽类药物、抗肿瘤药物、抗生素类药物为主的缓控释制剂。围绕以上重点研究方向，产生五个方面的技术需求：一是生物结构和生物功能的设计与构建研究；二是表面/界面过程-材料与机体之间的相互作用机制研究；三是生物导向性及生物活性物质的控释机制研究；四是生物降解/吸收的调控机制研究；五是材料的制备方法学和质量控制体系研究。

3. 技术创新目标

围绕国家对资源高值化利用及大力发展先进制造、战略高技术产业对先进材料的重大需求，结合吉林省经济工业跨越发展要求和资源特色，发挥域内相关科研院所的特长，在环境友好高分子材料、先进化学电源关键材料、轻质高强结构材料、功能材料、生物医用材料等方面利用集群综合优势，全面提升创新能力，解决支柱产业和战略性新兴产业中的重大材料技术问题，促进区域创新体系建设，支撑并引领绿色、清洁、先进材料体系的发展，使长吉图先导区成为在国内外具有广泛影响的高地。

1）环境友好高分子材料

在环境友好高分子材料方面，结合东北区域特点、资源结构特点，重点发展以聚乳酸、二氧化碳基塑料为代表的生物降解高分子材料。

到2015年，基本实现聚乳酸和二氧化碳塑料的结构和性能调控，在薄膜和注塑产品领域形成万吨级的市场，分别建立3万吨规模的生产线并实现正常运行，形成具有自主知识产权和带动作用的生物降解塑料产业；到2020年，实现聚乳酸和二氧化碳塑料的结构和性能调控，在纤维、薄膜、注塑和泡沫制品方面形成10万吨级的市场，建立10万吨以上规模的生产线，在材料制备、加工和应用技术、产品市场等方面走在国际前列。

2）先进化学电源关键材料

在先进化学电源关键材料方面，形成液体燃料电池系列低成本的新型、高效、抗中毒的电池阴、阳极纳米催化剂批量制备技术；实现效率12%以上的染料敏化太阳能电池，推进产业化进展；研发出宽温区性能的新型AB3复相储氢合金，确定宽温区Ni-MH电池组生产的配套材料和技术，实现Ni-MH电池组配套材料的生产及Ni-MH电池组的设计和工业化试生产。

3）轻质高强结构材料

轻质高强结构材料主要包括铝、镁、钛合金及其复合材料，主要研究在苛刻使用条件下的性能提升和绿色制备方法。

开展资源深加工，发展铝、镁、钛合金制品，满足汽车、电子信息等行业对轻质高强材料的需要。到2015年，形成高端铝合金材5万吨、高端钛合金材1万吨、高强镁合金压铸及型材和板材3万吨的生产能力，基本满足飞机、轨道交通、节能与新能源汽车等对新型轻合金材料的需求。

4）功能材料

功能材料主要研究稀土异戊橡胶、稀土及钍资源清洁低碳冶金技术、稀土功能材料、羰基金属功能材料、固体润滑材料。

在稀土异戊橡胶方面，到2015年实现单线3万吨/年的规模产业化，总生产规模达到10万吨以上；到2020年完成单线10万吨/年异戊二烯单体合成技术和单线10万吨/年异戊橡胶生产技术，实现异戊二烯单体合成的大规模产业化。稀土异戊橡胶总产量达百万吨/年以上，彻底解决我国天然橡胶资源短缺问题，使我国合成橡胶工业在质量、产量和品种上走在世界前列。

在稀土及钍资源清洁低碳冶金技术方面,到2015年,建设1~2个千吨级示范工程,解决我国稀土资源的高效、清洁利用,满足国防和高新技术对稀土高纯产品的需求,为钍基核能开发提供高品质燃料生产技术;到2020年,实现清洁冶金工艺技术的全面升级和推广,并突破特种功能材料用高纯稀土化合物及金属分离纯化关键技术,实现特殊高纯稀土产品的批量生产和核燃料级钍的批量制备,促进我国高新技术的发展。

在稀土功能材料方面,到2015年,主要开发具有我国自主知识产权的稀土新材料和新技术,增强我国稀土科技的自主创新能力和在国际上的竞争力,支撑战略性新兴产业和国防军工的跨越式发展,形成在稀土发光和合金等领域的工程化能力。到2020年,形成新波段红外稀土激光晶体批量生产能力;形成环保型稀土硫化物着色剂万吨级产业化规模;形成宽温区、大容量稀土镍氢电池批量供货能力;用于脱硫、脱氮、脱硝和柴油机尾气净化新型稀土催化剂达到千吨级规模产业化;温度超过1250℃的新型稀土热障涂层材料达到规模产业化;实现轻质、高强和耐腐蚀的稀土铝合金、稀土镁合金和钨铝合金材料万吨级规模产业化。

在羰基金属功能材料方面,到2015年开发以铁、钴、镍、铜为主的羰基金属材料,优化羰基金属配合物的生产工艺。到2020年,实现羰基金属功能材料作为化工原料和催化剂,以及在纳米材料、膜及涂层领域的产业化应用。

在固体润滑材料方面,到2015年实现发动机节能减排与可靠性关键固体润滑技术开发,到2020年实现产业化应用,使发动机的油耗量降低2%~5%,二氧化碳排放量降低4%~9%。

5) 生物医用材料

生物医用材料主要研究硬组织材料与器件、软组织材料与器件,以及缓控释制剂。

到2015年,满足生物医用材料主要技术需求,实现生物医用材料关键技术突破,探寻组织工程化人工器官生物材料及药物控释材料的自成、改性方法,实现材料参与生命过程和构建生命组织的目的。通过上述研究的开展,使长吉图生物医用材料的研究水平有较大提高,为我国生物医用材料科学及其产业的发展奠定坚实的基础。

4. 关键技术突破方向

1) 环境友好高分子材料领域

在环境友好高分子材料领域重点突破以聚乳酸、二氧化碳基塑料为代表的生物降解高分子材料的制备技术、加工技术。设计开发高效、高选择性催化剂体系和低能耗的聚合方法,实现生态环境高分子材料的低成本规模化制备,解决材料结构和理化性能控制的瓶颈问题。针对材料应用,创新生态环境高分子的加工和应用技术，解决材料使用性能与生物降解性能的矛盾关系，突破材料的应用瓶颈。

2）先进化学电源关键材料领域

在先进化学电源关键材料方面，解决电池实用过程中燃料转换率、比能量、安全性、可靠性等难题，突破大面积高效太阳能电池连续化生产的制备技术瓶颈，突破连续化制备的薄膜太阳能电池效率8%的极限，突破高比能的锂离子电池负极材料瓶颈等。

3）轻质高强结构材料

轻质高强结构材料关键突破技术在于铝、镁、钛合金及其复合材料在苛刻使用条件下的性能提升和绿色制备方法，以及轻质高强合金结构件和非承重件在车体减重等方面的应用技术等。

4）功能材料

在稀土异戊橡胶方面实现以下三大突破：①立足丁稀上催化体系的创新和异戊橡胶高性能化，实现稀土异戊橡胶大比例直至全面替代天然橡胶；②突破异戊单体的高效合成技术，解决碳五资源的整合和高值化利用的技术瓶颈；③创新聚合、凝聚和后处理工程技术，发展出高效率、低成本的稀土异戊橡胶。

在稀土及钍资源清洁低碳冶金技术方面，突破并发展包头矿碱法焙烧、四川矿铈（IV）、钍和稀土（III）的分离回收、离子型矿低浓度稀土溶液直接提取、重稀土的高效分离、高纯稀土化合物和金属的纯化、核纯钍的制备等一系列关键技术。

在稀土功能材料方面，开发具有我国自主知识产权的稀土新材料和新技术，突破新波段红外稀土激光晶体制备技术，突破环保型稀土硫化物着色剂中试关键技术，突破稀土电极材料核心技术，解决大尺寸无缝挤压等关键技术。

在羰基金属功能材料方面，开发以铁、钴、镍、铜为主的羰基金属材料，突破羰基金属材料原有"还原羰化"的生产工艺。探索羰基金属材料作为化工原料和催化剂，以及在纳米材料、膜及涂层领域的多方面应用。

在固体润滑材料方面，关键技术突破集中在发动机节能减排与可靠性关键固体润滑技术开发及产业化方面。将在类金刚石薄膜在发动机关键运动部件表面的减摩机制、类金刚石薄膜与润滑油的化学作用机制，以及表面织构在降低摩擦、磨损及表面织构的设计原则等方面进行重点攻关。

5）生物医用材料

围绕生物医用材料领域重点研究方向，结合主要技术需求，该领域关键技术突破方向有以下几点：①具有诱导组织再生的骨、软骨及肌腱等基底材料和框架结构的设计及其仿生装配；②材料与特定细胞、组织之间的表面/界面作用，揭示影响生物相容性的因素及本质；③可自控或靶向释放蛋白、基因等特异性生物活性物质的材料的设计及生物导向性原理;④用于组织细胞和基因治疗的半渗透聚合物膜的设计、自装配及特异性细胞密封技术;⑤生物降解/吸收材料的分子结构和生物环境对其降解的影响、降解/吸收速度的调控、降解/吸收及代谢机制,以及降解产物对机体的影响;⑥生物医用材料及修复体的计算机辅助设计。

5. 产业技术路线图

先进材料领域产业技术路线,如图7-2所示。

环境友好高分子材料
- 重点突破以聚乳酸、二氧化碳基塑料为代表的生物降解高分子材料的制备技术、加工技术
- 设计开发高效、高选择性催化剂体系和低能耗的聚合方法,实现生态环境高分子材料的低成本规模化制备

先进化学电源关键材料
- 发展电池阴、阳极纳米催化剂批量制备术
- 实现效率12%以上的染料敏化太阳能电池,推进产业化
- 研发宽温区性能的新型AB3复相储氢合金
- 实现Ni-MH电池组及配套材料的工业化生产

轻质高强结构材料
- 铝、镁、钛合金及其复合材料苛刻使用条件下的性能提升和绿色制备方法
- 合作开发轻质高强合金结构件和非承重件

稀土功能材料
- 开发具有自主知识产权的稀土新材料和新技术
- 突破新波段红外稀土激光晶体制备技术
- 突破环保型稀土硫化物着色剂中试关键技术
- 突破稀土电极材料核心技术,研发宽温区、大容量稀土镍氢电池
- 研发用于脱硫、脱氮、脱硝和柴油机尾气净化新型稀土催化剂
- 研发温度超过1250℃的新型稀土热障涂层材料
- 解决大尺寸无缝挤压关键技术,研发轻质、高强和耐腐蚀的合金材料

稀土及钍资源功能材料清洁低碳冶金技术
- 稀土清洁冶金工艺的原始性创新
- 高纯氟化铈优质原料的工业制备技术
- 第三代单一稀土分离提取绿色新流程
- 核纯钍的高效分离与制备技术

稀土异戊橡胶
- 突破异戊单体的高效合成技术
- 创新聚合、凝聚和后处理工程技术
- 稀土异戊橡胶占据大比例直至全面替代天然橡胶

羰基金属功能材料
- 以铁、钴、镍、铜为主的羰基金属材料开发及产业化

固体润滑材料
- 发动机节能减排与可靠性关键固体润滑技术开发及产业化

生物医用材料
- 生物结构和生物功能的设计与构建
- 表面/界面过程-材料与机体之间的相互作用机制研究
- 生物导向性及生物活性物质的控释机制研究
- 生物降解/吸收的调控机制研究
- 材料的制备方法学和质量控制体系研究
- 攻克以金属为主的硬组织材料与器件、以聚酯类合成高分子及多糖类天然高分子为主的软组织材料与器件、以多肽类药物、抗肿瘤药物、抗生素类药物为主的缓控释制剂

2011年　"十二五"时期　2015年　"十三五"时期　2020年

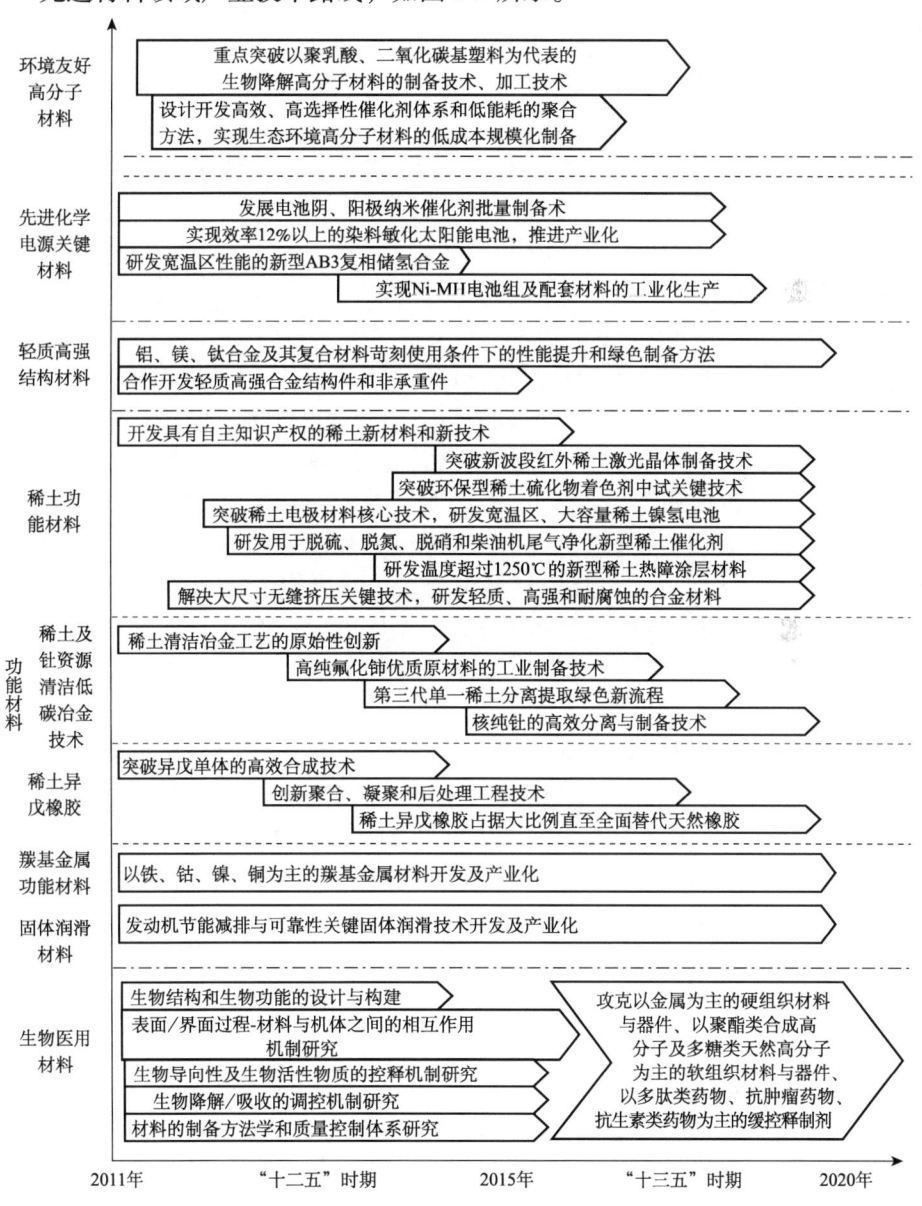

图7-2　先进材料领域产业技术路线图

（三）现代农业领域

1. 产业发展与技术现状

目前，长吉图先导区农业产业技术以中国科学院东北地理与农业生态研究所为依托，联合其他研究院所、高校等科研单位，形成了以黑土区农业生态为重点，以碱地生态、玉米超高产、大豆育种、水稻抗逆和草地畜牧业为特色的现代农业技术研究体系，在黑土退化过程及驱动因子、黑土培肥、盐碱地生态恢复与重建、水稻和大豆新品种培育、无公害粮豆生产等方面都取得了重要的技术突破，拥有一支较强的现代农业科技队伍，在农业技术上具有一定的优势。但同时，长吉图先导区在主要作物种质资源创新、作物高产理论与技术、农业资源高效利用、绿色农业新技术、产地环境与食品安全等重要方向上还存在创新不足、核心技术有待突破等诸多难题。

2. 主要技术需求

1）主要作物种质资源创新领域

作物新品种选育实际上就是对作物种质资源中的基因进行选择与组合。作物种质资源中优异基因的开发和利用可以大幅度提高作物产量，改良抗性和品质。但是我国主要作物种质基因资源缺乏，遗传基础不清，明显制约着我国粮食作物产量提高和品质改良。因此，此领域的技术需求主要集中在水稻、玉米、大豆骨干亲本生育期和生长习性性状等位基因的演变相关关键技术，产量和耐盐碱重要基因组区段、关键基因及其组合方式的遗传效应，以及水稻、玉米、大豆候选骨干亲本的分子设计关键技术等几个方面。

2）作物高产理论与技术领域

与粮食安全、生态安全、健康安全和农业可持续发展的目标与需求相比，吉林省作物高产理论与技术方面还存在理论与技术的体系薄弱、作物高产关键栽培技术创新不足、多目标生产关键技术难题没有根本解决、技术推广体系不健全等许多问题。针对作物生产中急需解决的重大科学问题，此领域的技术需求主要集中在作物高产理论模式和技术体系创新、作物产量与品质协同提高技术、生态安全与环境友好的作物高产技术等几个方面。

3）农业资源高效利用领域

针对吉林省土壤肥力提升空间较大，以及农业生产中存在的土壤退化、耕地质量下降、化肥利用率低、雨水分布不均等实际问题，为了达到农业资源的高效利用，此领域的技术需求主要集中在土壤碳、氮、水要素耦合作用机制与调控、黑土肥力质量演变过程与定向培育、农田土壤水库增容高效利用技术、三江平原水资源合理配置与水田开发技术、水土资源高效利用的循环农业模式等几个方面。

4）绿色农业新技术领域

近年来，由于化学肥料的大量投入及传统化学农药的长期使用，全省的耕地质量不断下降、面源污染不断加剧，造成投入效益逐年递减，而且水、土、农产品及生物体内的化学肥料和化学农药残留量日增，为了提高农产品品质，减轻环境污染，提高农业资源利用效率，实现农业清洁生产的目标，发展绿色农业迫在眉睫。此领域的技术需求主要集中在生物肥料、生物农药、生物调节剂的研制技术，农田信息采集、精准生产管理决策技术，玉米淀粉、大豆蛋白高值化的农产品多层应用技术，以及生物降解薄膜、多种功能种衣剂、新型保水剂研制技术等几个方面。

5）产地环境与食品安全领域

随着经济社会的飞速发展，土地沙化与盐碱化、耕地退化、农田防护林老化、重要生态系统功能退化、食品安全等问题严重威胁着东北地区粮食主产区粮食生产的稳定性、可持续性和安全性。为了保障粮食安全与农业的可持续发展，此领域的技术需求重点在安全食品产地环境标准及检测技术、安全食品生产及加工关键技术，以及食品安全监测关键技术几个方面。

3. 技术创新目标

1）总体目标

以统筹人与自然和谐发展为指导，以吉林省农业高产、优质、高效、生态、安全、可持续发展和区域生态安全为主题，面向国家粮食安全、生态安全和食品安全的战略需求，针对区域粮食增产、生态保障和现代农业发展方面存在的科学问题和技术瓶颈问题，集成中国科学院科技力量，力争在主要作物种质资源创新、作物高产理论与技术、农业资源高效利用、绿色农业新技术和产地环境与食品安全等重要方向上实现理论与技术突破，建立一批农业示范基地及完善的成果转化与产业升级体系，形成一支创新能力强、综合素质高、结构合理的农业科研队伍，推进吉林省农业现代化发展进程，促进区域农村经济发展、改善农业生态环境、显著提高农民收入。

2）具体目标

（1）主要作物种质资源创新领域。以水稻、玉米和大豆骨干亲本及其衍生的大面积推广品种为基本研究材料，应用表型组学、基因组学、作物育种学、生物信息学等学科的理论和方法，阐明骨干亲本中生育期和生长习性等位基因的演变趋势，构建基础遗传图谱，明确两者的遗传育种效应，发掘胁迫环境下实现产量增加的关键分子模块，建立骨干亲本选育及最佳亲本组配的分子设计模型，筛选、创制对未来 5~10 年水稻、玉米和大豆高产育种具有重要促进作用的候选骨干亲本，并通过育种实践验证，为创立骨干亲本育种理论、培育高产优质新品种提供理论和物质支撑。

(2) 作物高产理论与技术领域。作物高产理论与技术的根本任务是揭示作物生长发育和产量、品质形成规律及其与环境的关系。采取农艺措施将良种的遗传潜力转化为现实生产力，实现高产、优质、高效、生态、安全的生产目标，为保障我国粮食安全和农产品有效供给、生态安全、现代农业可持续发展提供可靠的技术支撑。

(3) 农业资源高效利用领域。针对吉林省土壤肥力提升空间较大，以及农业生产中存在的土壤退化、耕地质量下降、雨水分布不均等实际问题，在进一步揭示黑土退化机制的基础上，提出退化黑土定向培育技术。在加强农田生态系统水分、养分、热量等要素耦合的生态过程与机制研究的基础上，提出农田生态系统高生产力形成的水肥调控技术。在明晰水资源及其利用现状的基础上，提出全省水资源优化调配和高效利用途径。以全程机械化生产为前提，以实施增加秸秆和有机肥还田、节水和灌溉技术为保障，最大限度地发挥水土资源的效率，提高中低产农田的生产能力，提供不同类型的示范样板，并加大推广应用力度，为稳步提升区域粮食产量和改善生态环境发挥重要的科技支撑作用。

(4) 绿色农业新技术领域。以提高农产品品质，减轻环境污染，提高农业资源利用效率，实现农业清洁生产为目标，在农业生物制剂、生物肥料、智能信息技术、农产品高值加工转化、农用新材料方面研发现代绿色农业生产关键技术和产品。

(5) 产地环境与食品安全领域。针对产地环境方面存在的重大问题，如草地退化、土地沙化和盐碱化不断加重、耕地退化、水土流失严重严重威胁着东北地区粮食主产区的生态环境安全，提出东北农业区生态安全保障的关键技术体系及示范模式。加强粮油、饲料等农副产品及食品质量快速检测技术，农产品及食品质量安全监测预警技术，农产品和食品质量安全标准体系等研究，建立健全粮油菜等农副产品及食品安全溯源体系、全程质量控制标准体系。

4. 关键技术突破方向

1) 主要作物种质资源创新领域

基因资源缺乏，遗传基础不清是制约我国育种获得重大突破的主要原因。因此，在对作物种质资源的农艺性状进行全面评价的基础上，开展重要农艺性状的遗传基础、形成机制和代谢网络的深入研究，突破关键技术，为分子设计育种提供重要基本信息，并利用分子设计育种的理论和技术，选育出含目标基因的作物新品种，是主要作物种质资源创新领域急需突破的技术方向。

2) 作物高产理论与技术领域

(1) 作物大面积持续增产的栽培措施作用原理和高产群体调控原则。目前的高产或超高产纪录仅在小面积或在特定的年份或气候和地理条件下取得，高产纪录指标重演性差，很难大面积推广应用。其中的主要原因是缺乏有针对性的研究，没有明确作物小面积高产纪录异地重演和大面积持续增产的栽培措施作用原理及高产群体调控原则，因此在这一方面需要深入研究、突破。

（2）作物高产与资源高效的种植方式优化原理。针对东北地区生态与环境特征、主要粮食作物生长发育特点、产量形成的生理生态机制，确定适宜的种植方式，以提高对光、热、降雨等自然资源及种子、农药、肥料、机械等社会资源的利用率，实现主要粮食作物高产与资源高效的协调与统一。

（3）稳定实现作物高产高效的土壤条件及其调控途径。良好的土体构型、耕层结构和水肥保持与供应能力既是作物高产的基础，也是水肥资源高效利用的关键。稳定实现作物高产高效，急需阐明高产高效的土壤条件和关键过程，揭示土壤对逆境条件的响应和缓冲机制，明确提高土壤生产力的定向调控途径。

（4）作物高产与环境友好的协调机制与技术原理。以作物高产为中心，以环境友好为重点，以绿色生态农业技术为支撑，作物-环境-措施三位一体综合考虑，从根本上解决作物高产、环境友好和农产品污染控制等技术难题，实现作物高产、环境友好与生态高值的协调一致。

3）农业资源高效利用领域

（1）吉林省黑土地资源开发较晚，开垦后土壤有机质含量和肥力下降的速度较快，需要明确土壤有机质含量和肥力下降的速度较快的驱动机制和生态学原理。

（2）限制提高土壤生产力的主控因子及其规律。

（3）农村生物质循环过程及其速率调控。

4）绿色农业新技术领域

在以提高农产品品质，减轻环境污染，提高农业资源利用效率，实现农业清洁生产为目标的前提下，应集中科研力量突破在农业生物制剂、生物肥料、智能信息技术、农产品高值加工转化、农用新材料等方面扼制绿色农业发展的关键技术和产品。

5）产地环境与食品安全领域

针对吉林省产地环境的日益恶化及食品安全问题的日益突出，重点突破影响食品安全领域发展的安全食品产地环境标准及检测技术、安全食品生产及加工关键技术、食品安全监测关键技术，以及影响产地环境的农业区生态安全保障方面的关键技术。

5. 产业技术路线图

现代农业领域产业技术路线，如图 7-3 所示。

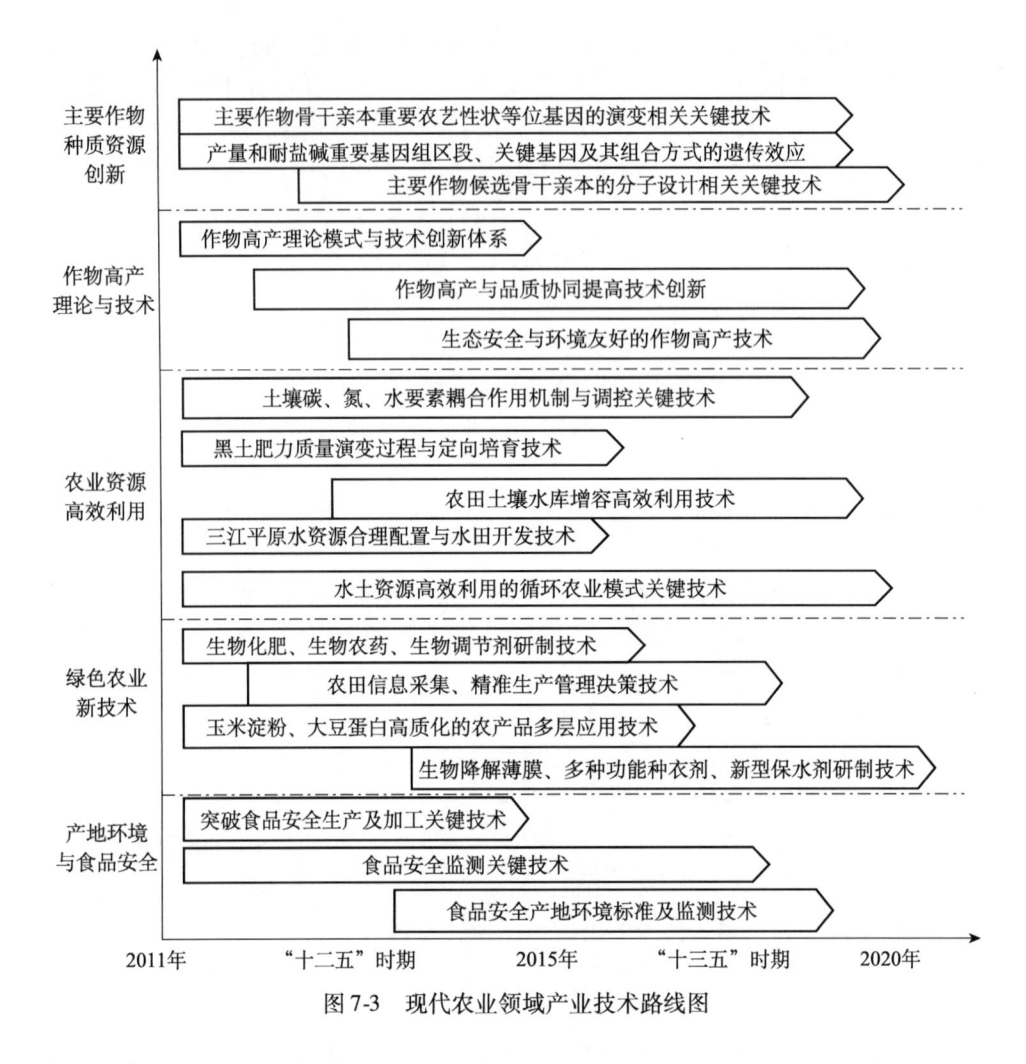

图 7-3 现代农业领域产业技术路线图

(四) 生物工程领域

1. 产业发展与技术现状

生物工程是应用生命科学及工程学的原理，借助生物体作为反应器或用生物的成分作为工具以提供产品来为社会服务的生物技术。

吉林省生物资源丰富，生物资源丰富，产业特色鲜明，技术、人才等优势突出。经过多年的发展，具备了较好的发展基础和比较优势。生物工程产业广阔的发展前景为吉林省发展提供了战略机遇。国家鼓励生物产业发展政策，为生物化工基地建设提供了保障。

1) 生物质资源

生物质是指通过光合作用而形成的各种有机物。生物质产业是指利用可再生或循环的有机物,包括农作物、树木和其他植物及其残体、畜禽粪便、有机废弃物,以及利用边际性土地和水面种植能源植物为原料,通过工业性加工转化,进行生物基产品、生物燃料和生物能源生产的一种新兴产业。

吉林省是农、林、牧生物资源大省。吉林省单位耕地面积秸秆资源量达10.87吨/公顷,全国排名第一。按照国际通行的计算方法,秸秆可能源化利用量占可收集资源量的1/3,全省可投入能源化利用的秸秆总量每年约为1200万吨,相当于600万吨标准煤。"十一五"期间,吉林省用秸秆、玉米芯与糠醛及木糖等联产乙醇年产10万吨;甜高粱乙醇年产10万吨,另外还有近5万吨的甜菜乙醇,10万吨的秸秆丁醇项目。大量的生物秸秆资源在吉林省开始变"废"为"宝",一场"秸秆能源化"浪潮在吉林省生物质能开发产业中悄然兴起。同时,吉林省玉米深加工产业优势明显,赖氨酸市场份额占主导地位,以玉米为原料的丙酮、丁醇、多元醇,以及秸秆、玉米芯等非粮生物质原料的生产技术和生产规模处于国内领先地位。

2007年4月,白城庭峰3万吨/年玉米秸秆乙醇项目奠基,消化玉米秸秆23万吨/年。可实现销售秸秆燃料乙醇3万吨。2009年9月,华能长春生物质热电厂项目建成投产,利用农作物秸秆作为发电燃料,处理农作物秸秆可达20余万吨/年,能源利用效率接近90%。2010年9月,松原来禾化学有限公司"30万吨/年秸秆炼制工业产业化生产线"投产试车成功,利用玉米秸秆半纤维素发酵生产丁醇、丙酮、乙醇等,可应用于能源、塑料、材料、化工等行业。2011年4月,吉林省四平市辽河地区启动秸秆发电项目,以农作物秸秆为主要燃料进行发电,计划建设规模为2×12兆瓦生物质发电厂,项目达产后,年可实现产值1.43亿元,利税1500万元。

目前,吉林省已将玉米资源和秸秆资源利用作为重点开发领域之一,但是吉林省生物资源利用率还不高,其技术水平仍处于较低层次,玉米深加工以初级加工为主,秸秆资源深加工方面产业化不足,附加值较低。

2)人参基因工程

人参素有"百草之王""百药之首"的称号,是在我国传统中医药领域最具有代表性的中药材大品种。作为全国乃至世界最大的人参主产区,吉林省人参产量占世界的70%,出口量占世界的60%。近年来,吉林省开展"人参产业振兴工程",以推动人参产业做大做强。特别是在2010年,卫生部批准了吉林省作为"人工种植人参进入食品试点"后,吉林省确定了25家首批试点企业,在科学、安全的基础上大力开发人参食品。利用现代技术研发人参高端产品和长白山天然资源新产品,实现人参加工产品的创新,提升人参传统产业的附加值并做好前瞻性技术的储备工作,是人参产业健康发展的关键。

为了加强人参领域的联合与合作,提高科技对人参产业的引领和支撑作用,促进人参产业快速发展，2012年4月28日，吉林省举行了中国人参基因组计划启动仪式，标志着我国人参基因组研究与开发工作正式启动和全面开展。

人参基因工程是以基因组学为主要研究手段，开展人参测序研究的。以道地中药人参为研究对象，依托功能基因组、代谢组、生物化学、分子生物学等技术平台，开展人参功能基因组研究、人参活性成分生物合成途径的基因调控与活性成分生物工程研究、人参遗传多样性与种质资源保护研究、人参代谢组研究等方面的工作。从而体现我国传统中药的深刻内涵，获得具有我国自主知识产权、功能明确和有应用前景的重要基因和活性成分，阐明人参中药或复方的作用机制，为中药现代化并走向国际市场奠定基础。

中国人参基因组图谱测序，是破解人参产业精细化、科学化发展瓶颈的前瞻性和战略性基础工作。启动中国人参基因组计划，在选育人参新品种、制定质量标准等方面具有十分重要的科学价值和现实意义，将改变我国人参基础科学研究的落后局面，为人参科学研究奠定理论基石，为支撑和引领人参产业优化升级、塑造人参民族大品牌、重夺世界人参市场及价格话语权提供契机。

2. 主要技术需求

1）生物质资源

传统的生物质能源利用，由于其能效低、产生较多的污染物，在发达地区已经不再提倡使用。现代生物质能源开发利用指的是借助热化学、生物化学等手段，通过一系列先进的转换技术，生产出固、液、气等高品位能源来代替化石燃料，进而为人类生产、生活提供电力、交通燃料、热能、燃气等终端能源产品。

结合吉林省现状，产业化较为成熟的现代生物质能源技术主要包括燃料乙醇技术、沼气技术和秸秆利用技术。

（1）燃料乙醇技术。我国玉米生产比较稳定，但随着燃料乙醇需求量的增加及粮食深加工业需求量的稳定增长，玉米价格也日趋增长，这在很大程度上限制了燃料乙醇的发展。另外，考虑到粮食安全的问题，2007年9月，国家发改委发布的《关于促进玉米深加工业健康发展的指导意见》指出，"十一五"期间我国原则上不再核准新建玉米深加工项目，要求各地立即停止备案玉米深加工项目，而且对在建、拟建项目进行全面清理，对已备案尚未建的项目全面叫停，并大力鼓励发展非粮食作物为原料开发燃料乙醇。

近年，国家出台了一系列政策，强调发展燃料乙醇应坚持"非粮"原则，严格控制玉米工业产品深加工的盲目发展。相关政策的出台对燃料乙醇的生产提出了更高的要求，即由粮食乙醇转向非粮乙醇。目前，可用作制取非粮乙醇原料的能源作物包括木薯、甘薯和甜高粱等，而纤维素制乙醇在技术上也有相应的进步，是未来生物质能源技术与产业化利用的发展方向。

(2) 沼气技术。沼气是有机物质在厌氧环境中，在一定的温度、湿度和酸碱度的条件下，通过微生物发酵作用产生的一种可燃性气体。由于这种气体最初是在沼泽、湖泊或池塘中发现的，所以称为沼气。

经过多年的研究、开发，我国的农村户用沼气技术逐步成熟。在建池方面，目前广泛采用混凝土现浇施工工艺，组装式沼气池正在发展，而且通过专业化施工，由经过专门培训的技术人员和施工队建池，保证沼气池使用寿命达到20年以上。在池型方面，已经研究出适应不同原料、不同气候、不同使用条件的标准化系列池型。在使用管理方面，开发出了各种方便实用的进出料装置和工具，由大进料、大出料发展到随时进料、自动或半自动出料，使沼气池的使用管理变得简单易行。目前，国家充分利用沼气技术，提高农村地区生活用能中的燃气比例。

(3) 秸秆利用。秸秆综合利用是一项长期复杂的系统工程。根据国家要求和政策导向，结合吉林省秸秆综合利用现状、资源潜力及发展趋势，"十二五"期间，秸秆资源综合利用的主要技术需求是：①大力推广秸秆还田技术，提高土壤中有机质含量。②大力推广玉米秸秆制作饲料技术，包括玉米秸秆青贮、微贮、黄贮、酸贮、碱化、草粉、膨化、颗粒饲料加工技术等具体技术，以促进畜牧业发展。③大力推广应用秸秆生产食用菌技术，以增加农民收入。④大力推广秸秆气化技术，使其成为新型清洁能源的原料。⑤推广其他秸秆综合利用技术，如用秸秆发电、造纸、制新型建材、生产化工产品、生产工艺品等。⑥加快酶制剂技术的研发进程。酶制剂为生物催化剂，国内现有产能超过40万吨/年，已实现工业化生产的酶种有20多种，酶制剂产品主要应用于酿酒、淀粉、粉糖、洗涤剂、纺织、皮革、饲料等行业，对这些行业改革工艺、提高质量、降低消耗、提高得率、减轻劳动强度、改善环境起到积极作用。酶制剂也是制约秸秆制糖领域的瓶颈，我国缺少国际酶制剂的高端产品。⑦蛋氨酸的生产技术。蛋氨酸学名甲硫氨酸或甲硫基丁氨酸，是构成人体的必需氨基酸之一，参与蛋白质合成。因其不能在体内自身生成，所以必须由外部获得。如果蛋氨酸缺乏就会导致体内蛋白质合成受阻，造成机体损害。在化工业中蛋氨酸用量很大，我国主要靠进口，其制备方法有两种：其一可用酪蛋白经水解、精制而得；其二由甲硫醇与丙烯醛经斯特雷克合成反应制备（由甲硫醇和丙烯醛加成后再与氰化钠和氯化铵反应，生成 α-氨基腈，再经水解得到 α-氨基酸）。在制备过程中的产物有剧毒，对技术和工艺要求高，尚未找到解决技术难题的方法。⑧赖氨酸菌种、谷氨酸菌种技术的提高和改造。

2) 人参基因工程

人参基因工程技术需求主要包括以下几个方面。

(1) 人参全基因组序列的初步测定和拼接。完成五种人参全基因组测序，证明吉林省人参的传统性、典型性，正本溯源，为人参功能基因组学、蛋白组学、代谢组学、遗传代谢工程和分子遗传育种研究奠定基础。这项技术提示了人参农艺性状、药用性状，从源头阐述了人参药效、药理。

（2）育种技术。主要内容包括人参野生资源库、家养品种资源库、人参基因库和全基因组辅助育种，育种技术建立了种质资源库，品种改良，道地品种优化，防止品种退化。

（3）药筛技术。主要内容包括筛选药物，新药效、新成分的发现，传统药效的物质基础锁定。药筛技术加速了中医药科研成果转化，使企业成为技术创新主体。

（4）鉴定技术。鉴定技术的主要目标是要建设科普长廊、加强知识产权保护、人参品种鉴定、测序、光谱、质谱等。鉴定技术主要是为了申请专利、加强吉林省中药材保护、分子水平品种鉴定等做贡献。

（5）人参转录组测定与分析。人参不同生长发育阶段和不同组织部位转录组的测定和分析、人参基因组和转录组的注释和功能基因发现，克隆和鉴定人参皂苷生物合成和调控相关基因，推动人参皂苷类药物的研究和开发，并为通过基因工程和分子育种培育高品质人参新品种奠定理论基础。

3. 技术创新目标

1）生物质资源

"十二五"期间，吉林省将继续大力推进非粮原料替代，重点开发推广秸秆制糖、秸秆化工醇、秸秆丁醇等非粮生物化工技术，打造以大成集团为主导的千亿元生物质化工产业基地，不断推动生物质产业做大做强。加快中试和产业化，实现非粮生物化工从无到有、从小到大。

进一步扩大赖氨酸生产规模，以赖氨酸为主的氨基酸产能要由现在的70万吨达到100万吨，使其在国际上保持领先地位；加强酒精下游产品的开发，加快非粮酒精的产业化进程，发酵酒精产能由现在的150万吨达到200万吨，以巩固在全国的领先地位；葡萄糖和秸秆糖产能由现在的220万吨达到400万吨；进一步提高秸秆综合利用率；生物质化工醇产能由现在的40吨达到300万吨，打造以大成集团为主导的千亿元生物质化工产业基地。

长春大成集团利用自主开发的秸秆预处理和酶解糖化工艺的秸秆制糖技术正在建设的万吨级工业化中试线近期将投产，预计到"十二五"末期，将建成100万吨玉米秸秆糖生产能力，为年产100万吨化工醇装置提供原料，完全替代玉米淀粉糖。

2）人参基因工程

（1）完善全基因组数据注释分析，构建不同人参转录组数据库。

（2）对具有重要经济价值的地方品种进行重测序。

（3）进行人参比较基因组研究，进行人参溯源进化研究。

（4）进行功能基因分析研究，为全基因组育种提供基础。

（5）构建数据库及可视化网站界面构建。

（6）参与制定人参国际标准。

（7）以人参为基础，开展人参属药用植物基因组研究。

（8）以人参全基因组数据、转录组数据为基础，分析获得全基因组水平标记，开展重要农艺性状关联研究（包括茎高、茎粗、叶长、叶宽等14个植株性状，根长、主根长、根粗、根重、根茎长5个根部性状，以及抗逆、抗病、抗虫等性状）。

4. 关键技术突破方向

1）生物质资源

根据资源情况重点突破酶解糖生产化工醇和秸秆制糖技术。

在酶解糖生产化工醇方面，长春大成集团自2006年开始研究以玉米秸秆为原料，生产生物质化工醇的工艺技术。首先开发了普适性强的复合型糖加氢催化剂和精制糖一步法连续加氢裂解新工艺，并成功应用于集团20万吨化工醇生产装置。复合型糖加氢催化剂和精制糖一步法加氢裂解工艺成功开发和应用，为生物质化工醇生产原料步入多样化和非粮化奠定了基础，即只要以玉米秸秆等生物质为原料生产出糖，便可进一步加氢裂解生产化工醇。

以玉米秸秆为原料生产糖，首先需要对玉米秸秆进行预处理，即去除木质素等对纤维素具有保护作用的成分和破坏纤维素大分子之间的晶体结构，以提高纤维素的酶解转化率。预处理有许多种方法，按所有方法的性质分为物理预处理、化学预处理和生物预处理。若按对天然纤维素原料主要作用机制来分，主要有脱木素预处理、脱半纤维素预处理和降纤维素结晶度预处理。物理预处理包括机械粉碎、蒸汽爆破、微波和超声波处理、辐射处理。化学预处理包括碱处理、溶剂处理、稀酸处理、氧化处理、超临界萃取处理等。大成集团自主研发的处理方法将物理预处理的机械粉碎和化学预处理的溶剂处理有机结合起来。其基本工艺路线为：玉米秸秆粉碎净化后进入连续横管蒸煮器，在一定的压力和温度下，蒸煮溶剂将秸秆中的木质素溶解出来。从连续横管蒸煮器喷放出来的物料经螺旋挤压机固液分离，液体溶剂及其所溶解的木质素去溶剂回收和木质素精制系统，溶剂循环使用。固性物纤维素和部分半纤维素去磨浆机磨浆。磨后的浆洗涤后再次去磨浆机磨浆。预处理所制的浆去酶解装置进行酶解糖化，然后经膜过滤去除蛋白，经离交系统去除离子等杂质，最后得到精制糖。大成集团所开发的秸秆预处理工艺，所用溶剂和洗涤水循环使用，只有少部分含泥沙水排放。此部分水及处理后回用，泥沙经填埋处理。酶解糖化工艺部分洗涤水和离交再生用酸碱中和后去污水处理厂。传统纸浆行业所使用连续横管蒸煮设备根据本工艺温度和压力要求进行强度设计，保持原结构不变。其他设备也为纸浆行业通用设备（图7-4）。

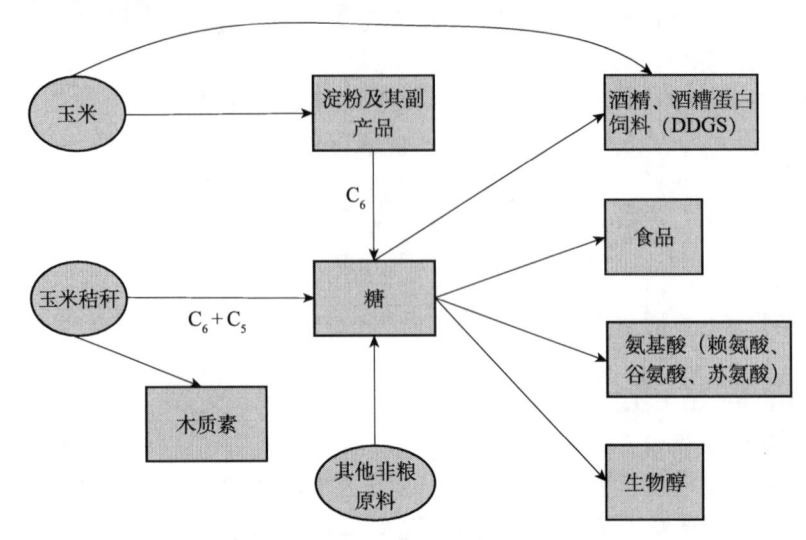

图7-4　生物质秸秆化工技术路线图

酶解糖化工艺所用设备也为常用设备，根据本工艺要求稍加修改设计。

2) 人参基因工程

(1) 全基因组图谱。对五种人参进行全基因组测序分析，进行转录组研究，并与重要农艺性状进行关联性分析，获得人参重要农艺性状功能基因谱。

已完成的分析结果：①大马牙：2倍覆盖454测序，100倍覆盖Solexa测序，完成框架图绘制；②二马牙、野山参、高丽参、西洋参：完成100倍覆盖度测序，完成框架图拼接；③开展部分比较基因组学研究；④转录组：完成部分组织转录组测序。

(2) 遗传与农艺性状研究。进行重要功能基因克隆及其作用网络的研究；重要农艺性状的功能基因组研究；杂交育种技术的改良和完善；重要农艺性状的分子改良。

(3) 遗传资源保护。建立种质资源库、人参资源基因库有利于保持优良人参种性和培育适合各种条件的优良品种，提供丰富的遗传资源和研究材料。

建立基因库就要进行人参品种调研，其中包括人参参数的调查；调研吉林省主要人参种植区人参种植情况；在每个生产地采集人参样本并搜集记录相关资料；调研人参主产地生态状况，包括土壤样本、气候条件等；2011年，紫鑫药业在通化开辟100亩参地作为育种基地；2011年5月种植人参。2011年6月起，采集人参不同生长时期、不同生长部位的100个样本进行转录组测序；详细记录采集样本信息，包括植株形态等重要农艺性状；进行功能基因分析研究，为全基因组育种提供基础。

(4) 全基因组育种研究。分析筛选重要农艺性状及药用性状基因，进行全基因组水平育种筛选；利用分子标记进行优良性筛选，缩短育种时间。

人参全基因组育种研究。包括建立人参种质资源库；以人参全基因组数据、转录组数据为基础建立人参基因资源库；分析获得全基因组水平标记，借鉴其他重要农作物育种经验进行全基因组育种研究。

(5) 工艺与药用性状研究。利用基因组所高通量分析能力，开展中药现代化研究，建立中药材组分分析平台、中药材大规模筛选平台，建立中草药化合物库。

(6) 药物筛选平台建设。建立高通量药物筛选平台，开展中药新药的研发，促进中药成果转化，为医药企业提供强大科技支撑，为综合利用好中药材提供坚实的基础。

(7) 人参品种鉴定。在全基因组水平寻找分子标记，筛选可用于人参品种鉴定的分子标记，并开发快速有效的鉴别试剂。

(8) 人参品质鉴定。以人参基因组库为基础，综合感官的、化学的、营养的、物理的、机械的，以及生物学的性状，在分子水平对人参品质进行分析鉴定。

5. 产业技术路线图

生物工程领域产业技术路线，如图 7-5 所示。

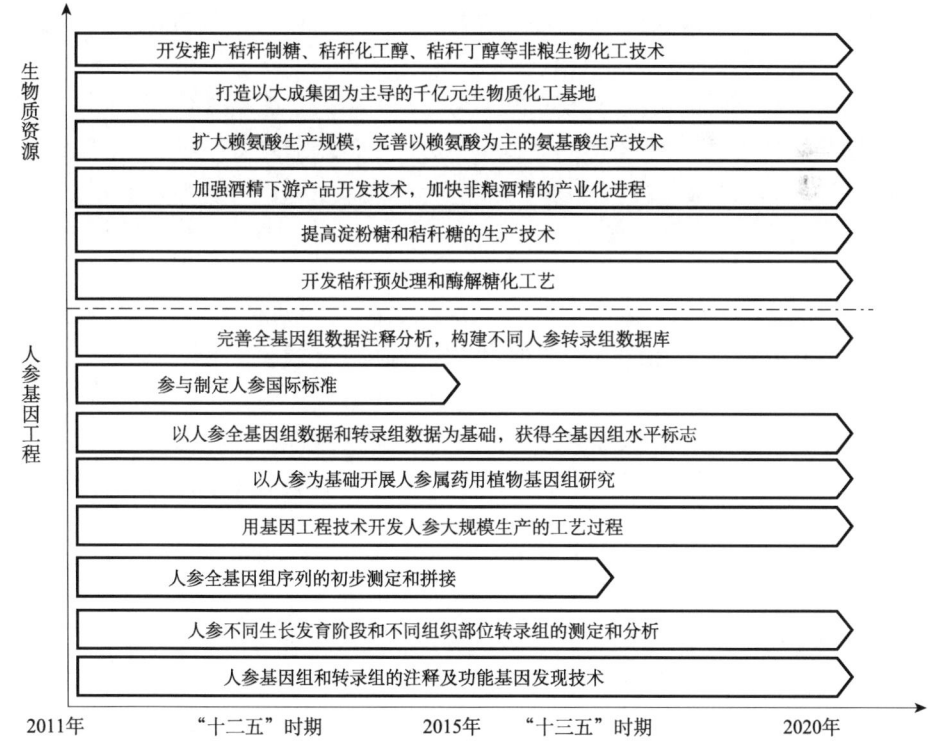

图 7-5 生物工程领域产业技术路线图

第四节　战略性新兴产业在长吉图先导区的发展模式

当前,世界各国都迫切需要新的经济方针来指导本国经济的发展,于是各国纷纷提出依靠科技创新开发新技术和培育新兴产业来进行战略转型。我国长期实行粗放式的经济增长方式,再加上2008年全球金融危机的冲击,使得我国的经济结构面临巨大的调整压力。为此国务院提出了依靠战略性新兴产业来转变我国的经济增长方式,提升我国的综合国力、国际竞争力和抗风险能力。在这样的背景下,政府结合我国经济转轨的发展模式,制定了新的发展纲要,提出通过发展战略性新兴产业来带动我国新一轮的经济增长。长吉图先导区作为我国首个沿边的先导区,先导区内战略性新兴产业的发展对东三省乃至全国都具有重大的意义。在论述长吉图先导区战略性新兴产业的发展模式之前,本书先对发展模式及产业发展模式的概念进行了界定。

发展模式是指事物由小到大、由简单到复杂、由低级到高级变化的标准形式,或使人可以照着做的标准样式。在一个国家,不论什么产业,它总是依据自身的特点,适应市场环境的要求,在自变和应变中,从无到有、由小到大、由简单到复杂、由低级到高级变化得到发展。一个产业,它总是在一个较长的生存和发展过程中,逐渐地形成较为固定的标准形式,这就是通常所说的产业发展模式。针对不同的产业,其发展模式也各不相同。战略性新兴产业具有知识技术密集、物质资源消耗少、成长潜力大、综合效益好等特征,对经济社会全局和长远发展具有重大引领带动作用。本书对先导区内的战略性新兴产业提出了四种发展模式,即基于技术创新、模式创新、产品创新及技术转移的产业发展模式。

一　基于技术创新的战略性新兴产业发展模式

技术创新,指生产技术的创新,包括开发新技术,或者将已有的技术进行应用创新。科学是技术之源,技术是产业之源,技术创新建立在科学道理的发现基础之上。

基于技术创新的战略性新兴产业发展模式就是充分利用区域已有的知识和技术资源,特别是借助重大科学发现和关键性技术的突破,或者研发出能够满足或引领新需求的产品,或者研发出原有产品的升级产品,并能够成功地推向市场,推动战略性新兴产业的形成和成长。长吉图先导区依靠技术创新,实现战略性新兴产业的发展必须要整合区域内优秀的技术资源,通过不断的原始性创新推动战略性新兴产业发展,从技术源头上培育战略性新兴产业的发展。对基于技术创新的战略性新兴产业发展模式的特点和过程的描述如图 7-6 和图 7-7 所示。

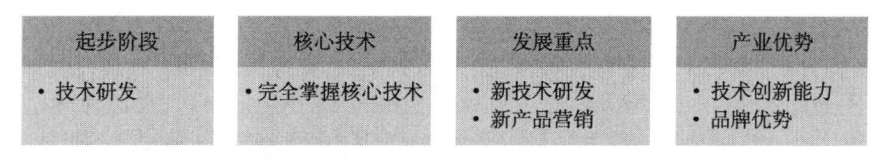

起步阶段	核心技术	发展重点	产业优势
·技术研发	·完全掌握核心技术	·新技术研发 ·新产品营销	·技术创新能力 ·品牌优势

图 7-6　基于技术创新的战略性新兴产业发展模式的特点

原发性技术创新 ⇒ 产业化发展 ⇒ 创新集群的形成

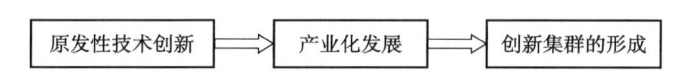

图 7-7　基于技术创新的战略性新兴产业发展模式

基于技术创新的战略性新兴产业发展要求区域具有强大的技术研发实力，具有自主研发原发性技术的科研能力，在产业发展的前一阶段往往需要通过技术路线的方法来进一步分析其可行性。

二　基于模式创新的战略性新兴产业发展模式

基于模式创新的战略性新兴产业发展模式是指在竞争激烈的某一战略性新兴产业领域，区域通过对战略性新兴产业市场需求的深入分析，对已有的战略性新兴产业资源进行重新配置，利用新市场理念打造全新的产业运营模式，通过品牌效应争取更多的市场份额。此种发展模式适合长吉图先导区内具有资源优势但尚未具有技术优势的战略性新兴产业，路径需要具有强大的资源整合能力和配置能力，因此需要以政府或强势核心企业作为主导方进行产业设计。对该模式特点和过程的描述如图 7-8 和图 7-9 所示。

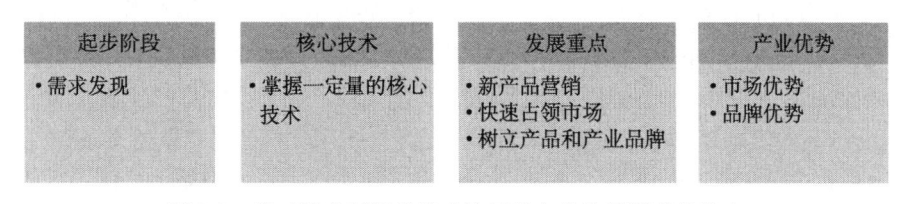

起步阶段	核心技术	发展重点	产业优势
·需求发现	·掌握一定量的核心技术	·新产品营销 ·快速占领市场 ·树立产品和产业品牌	·市场优势 ·品牌优势

图 7-8　基于模式创新的战略性新兴产业发展模式的特点

基于模式创新的战略性新兴产业发展模式要求既需要对长吉图先导区内要素资源禀赋的深入了解，又需要具有对市场需求的深入分析和预测，通过创新性的资源配置方式满足或引导新产品市场需求，获得产业发展空间，再通过企业间、产业间的合作与联盟延长或拓宽产业链，通过集聚提高产业的市场竞争力。

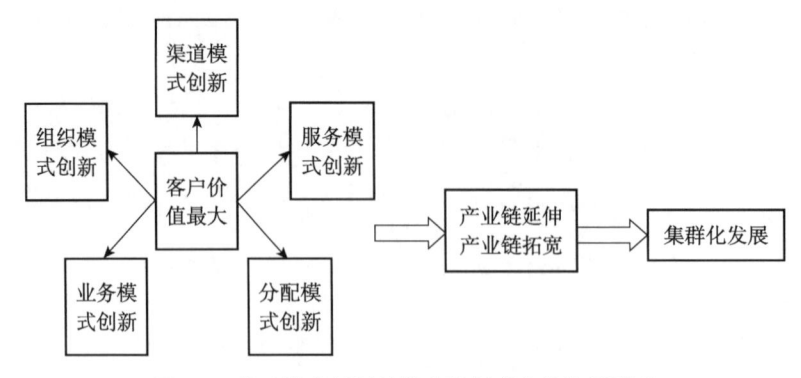

图 7-9　基于模式创新的战略性新兴产业发展模式

三　基于产品创新的战略性新兴产业发展模式

产品创新是指创造出一种新产品或对某一种老产品的功能、结构、外观等进行创新。根据所创新的产品进入市场的时间先后顺序，产品创新的模式可分为率先创新和模仿创新两种。率先创新是指依靠自身的努力和探索，得到一种核心概念或是在核心技术上有所突破，然后在此基础上完成创新的后续环节，率先实现技术的商业化及市场需求的开拓，最终向市场推出全新产品。率先创新对企业的技术研发能力要求很高，同时在创新过程中企业也承受了很大的风险，但一旦创新成功，生产出消费者需要的新产品，那就能获得一个全新的市场，并利用新产品的优势快速获得利润。模仿创新则是指企业通过学习、模仿率先创新者的创新思路和创新行为，吸取他们成功的经验和失败的教训，以避免走弯路，引进和购买率先者的核心技术和核心产品，并在此基础上进一步开发，完善产品的性能。

基于产品创新的战略性新兴产业发展模式是指区域内企业虽然没有在产业发展初期进入该产业，但是能在产业成长期通过对已经形成的产品需求的深入发现，开发出与已有产品基本具有相同功能，但设计方案显然能更好地满足消费者需求的新产品，取代已有产品占领市场，掌握产业发展的核心技术和设计专利，占据产业发展的主导权。长吉图先导区依靠产品创新实现战略性新兴产业的发展，同样需要整合技术创新资源，并需要具有强大的市场需求分析能力。对该模式的特点和过程描述如图 7-10 和图 7-11 所示。

该类发展模式要求掌握产品相当一部分的核心技术，通过产品设计的改进，差异化的满足细分市场的需求，更加精准和周到地为用户提供满意的产品。发展模式的起点源于对现有产品的设计进行更符合市场化的创新，在战略性新兴产业领域获得了一定的市场空间和产业化粗具规模之后，再进行产品的技术创

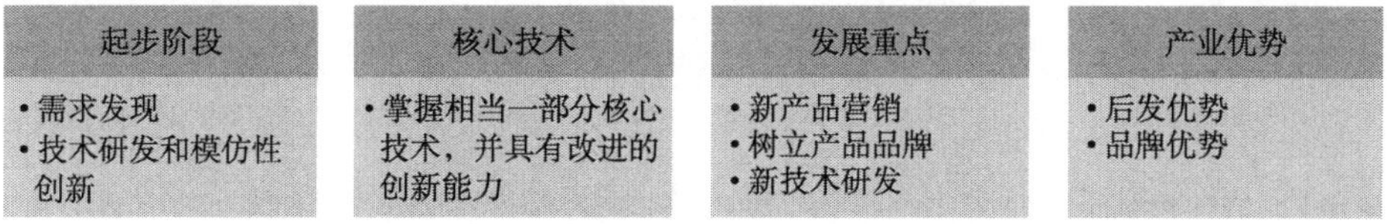

起步阶段	核心技术	发展重点	产业优势
• 需求发现 • 技术研发和模仿性创新	• 掌握相当一部分核心技术，并具有改进的创新能力	• 新产品营销 • 树立产品品牌 • 新技术研发	• 后发优势 • 品牌优势

图 7-10　基于产品创新的战略性新兴产业发展模式的特点

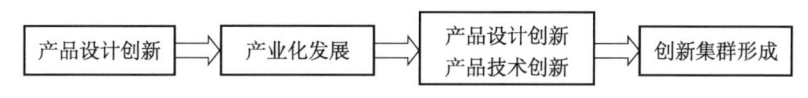

产品设计创新 → 产业化发展 → 产品设计创新／产品技术创新 → 创新集群形成

图 7-11　基于产品创新的战略性新兴产业发展模式

新和设计创新，完成产业的升级和改造，并通过创新集群的模式保有和提高市场优势和技术优势。

四 基于技术转移的战略性新兴产业发展模式

技术转移，又叫做科技成果转化，出自英文的"technology transfer"，联合国在《国际技术转移行动守则草案》中把技术转移定义为："关于制造产品、应用生产方法或提供服务的系统知识的转移，但不包括货物的单纯买卖或租赁。"该定义明确了技术转移的标的是"软件"技术，而不是单纯的不带有任何"软件"的"硬件"技术。但是，该定义并没有对"转移"做出具体的解释，而且不易被人们理解。本书将技术转移定义为，技术从一个地方以某种形式转移到另一个地方，它包括技术在国家之间、地区之间、行业之间或行业内部，以及技术自身系统内部的输入与输出过程，例如，技术成果的转让、引进、移植、交流和推广等都是技术转移。技术转移的途径有很多，技术许可证、产学研结合、设备和软件购置、信息传播、技术帮助、创办新企业，企业孵化器等都属于技术转移的范畴。

制约技术转移活动的因素有三个：技术本体、技术供体和技术受体。技术本体即需要转移的技术本身，技术本身的复杂性导致了自身转移过程的复杂性。技术本身的发育情况、技术的匹配状态及技术的背景环境都在一定程度上制约了技术转移的开展。技术供体是技术的拥有者，同时也是技术的转让方。在技术转移的过程中，技术供体常常处于主导地位，它对技术转移所做的行动，直接决定了本次技术转移活动能否实现及其实现的成效如何。通常情况下，技术供体的作为，是实现技术转移的首要前提，技术供体往往是出于交换战略的需要才进行技术转移活动的。技术受体则是指技术的引进方和吸收方。一般来说，技术受体吸纳外部技术能力的强弱直接决定了技术转移的方式、渠道及技术转移所能达到的实际效果。对上面三个因素进行分析之后，我们得出一个结论：技术转移过程是技术供体、技术本体及技术受体三方面相互制约、相互协调的过程。在技术本体已经确定的条件下，技术转移的实现与否往往是由技术供体决定的，而最终技术转移的效果，则主要取决于技术受体的技术能力和经济实力。

基于技术转移的战略性新兴产业发展模式是指某一战略性新兴产业领域已进入技术和市场相对成熟的时期，产业产品的创新空间较小，不需要强大的技术创新能力，只需要进行渐进式的创新，但是由于仍有很大的市场需求需要满足，产业还具有良好的成长性。在该发展路径下，长吉图先导区主要利用地处东北亚的区位、廉价劳动力或自己独特的自然资源等优势，通过引进国内沿海发达省份或国外已经比较成熟的生产工艺设备进行规模化生产，以低成本带来的价格优势迅速实现战略性新兴产业的发展。对该模式特点和过程的描述如图7-12 和图 7-13 所示。

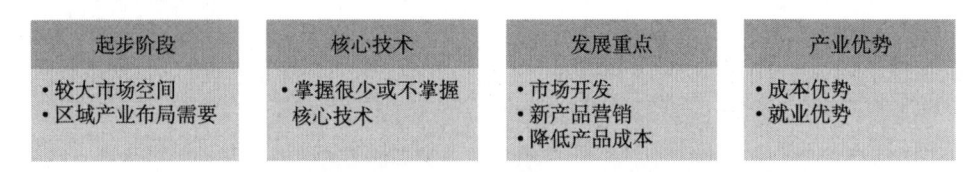

起步阶段	核心技术	发展重点	产业优势
・较大市场空间 ・区域产业布局需要	・掌握很少或不掌握核心技术	・市场开发 ・新产品营销 ・降低产品成本	・成本优势 ・就业优势

图 7-12　基于技术转移的战略性新兴产业发展模式的特点

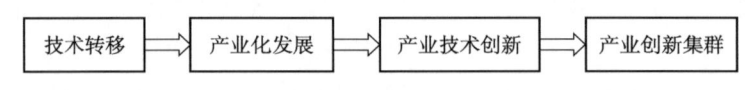

技术转移 → 产业化发展 → 产业技术创新 → 产业创新集群

图 7-13　基于技术转移的战略性新兴产业发展模式

该模式适用于已经进入成熟期的战略性新兴产业，技术的创新以渐进式和改进式为主，但区域产业布局的需要或仍具有较大的市场空间，使得战略性新兴产业存在发展的可能，新能源产业往往采用此类发展路径。需要注意的是，战略性新兴产业起步阶段的技术的来源通过技术转移获得，但是在进行产业化发展后，仍需要依靠产业的技术创新获得产业发展的动力。

从上面的分析中可以清楚地看出，长吉图先导区战略性新兴产业的这四种发展模式并不是对每一个战略性新兴产业都是有效的，关键还得结合区域内各自产业的发展环境来确定一个较适合的发展模式。但总的来说，长吉图先导区的战略性新兴产业应牢牢抓住世界新一轮科技革命、国家加快培育和发展战略性新兴产业这一重要机遇，依托先导区现有的产业基础和资源优势，破除体制机制障碍，积极探索产业资源集成、产学研创新、产业投融资及地区产业促进等方面的新机制和新路径。在战略性新兴产业领域，应着重突破重点细分领域的核心和共性技术，推动重点领域的技术突破、市场形成和跨越式发展，加强长吉图先导区内的区域产业分工协作，打造成为东北三省乃至全国的战略性新兴产业发展基地，辐射带动东北三省其他区域战略性新兴产业的发展，引领国家战略性新兴产业抢占国际产业竞争制高点。

第八章 依托科技园区的长吉图先导区战略性新兴产业带的培育

第一节 长吉图先导区战略性新兴产业布局

2008年全球金融危机之后,世界各国把加大发展战略性新兴产业和增强科技创新能力作为帮助经济复苏、实现经济振兴的重要突破口。全球进入以新一代信息技术为基础,以创新为核心,以新材料、新能源、生物科技等多个高技术产业为主导,以知识创造和智能开发为主要内容的新一轮产业革命。区域发展的历史经验表明,一个国家和地区能够抓住产业变革的有利时机,就能够跻身世界先进行列,获得在全球市场的比较优势和竞争优势,从而实现跨越式发展。这也是欠发达国家和地区获得跨越式发展、实现后来居上的有效途径。2009年8月30日,长吉图先导区获国务院批准。长吉图先导区虽然面积仅占吉林省的1/3,但其经济总量却占吉林省的一半之多,尤其是高新技术资源占到了吉林省的八成。长吉图先导区集中了吉林省大部分的优势资源,凭借有利的区位优势和强大的政策支撑,力图通过战略性新兴产业的选择与培育为吉林省经济实现跨越式发展。

产业布局作为产业发展的一种有效组织形式,是调整和升级区域产业结构、促进区域经济增长的重要手段和途径。因此,长吉图先导区战略性新兴产业发展的首要任务是做好产业的合理化布局,有效率地实现战略性新兴产业的发展。

一 长吉图先导区战略性新兴产业布局的设计思路和原则

长吉图先导区战略性新兴产业的布局,是长吉图先导区乃至吉林省加快产业结构升级、实现区域可持续性协调发展的重要任务,是增强长吉图先导区乃至吉林省区域综合竞争力,实现国家对长吉图先导区战略定位的基本要求。因此,必须结合长吉图先导区经济发展战略和长吉图先导区发展总体规划,整合产业发展能力,创新产业发展的思路,调整产业发展模式,确定产业发展的目标,切实地推动长吉图先导区战略性新兴产业的发展。

(一)长吉图先导区战略性新兴产业布局的设计思路

长吉图先导区应抓住新一轮产业革命和国家大力发展战略性新兴产业的有

利时机，树立和落实科学发展观，根据吉林省经济发展的总体规划和战略目标，以及长吉图先导区内各区域的经济发展总体战略，坚持政府化组织和市场化发展相结合，以技术创新为先导，以传统优势产业为基础，以优势产业领域为骨架，以优势企业品牌为支撑，以科技园区为载体，以创新集群模式为方向，以提高产业竞争力为目标，实施现有产业结构与合理布局规划联动的调整战略，发挥长吉图先导区的比较优势。通过顶层高端设计，统筹兼顾产业发展的眼前利益与长远利益、局部利益与整体利益，不断提高区域科技园区土地的利用率，集中力量打造和培育战略性新兴产业集群，完善和延伸战略性新兴产业链条，创建区域创新网络，使战略性新兴产业逐步迁入产业价值链高端。总而言之，通过立足于吉林省和长吉图先导区的产业分工合理规划产业分布，通过集群效应推动长吉图先导区战略性新兴产业的发展。

长吉图先导区应该继续发挥长春和吉林两市作为主要增长极的带动作用，增强延边朝鲜族自治州作为东北亚枢纽新的增长极的辐射作用，并鼓励推进符合其他县市地域发展现状和特色的战略新新兴产业，形成以点带面的长吉图先导区全局发展趋势。通过合理的区域产业设计形成不同区域在产业选择方向上的互补发展，形成对区域未来具有强大支撑作用的战略性新兴产业体系。同时，长吉图先导区应该合理规划区域内各科技园区的产业布局，将有利的政策支撑和优势资源向战略性新兴产业倾斜，并对具有特殊战略意义的战略新兴领域给予特殊的政策支撑。通过科技园区这种有效的资源组织形式作为产业布局的有效载体和实施方式，使得战略性新兴产业发展的重点领域更加突出，更容易发挥产业的集聚效应，形成整体竞争优势。另外，鼓励发展多种形式的特色主体战略性新兴产业园区，最终形成长吉图先导区产业体系的和谐发展。

（二）长吉图先导区战略性新兴产业布局的设计原则

1. 坚持政府化组织与市场化发展相结合

利用政府在产业组织方面的强大组织统筹能力，以科技园区作为长吉图先导区发展战略性新兴产业的主要载体，利用企业集聚所产生的集群效应，优先支持和发展对长吉图先导区乃至吉林省产业发展具有重大战略意义的产业，加大对促进吉林省产业结构升级的重点领域的扶持力度，通过一系列行之有效的政策组合提升长吉图先导区战略性新兴产业在国家和区域中的竞争优势，并通过其强大的科技创新、产品创新、市场创新和模式创新等能力带动吉林省和长吉图先导区内的传统产业的升级和改造，并对处于成长期的产业给予一定的扶持力度。由于战略性新兴产业的发展仍是在市场经济的体制背景下进行的，所以虽然政府在战略性新兴产业集聚组织初期具有一定的作用，但是在产业发展过程中仍要遵从市场规律。具有比较优势和竞争优势的企业能够保留下来，而不具有持续发展能力的企业终会被市场淘汰。同时，在资源分配上仍主要利用市场机制来完成，对于资源配置中市场失灵部分，政府可给予一定的纠正措施，如中小企业融资难等问题。

2. 坚持产业空间布局与产业结构调整相结合

战略性新兴产业的空间布局要符合吉林省和长吉图先导区对产业调整的大方向，整体布局要与产业结构、产品结构、市场结构及行业结构的调整相结合。战略性新兴产业的分工要符合全球化下产业集聚的发展规律，重点加强战略性新兴产业的聚集水平，以低能耗、可持续等特点改造传统产业，推动长吉图先导区产业结构的优化和升级。战略性新兴产业强调产业的技术前沿性和产业的创新性，而这同样也是新一轮产业革命对各区域产业发展和产业结构提出的新的要求，长吉图先导区要积极扶持战略性新兴产业的发展，其产业发展方向也正代表着世界产业发展的走向。

3. 坚持产业分工与创新资源分布相结合

随着世界经济一体化的发展，产业分工在不断细化，产业领域范围也在不断缩小，战略性新兴产业所包含的产业领域逐渐增多。战略性新兴产业不同于传统产业，对自然资源的要求逐步降低，对智力资源和技术资源的要求不断提升。在此背景下，长吉图先导区战略性新兴产业的布局应当充分考量拟发展区域拥有创新资源的数量和能力，依照创新资源的分布合理化地配置要发展的战略性新兴产业领域。由于吉林省在全国目前仍属于欠发达地区，所拥有的高新技术企业、高技术人才和其他创新资源主要集中在长春市，吉林市也拥有少量的创新资源，而且高新技术企业的发展、高技术人才的需求和其他创新资源存在的条件主要在经济技术发达的中心级城市才能满足，所以创新资源在长吉图先导区内的流动性并不大。在此条件下，战略性新兴产业的布局就要遵循创新资源的分布，而不能依靠创新资源流动形成。比如，长春市在发展光电子产业领域具有一定的技术优势和人才优势，那么在进行产业布局时就要将光电子产业主要分布在长春市，虽然长春市和吉林市区位邻近，但是创新资源在两个城市间流动效率很低。

4. 坚持立足当前和长远发展相结合

由于产业空间布局是建立在现有产业发展情况的基础上的，所以长吉图先导区进行战略性新兴产业的布局时，首先要整合区域内现有的战略性新兴产业和科技园区中的战略性新兴产业带，在此基础上通过土地置换等多种形式改进科技园区中企业类型、产业类型和战略性新兴产业的布局，打造切实符合产业集群和创新集群概念的战略性新兴产业带。另外，对于具有一定发展规模的战略性新兴产业，政府要继续加大政策的扶持和引导，使其更加健康有序的发展。对于不符合区域比较优势的战略性新兴产业，政府应依托市场机制逐步进行产业转型或改造。产业的发展更多的是要符合产业发展的长远规划而不是短期利益，尤其是在政府产业布局层面，应该更加立足高端，宏观把握。同样的，对于符合产业发展的趋势或对会在未来区域经济具有较大带动作用的战略性新兴产业，政府应给予大力地扶持和予以政策性的倾斜。尤其是对于一些正处于成长期的战略性新兴产业，就目前来看其产业市场竞争力还有限，但其产业可持续性或战略意义明显，政府应在其产业发展初期给予额外的扶持。

5. 坚持突出优势和互补发展相结合

长吉图先导区战略性新兴产业的布局应该充分考虑到各地区现有产业的比较优势和竞争优势，通过符合区域优势的产业引导，形成具有区域特色和发展前景的战略性新兴产业的布局。同时，战略性新兴产业的布局是从长吉图先导区乃至吉林省大的区域范围而言提出的概念，因此不能将各区域的产业布局割裂来看，要作为一个有机整体统筹安排。各区域在发展特色战略性新兴产业的同时，也应当注重大区域范围内战略性新兴产业的互补，通过区域间协同有序的发展，形成大区域范围整体的产业体系。政府应统筹制定区域产业布局，科学引导，避免内耗，合力提升长吉图先导区整体的产业竞争力。

6. 坚持产业布局与区域传统产业相结合

在上篇中着重区别了区域战略性新兴产业与国家战略性新兴产业这两个概念。区域战略性新兴产业是要在现有产业基础之上提出的符合区域发展实际的战略性新兴产业，主要强调从实际出发，而国家更多地从其产业发展前景而言。因此，长吉图先导区战略性新兴产业的布局还应该充分考虑战略性新兴产业与区域传统产业融合的问题。通过战略性新兴产业所具有的创新能力，积极与区域传统产业结合，尤其是区域的支柱产业、优势产业。依托区域已有的产业基础和创新合作网络的有效连接，更加高效地发展战略性新兴产业。从另一个角度而言，通过战略性新兴产业与传统产业的融合，在技术等领域辅助区域传统产业的升级和改造，使得传统产业具有更强的持续发展能力和创新能力，也为传统产业指明了新的发展方向。

二 长吉图先导区战略性新兴产业的总体布局

根据吉林省战略性新兴产业的选择结果，通过对拟发展产业的现有的空间布局状况及未来发展趋势的分析，依照长吉图先导区战略性新兴产业布局的总体设计思路和设计原则，构建了长吉图先导区"一体发展，两翼互补，三点带动"的格局。该格局的核心是力图从整个长吉图先导区战略性新兴产业体系的视角出发，努力营造区域产业协同发展的良好产业发展局面，形成长春和吉林两市产业的既相互呼应又各具特色的产业发展形势，并与延边朝鲜族自治州战略性新兴产业的发展互为补充，通过这种有效的竞争合作机制，促进长吉图先导区战略性新兴产业整体的发展和带动吉林省整个产业结构的升级。在长吉图先导区战略性新兴产业体系协同发展的大形势下，有目的地从不同的视角发展以长春、吉林两市现有产业和创新资源为支撑的高新技术产业发展基地和以优势区位条件为依托的现代服务业发展基地，通过两区域不同特色的产业基地的协同式发展，形成吉林省特色的产业格局。此外，以长吉图先导区的核心城市长春、吉林和珲春三市作为产业发展的主要区域和经济增长点，通过对三市内部产业和科技园区等主要载体的整合，积极发挥它们的辐射作用，形成对周边市县和吉林省其他区域的产业引导和带动，形成吉林省产业的全局性发展。

（一）一体发展

所谓一体发展，是力图从整个长吉图先导区战略性新兴产业体系的视角出发，努力营造区域产业协同发展的良好产业发展局面，形成长春和吉林两市产业的既相互呼应又各具特色的产业发展形势，并与延边朝鲜族自治州战略性新兴产业的发展互为补充，通过这种有效的竞争合作机制，促进长吉图先导区战略性新兴产业整体的发展和带动吉林省整个产业结构的升级。目前，长吉图先导区对拟发展的九个战略性新兴产业领域已经初步形成了区域产业布局，其中新材料、新兴信息、新能源汽车、新能源、生物等依托高技术创新的战略性新兴产业主要在长春和吉林两市发展，而现代服务业则主要在珲春市和延边朝鲜族自治州其他区域内发展。这主要是考虑到长春和吉林两市所属的中部地区是容纳吉林省支柱产业发展的优势区位，可以现有科技园区作为载体，通过创新资源的整合和集成，加强战略性新兴产业的企业集群化发展，形成强大的中部带动作用。而延边朝鲜族自治州地处吉林省东部地区，具有地处东北亚的良好区位优势，通过加强图们江边境贸易建设，会使其区域发展得到良好的市场前景，同时区域内还包含长白山等吉林省优势旅游资源，其现代服务业产业必将得到很好的发展。长吉图先导区产业布局是否能够得到很好的实现，关键点仍是长吉图先导区内产业发展是否形成了良好的呼应，如果长吉图先导区的创新合作网络未能形成或者企业未能形成良好的协同合作意识，那么长吉图先导区内的战略性新兴产业很难做强做大，也很难形成未来吉林省发展的产业支撑。

（二）两翼互补

所谓两翼互补，是有目的地从不同的视角发展以长春、吉林两市现有产业和创新资源为支撑的高新技术产业发展基地，以及以优势区位条件为依托的现代服务业发展基地,通过两区域不同特色的产业基地的协同式发展,形成吉林省特色的产业格局。长春和吉林两市在吉林省经济发展中具有重要的战略意义,两市产业市场存在交叉,如在新材料、新能源汽车和现代农业等领域,因此为两市产业之间的整合发展提供了很大的空间。借助两地在资金、技术、人才等创新资源上的优势,实现战略性新兴产业的多领域合作,通过强强联合,遥相呼应,成为拉动吉林省战略性新兴产业发展的中坚力量,也是吉林省参与全球化经济竞争与合作的首选区域。所以,长春、吉林两市战略性新兴产业整合区的核心目标就是聚合区域高端产业职能,提升长吉图先导区乃至吉林省的核心竞争力,共同打造吉林省高新技术的核心品牌。

而延边朝鲜族自治州战略性新兴产业拟发展的轨迹却与长春、吉林两市具有明显的区别,一直以来延边朝鲜族自治州经济的发展在吉林省的地位并不突出,产业发展能力十分有限,具有发展战略性新兴产业能力的高新技术企业数量很少,区域内未能实现战略性新兴产业发展所需的资金、技术和人才等资源的支撑,这使得延边朝鲜族自治州的产业结构比较落后。但是作为国家首批的沿边开发开放区,其区位优势却不能忽略。大量的边境贸易不仅为延边朝鲜族自治州甚至为吉林省其他区域带来了进入国际市场的机会,同时也为延边朝鲜族自治州发展现代服务业带来了良好的机遇。延边朝鲜族自治州应大力发展以现代物流、物联网、电子商务等领域为主的高端服务业,更多依靠产品创新和服务创新等非技术创新模式打造符合自身区域特色的战略性新兴产业。

两翼互补实际上是强调区域要在自身区域特色上找到发展战略性新兴产业的契机,多角度地分析适用的战略性新兴产业和发展战略性新兴产业的途径。长吉图先导区通过两翼互补式的发展,长春、吉林两市的高新技术基地为延边朝鲜族自治州现代服务业的发展提供了技术支撑,同时延边朝鲜族自治州的现代服务业也为长春、吉林两市的高技术产业营造了更好的、互相促进的国际市场氛围,从不同的角度推进了长吉图先导区战略性新兴产业的发展。

(三) 三点带动

所谓三点带动,是以长吉图先导区的核心城市长春、吉林和珲春三市作为产业发展的主要区域和经济增长点,通过对三市内部产业和科技园区等主要载体的整合,积极发挥它们的辐射作用,形成对周边市县和吉林省其他区域的产业引导和带动,形成吉林省产业的全局性发展。长吉图先导区应根据各城市的产业特色和发展特点,确定城市战略性新兴产业的重点发展方向,以创新的思维打造省内各城市发展的特色领域,带动吉林省全域的经济发展。

今后的发展仍要强调长春市作为区域中心的地位,大力推进长春市的城市建设，营造良好的产业发展环境，增强高新技术的研发和创新能力，加强区域内各开发区的产业培育功能，促进高端战略性新兴产业的聚集，积极升级和改造产业结构，推动低端产业的扩散，着力发展新能源汽车、新兴信息、新材料、现代农业等战略性新兴产业，通过高技术升级传统产业，扶持具有发展前景的高新技术企业，发挥长春市向其他各区域提供经济技术支撑的重要作用。

吉林市应重点发展现代农业、新材料、新能源汽车、光电子等战略性新兴产业，既要与长春市产业发展相呼应，又要走出自己战略性新兴产业发展的特色道路，实施多元化的产业发展战略，依托传统特色产业的品牌优势和核心企业的带动作用，积极带动中小企业的发展。

珲春市要进一步挖掘本地区的区位、产业、交通和资源等比较优势，深度开发具有优势和特色的战略性新兴产业，并不断加强与其他城市经济技术联系，跟上全省产业发展的步伐，并努力打造吉林省经济发展新的增长点，促进长吉图先导区经济与空间的协调互动。

三 长吉图先导区战略性新兴产业布局的实施重点

（一）强调区域战略性新兴产业体系的协同发展

长吉图先导区战略性新兴产业的布局是从属于吉林省整体产业布局体系的一个子系统，是吉林省对长吉图先导区未来产业发展方向和产业发展领域的战略性把握。长吉图先导区战略性新兴产业的布局首先要立足于吉林省现有的产业发展和分布情况。就目前吉林省产业发展状况而言，已经初步形成了以汽车、农产品加工、石化、轻工、装备制造、能源、建材、冶金、医药制造、电子信息和纺织11个支柱优势特色产业构成的产业体系。由表8-1可知2011年吉林省九大产业（轻工、电子信息产业除外）区域布局情况，根据数据显示，长吉图先导区在吉林省多个产业领域均具有较明显的产业优势，尤其长春、吉林两市更是集中了吉林省多数优势产业资源。战略性新兴产业由于属于朝阳产业，多数处于产业成长期，具有较大的风险性。产业布局从与传统产业融合的角度，能够更好地利用现有的优势产业资源，规避一定的在产业发展过程中的风险。另外，还应注意一点的是，以技术创新为主要特征的战略性新兴产业的发展不同于传统产业对自然资源的依赖性较大，更多的是对技术资源和人才资源的依赖，而这类创新性资源容易向经济发达的区域聚集，且向欠发达地区的流动能力较弱。因此，在对长吉图先导区战略性新兴产业进行布局时，要立足于吉林省产业体系整体协同发展的角度，有重点、分层次地进行培育。

表 8-1　2011 年吉林省九大产业区域布局情况　　（单位:%）

地区	长春	吉林	四平	辽源	通化	白山	松原	白城	延边
汽车产业产值比重	92.03	2.54	3.49	0.63	0.09	0.11	0.34	0.58	0.18
农产品加工产业产值比重	33.01	14.48	15.25	5.33	5.56	2.51	14.32	4.33	2.51
石化产业产值比重	6.68	43.98	9.88	3.19	1.65	4.96	27.54	0.84	1.28
装备制造产业产值比重	30.96	20.29	11.91	12.38	2.65	1.66	10.84	3.69	5.62
建材产业产值比重	34.99	18.00	6.36	6.68	5.33	7.54	15.19	2.27	3.64
医药制造产业产值比重	7.39	4.20	24.29	3.70	43.33	9.10	1.03	2.16	4.81
冶金产业产值比重	5.44	27.43	20.35	11.09	28.69	1.85	0.22	1.12	3.82
能源产业产值比重	30.87	15.31	10.26	5.62	5.33	7.51	3.86	12.98	8.26
纺织产业产值比重	8.39	33.63	7.64	24.37	0.33	1.25	2.17	10.36	11.87

注：轻工、电子信息产业的区域分布无相关数据，未作统计

长吉图先导区战略性新兴产业的布局同时还要注重同东北地区其他区域的协同发展。吉林省、黑龙江省和辽宁省作为东北老工业基地的主要组成部分，在其发展过程中形成了较为相似产业结构，但是在具体细化的产业分工领域却具有很强的互补性，这种互补性既表现为产业链构成的互补，又表现为很强的技术互补性。战略性新兴产业的特点决定了单个企业通过单打独斗很难获得持续性的发展动力，必须依靠创新合作网络的协同作用。因此，在更广的范围内构建创新合作网络也是长吉图先导区战略性新兴产业布局的实施重点。

作为我国第一个沿边开发开放区，长吉图先导区应将战略性新兴产业的布局放在东北亚区域经济合作的整个系统中进行设计，使其逐步融入东北亚的国际产业分工中来。一方面，俄罗斯、日本和韩国在其优势战略性新兴产业领域拥有大量的产业发展经验，可以通过加强与这些国家的贸易合作或者共同创建合作产业园区等形式，来获得丰富的技术资源和管理经验。另一方面，通过辅助性或互补性的战略性新兴产业布局设计，帮助长吉图先导区战略性新兴产业融入东北亚区域的产业分工体系，使其形成吉林省在全球产业市场的比较优势。

（二）强化科技园区的空间载体效应

由于长吉图先导区战略性新兴产业发展起步较晚，具有国际和国内市场领先地位的核心企业数量不多，而且作为欠发达地区，吉林省的创新资源相较于其他发达地区明显不足，在此产业发展的现状下，如何能够赶上并达到国际或国内优势战略性新兴产业的发展，成为长吉图先导区战略性新兴产业布局所要面对的一个重要问题。根据大量产业发展经验表明，集群式发展是吉林省等欠发达地区发展战略性新兴产业的重要途径，而科技园区正是集群式发展的重要载体。科技园区不同于其他开发区的一个重要特点是其强调对创新资源的集聚

能力，既将高校、科研院所等科研技术研发机构，企业、各类中介服务机构等各类创新主体的空间集聚，又提供战略性新兴产业所需的企业孵化器、产品中试平台和技术转移中心等创新条件，这大大降低了技术创新、企业孵化和技术市场化的成本。目前，长吉图先导区内的科技园区虽然初步形成了一些高技术企业的集聚，但是创新合作网络尚未形成，企业仍处于各自发展的局面，使得科技园区应有的集群效应未能发挥出来。因此，长吉图先导区在进行战略性新兴产业布局时要充分发挥出科技园区的空间载体效应，真正形成战略性新兴产业集群，通过协同合作网络推动战略性新兴产业的快速发展。

第二节　长吉图先导区科技园区内战略性新兴产业带的培育模式

一　长吉图先导区内开发区产业带的组织培育特征

目前，长吉图先导区产业带的培育主要以开发区作为载体，区内38个省级及以上开发区只有少数尚处在起始阶段和资源填充阶段，大部分的开发区均已进入资源填充的后期和集群发展的前期。与此同时，政府他组织模式是长吉图先导区内开发区组织管理的基本特征，全区38个省级及以上开发区均采用此模式。首先，38个开发区的初期建设均是由吉林省政府或各地市政府划定开发区区域范围，设立开发区管委会作为开发区的政府派出机构管理开发区事宜。同时，政府对开发区的土地开发、基础设施建设、招商引资、企业入驻等一切事务进行管理，处于绝对的主导作用。由此看出，在开发区的建设初期基本上是属于政府行为。从目前来看，这种培养模式具有一定的优势，一方面，政府通过设置开发区管委会，利用具有强大推动力的行政手段高效并规范地打造成立开发区所需要的一切事宜。由于资金、人才、政策等资源的高度集中，便于资源的合理利用和安排。同时，通过整体的、统一地规划，合理地分割空间区域，为开发区中职能的划分和功能区的分布进行统筹安排。此外，对于开发区内部的基础设施可以进行全区的整体设计，为开发区的发展奠定了良好的基础。总体来说，管委会的设置更加有利于开发区物质环境的建设。另一方面，开发区初期的招商引资和企业入驻等事务也属于政府管辖范畴。

首先，开发区的产业选择是由政府规划完成的。这样的做法对于处于成长初期的战略性新兴产业是一个重要的有利因素。相对于主导优势产业而言，长吉图先导区战略性新兴产业还不具备产业自发组织和空间集聚的条件，政府行为恰好能够弥补产业发展动力不足带来的不利因素，更加有利于战略性新兴产业的发展。同时，开发区建设初期的政府行为有利于长吉图先导区的产业布局，形成企业集群。由于吉林省政府是招商引资的主体，更加能够从长吉图先导区整体产业发展和产业结构调整的角度进行规划，避免了各地市分而治之、大量重复建设和资源浪费的情况。此外，政府作为招商引资的主导方可以对入驻企业的资质和发展潜力进行较好的评估，并且能够从产业发展的视角引进合式的企业，避免了企业集中但产业分散的情况发生。总体来说，开发区初期政府行为有利于开发区内部软环境的形成。但是，政府的主导行为同样也存在一定的劣势，即政府在开发区成立初期招商引资过程中，往往会出现为了引进企业充实开发区而盲目选择的情况。这与管委会的政府派出组织身份不无关系。在长吉图先导区38个省级及以上开发区的管理实践中不难发现，很多企业并不具有可持续发展的实力或者作为高技术企业的实力，但是由于初期政府招商引资的压力被引入开发区。针对这一现象，管委会应该随着开发区的不断发展，多种手段结合，不断将其置换出开发区，引入真正具有实力的企业，使得开发区的初期规划真正得以实现。

其次，在开发区逐步进入企业填充后期或者集群发展期时，长吉图先导区内的开发区仍采用政府主导的方式。这主要体现在长吉图先导区部分开发区内产业格局逐步形成，产业内集群已经达到一定的规模的情况下，开发区管委会仍然基本管理着开发区发展的全部事宜。一部分原因是开发区内的企业一般属于中小企业，并且在产业中的竞争优势仍不明显，企业仍然将主要精力放在企业的生存问题上，无暇顾及开发区的管理事宜和发展规划。另一部分原因是政府权力的退出受到多方因素的阻挠，很难执行。但是，根据国内外先进开发区管理模式的经验，如果开发区的管理模式不能够适应开发区内产业带的发展要求，那么开发区所形成的产业空间集中优势便不会显现出来，开发区也就不再具有合理存在的因素。因此，吉林省政府还是应该在适当的时机推动开发区内企业联盟和行业协会等多种非政府组织的管理作用，激发园区内企业的积极性，培养园区内企业协同发展能力，更好地谋求开发区的发展。

二 依托科技园区的长吉图先导区战略性新兴产业带培育路径设计

根据国内外科技园区产业带的发展路径规律可以发现，虽然主要存在自组织、他组织两种发展推动模式，但并不是说科技园区集群演化只由自组织或他组织中的其中一种力量推动。事实上，科技园区产业带的演化是自组织与他组织两种力量共同作用的结果，只是两种驱动力在产业带演化的不同阶段，在不同类型的科技园区中的相对地位和作用强度有所差异（图8-1）。

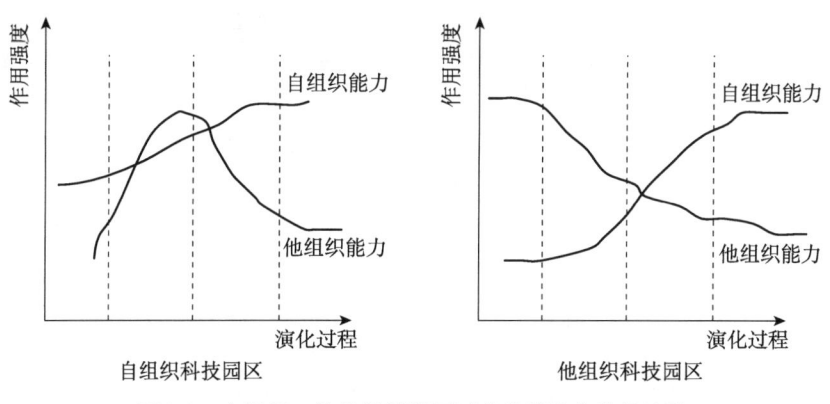

图 8-1　自组织、他组织科技园区产业带演化路径比较

长吉图先导区有意在开发区基础上以科技园区作为推进经济发展、发展战略性新兴产业带和创新区域环境的有效的组织形式。考虑到长吉图先导区内部开发区均是以政府他组织模式组建而来的，其发展的起点是他组织型园区模式，并且目前仍是在政府他组织模式下培育发展的，因而其产业带的演化规律符合图 8-1 所示的他组织科技园区演化模式。

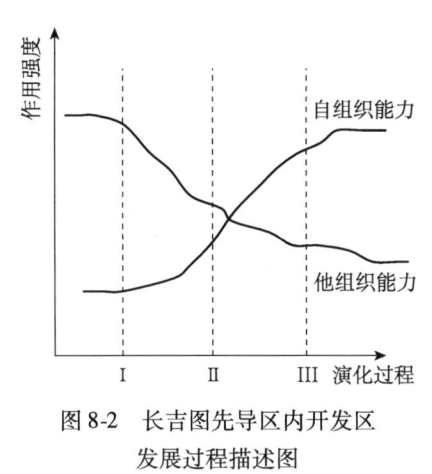

图 8-2　长吉图先导区内开发区发展过程描述图

总的来说，图 8-2 中所示的 I 阶段显示的是科技园区处于始发阶段或资源填充的前期阶段，此阶段利用政府他组织模式可以有效地整合资源，提高长吉图先导区战略性新兴产业带的发展速度，这在很大程度上弥补了吉林省经济发展滞后和创新能力不足为战略性新兴产业带来的负面影响。采取他组织型园区发展，长吉图先导区内开发区的形成和发展的主要动力仍依赖于吉林省政府强力行政手段的支撑，而并非市场机制的激励下企业联盟或行业协会等其他主体的自发力量。值得注意的是，由于此时期主要是土地开发和基础设施建设等公共行为，市场机制在此时期处于失灵状态，因此，政府在此时期的介入有助于开发区的快速建立和形成。图 8-2 中所示的 II 阶段显示的是处于资源填充阶段的后期或集群的前期阶段，此阶段开发区按照上述的科技园区发展规律，已逐步达到以自组织能力为主的科技园区发展的标准，即开发区发展的主要能力应该逐步从以政府为主导的他组织模式逐步转化为以企业联盟或行业协会等园区内部企业形成的非政府组织在市场机制的作用下的自组织行为。此阶段开发区的工作重心已经从基础建设转

移到产业竞争上来,因此,市场机制是更加有效地配置资源的方式。鼓励开发区内企业积极进入产业市场,加入市场竞争,获得市场竞争力和比较优势,才是开发区发展的持续动力。

由此可见,区内 38 个省级及以上开发区中只有少数尚处在起始阶段和资源填充阶段,大部分的开发区均已进入资源填充的后期和集群发展的前期。这样与中国现状不相符的是,长吉图先导区内科技园区的培育重点仍集中于政府他组织模式,而忽视对产业带自组织能力的培养。以科技园区为载体培育长吉图先导区战略性新兴产业带的发展势必要调整政府他组织权力范围和宏观调控领域,不断提升科技园区产业带的自组织能力,更多地依靠产、学、研的协同发展,培育符合战略性新兴产业发展规律的创新型产业带。

三 依托科技园区的长吉图先导区战略性新兴产业带的培育模式实现

目前,长吉图先导区内 38 个省级及以上开发区都是以政府主导的他组织形式培育的。对于逐渐成熟的产业带而言,目前发展仍处在企业的空间集中,缺乏自生长、自创生的能力,缺乏产业带内部单元之间的各种有机联系。绝大多数企业进入开发区并不是由于经济关联性产生的集聚,而是在很大程度上受政府优惠产业政策和产业区内基础设施健全等原因驱动产生的企业空间集聚。长吉图先导区科技园区的组织管理方式已经渐渐不适应科技园区内产业带的发展,他组织带来的集聚效果虽然较为明显,但集群效应却未能得到充分的发挥,企业的合作意识和协同能力尚显不足,产业带内部资源利用不足,大大限制了长吉图先导区内科技园区产业带的发展。在此情况下,政府他组织模式如何表现,在哪些领域政府他组织模式应逐步向产业带自组织模式转化,以及如何培养科技园区产业带的自组织模式等问题是实现产业带继续发展的关键所在。

(一)政府他组织是推进长吉图先导区科技园区战略性新兴产业带形成的有效方式

1. 为科技园区提供战略支撑

政府在推进科技园区发展中,应该科学制定发展规划,发挥好调控引导作用。政府的作用主要体现在对长吉图先导区内科技园区的布局及对长吉图先导区科技园区内战略性新兴产业的选择两方面进行战略定位和统筹规划。

一是政府要注重对长吉图先导区内科技园区的布局的战略规划。这一方面首先表现在要注重对区域间科技园区发展的互补性的统筹规划。长吉图先导区内集中了吉林省的大部分优势产业资源,因此其发展肩负着整个吉林省产业结构调整和升级的重任。而区域经济和社会的发展不是仅靠少数几个支柱产业的发展支撑的,而是依靠区域产业整体协同发展获得的。因此,在对长吉图先导区内科技园区进行规划时,首先要从区域的整体产业结构出发,发挥各地市的区位优势和产业优势,通过分别打造具有各地市比较优势的产业,形成长吉图先导区乃至吉林省整体的合理产业布局形式。其次要注重长吉图先导区内科技园区发展特色的规划。对于整个长吉图先导区来说,要做好产业分工。同样的,对于不同的科技园区来说,也要具有不同的产业分工。由于吉林省属于欠发达地区,区域整体经济社会政治环境仍处在不断改善的阶段,产业发展所需的整体环境较发达省份来说具有明显的不足。因此,吉林省依托科技园区发展战略性新兴产业带时,一定要做到产业发展资源的集中。各地市的科技园区针对拟发展的战略性新兴产业带的需求,分别作出合理性的规划,而战略性新兴产业也要通过高度的空间集聚,形成合力,促进战略性新兴产业的发展。比如,长春市具有长春光机所、吉林大学等发展光电子产业的优势科研资源,在发展光电子产业时,一定要将产业带集中在科研院所所在的科技园区,并且在产业发展规模有限的情况下,要选择一个科技园区集中发展,而不要将其分散在多个科技园区之中,这样才能实现长吉图先导区内光电子产业的发展。目前,长吉图先导区内38个省级及以上开发区内产业重复情况较为严重,一个产业分布在多个开发区内,而一个地市又拥有多个功能和内容雷同的开发区,开发区的优势显现不出来,对区域经济的带动作用有限。

二是政府要注重长吉图先导区科技园区内战略性新兴产业的选择规划。这首先体现在长吉图先导区科技园区内战略性新兴产业的选择要注重与区域整体发展规划的协调性。战略性新兴产业的发展代表着区域对于未来优势产业布局的谋划,虽然有些产业现有规模有限,但是对于区域经济社会发展具有重要作用。因此,战略性新兴产业的选择要符合吉林省未来产业的发展趋势。而且,区域的整体发展规划是经过多方人员,针对区域特点量身打造的,具有重大的战略意义。其次长吉图先导区科技园区内战略性新兴产业的选择要注重与传统产业的融合。区域战略性新兴产业与国家战略性新兴产业的不同之处在于,区域战略性新兴产业受到区域已有产业的影响较大,虽然要体现战略性,但仍要从区域的实际出发。与此同时,吉林省产业发展具有较大的资源约束性,如果能够与已有传统产业形成协同发展,势必会缓解产业资源约束带来的压力。最后长吉图先导区科技园区内战略性新兴产业的选择要注重与区域优势资源的联系。长吉图先导区战略性新兴产业的发展要想获得持续性的发展,就要找到拟发展产业领域的比较优势,也就是市场的切入点,而这无疑要依靠长吉图先导区内的优势资源才能实现。

2. 为科技园区提供环境支撑

产业发展环境是影响产业发展的重要因素,而产业发展环境本身是一个综合性的指标,而由政府提供或者是积极引导的一般包括产业发展所需的物质环境和人文环境。因此,吉林省应积极打造科技园区发展所需的各种环境,通过环境的作用,引导长吉图先导区战略性新兴产业带的发展。

一是将科技园区打造成适合战略性新兴产业带发展的基地。首先,长吉图先导区具有适合战略性新兴产业发展的较好的区位优势和自然资源,也具有一定的适合战略性新兴产业发展所需的人才资源和科技资源,但是在资金、管理等方面却明显不足。然而要求政府为每一个企业提供必要的资金和管理等方面的支撑又是不可能实现的。那么,政府通过科技园区这一有效载体,集中解决中小科技企业在发展过程中面临的资金和管理等方面的问题,既节约了资源,又可以通过市场机制来解决产业发展面临的问题,既解决了中小科技企业的发展问题,又有效活跃了吉林省经济管理服务体系。其次,吉林省拥有吉林大学、东北师范大学、长春理工大学等一批优秀的大学,同时还拥有长春光机所、长春应化所等一批高技术的科研机构,容纳了充裕的人才资源和科研资源。但是由于目前大学和科研院所等机构的联系不够紧密,吉林省的人才优势和科研优势未能充分显现出来。而科技园区通过集中大学、科研院所和企业等,通过空间上的靠近,加大其沟通和交流的可能性,形成优势互补,既增加了高校、科研院所的成果转化数量,又为企业技术创新提供了良好的渠道。最后,科技园区内土地成本较低,为企业提供了良好的发展空间;建设初期主要由政府出资进行基础设施的配套和建设,企业同样可以低成本地使用各种服务配套设施;对于比较特殊的产业,政府还提供了公共实验室和中试平台等,减少了企业在研发过程中的资金投入。科技园区是具有多种功能的产业发展平台,为企业发展减少了资金和管理等方面的压力,更加有利于企业的发展。

二是把科技园区营造成"鼓励创新,包容失败,协同合作,共求发展"的摇篮。战略性新兴产业的发展离不开创新活动,但是对于中小企业而言,不仅需要面对创新带来的巨大的资金压力,还需要面对巨大的市场压力。创新成果能否成功转化,创新技术能否得到合理的保护等问题都是摆在企业面前的重要问题,也是关系到企业生存与发展的重要问题。政府除了要为企业提供较好的物质环境外,同时也要为企业创新提供良好的人文环境。比如,明确技术产权保护的法律支持,尽量通过最少的行政干预来保证企业的自由和产业带的发展,加强宽松的融资和税收环境,增强中小企业的财务能力。值得注意的是,诚信体系建设对长吉图先导区战略性新兴产业带的发展尤为重要,通过不断强化全社会共同遵守的诚信准则,以及多种手段并行的信用评价体系,为吉林省营造良好的经济生态环境。根据国内外产业带的发展经验来看,产业带的发展与科技园区的人文环境有着十分重要的关系。吉林省区域整体创新能力在全国较为落后,要想改变区域整体的人文环境并非是一朝一夕能够完成的事。而科技园区为企业提供了一个良好的空间，政府可以通过鼓励创新等一系列政策，在科技园区小范围内形成良好的创新氛围。另外，创新的不确定性决定了其巨大的风险，很多中小企业由于害怕风险而拒绝创新，故步自封，这十分不利于企业的发展和产业的进步。政府应当适当地拿出部分资金对于风险性较大但前景较好的项目给予一定的资金支持。根据一些发达地区的经验，通过企业联盟或企业联合会等形式，对于面对困境的企业进行同业的帮助是一个有效的方式。这种方式一方面帮助了由于创新而陷入暂时困境的企业，另一方面加强了企业联盟或联合会内部的资金联系尤其是情感交流，有利于创新网络的形成和科技园区内信任机制的建立。

3. 为产业带提供网络支撑

区域产业体系是一个复杂的系统，通过节点和链路关系形成了一个巨大的产业网络。同样的，单一产业内部也是一个复杂的系统，通过节点和链路关系也形成了一个复杂的网络。应用复杂网络的视角看待产业发展问题，能够更加清晰和简化地了解产业发展的内部结构和节点间的关系。而根据链接关系的不同，复杂网络所具有的性质也各有不同。对于战略性新兴产业而言，创新网络是产业带形成竞争力的基础。创新网络的规模及节点间平均路径的长度是衡量整个战略性新兴产业带创新能力的重要标志。但是产业发展的现实决定了，企业间由于存在潜在的竞争关系而对于合作尤其是与同类的企业合作造成了较大的障碍和排斥。要想增强企业间创新网络的形成，就需要吉林省各级政府发挥黏合作用，通过培养文化认同和建立信用评价体系，逐步建立企业间的信任，通过横向和纵向多种方式促进企业间的联系和合作。首先，吉林省各级政府可以一些政府立项，通过企业间共同完成订单，共同开发新技术等形式，为企业创造共同行动的机会，打破企业间的合作壁垒，增进企业间交流和信任的形成，辅助企业间合作网络的形成，继而通过形成企业联盟、召开企业会议等形式扩大网络效应。其次，合理有效的信用评价体系是建立企业合作的一种有效方式。通过增加交往而达到企业间的信任往往需要经历一个比较漫长的时间过程，而且交往的范围也受到较大的限制。信用评价体系的建立却可以较为轻松地解决这一问题，它通过一种普适的、标准化的规则对科技园区内企业的信用等级进行评定，为企业进行公平合理的信用打分。这一体系的建立对于增强产业带内企业的合作关系具有有效的推动作用，并且不需要经历很长时间的磨合。但是，信用体系的建立往往需要国家层面的积极推动和企业对于公允性的指标体系的普遍认同，推进的难度较大。吉林省可以尝试在科技园区范围内进行信用评价体系的试行工作，通过园区内企业对于评价指标的普遍认同，逐步推进这一体系的应用。信用评价体系的应用，一方面可以促进园区创新网络的形成，强化和筛选创新网络内部的链接关系；另一方面科技园区也可以通过信用评价体系作为衡量园区内企业的一个重要标准,对于信用评价结果较差的企业,可以让其从科技园区内迁出,保证科技园区企业整体的信用水平,形成科技园区的信用品牌,从而加大园区外企业与园区内企业合作的机会,扩大创新网络的规模,为产业发展带来更多的机会。

4. 为科技园区提供服务支撑

长吉图先导区的科技园区内的企业,多数是中小型科技企业。这类企业进行创新一方面需要大量的资金;另一方面却由于企业规模较小而很难达到融资条件,这种矛盾目前已经成为制约科技园区内企业发展的重要因素。因此,吉林省各级地方政府应当从此处着手,为科技园区内的企业提供多种方式的扶持计划。首先,建立信息咨询服务体系,推广电子商务的运用,加强政府信息服务功能的建立。战略性新兴产业需要前沿的技术作为发展的支撑,而很多企业获取信息的渠道和手段的限制,很难获得一手的产业信息,这对产业的发展造成了很大的影响。因此,吉林省各级政府应当利用自身获取信息的优势,向企业提供与信息技术和新产品的要求相适应的硬件设施和技能等方面的信息。同时,为了顺应产业发展的规律,近年来国家和吉林省大力推进战略性新兴产业的发展,出台了一系列优惠的支持性政策。但是由于政府和企业间信息的不对称或者企业对于支持性政策的关注程度不足,造成了很多中小企业未能合理地利用政府的有利政策,失去了很多发展的机会。在此情况下,政府应当委托专门的职能部门,帮助和辅导企业利用政府的有利政策。政府还可以通过鼓励政策加强国际交流与合作,加快建设与国外先进信息咨询系统终端的链接,并定期为企业进行相关知识的培训。其次,提供金融服务。中小企业发展过程中面临的一个重要问题就是融资难。吉林省各级政府应通过各项鼓励性金融政策等方式建立促进中小企业发展的金融服务体系,提供资金支持,并鼓励通过建立中小企业担保基金,方便中小企业筹措资金。还可建立专门的信用保险机构,对中小企业提供更有效的担保。尤其值得一提的是,科技园区内的企业可以成立企业联盟基金,对园区内具有较好发展前景的项目或企业予以投资。这一举措一方面可以使园区内企业的闲散资金得到很好的运转;另一方面通过项目或企业融资行为增进企业间的了解和交流,有利于科技园区合作网络的形成。此外,提供国际市场拓展服务。中小企业受规模等方面的限制,产品或技术打入国际市场的可能性较小,这在一定程度上限制了长吉图先导区战略性新兴产业的发展。吉林省各级政府可以举办各种国际性的展会,帮助中小企业接触国际市场和国外的企业。同时,政府还可以通过国际合作等形式,积极引入国际先进科技园区的管理理念和管理方法,因地制宜地管理好长吉图先导区的科技园区。最后,提供增强技能的培训服务。战略性新兴产业需要高端的技术水平和高级的技术人才的支撑,与时俱进的技术和市场竞争能力更是关系到长吉图先导区战略性新兴产业发展的关键。而中小企业由于资金的限制，独立进行各项培训是很难实现的。各级政府可以利用政府的专项基金分担中小企业培训基金不足的情况，定期聘请国内外专家为企业的专业技术人员进行培训。这不仅能够提升科技园区内企业的创新水平，同时也能通过创新扩散和科技园区的带动作用，提升吉林省整体的科技创新能力。

（二）长吉图先导区内科技园区向自组织模式为主导的培育模式转变中的政府淡出

政府在长吉图先导区内科技园区发展中的强力推动作用具有明显的阶段性特征。正如前面理论所阐述的，政府在科技园区经济发展过程中的他组织作用，一方面是由于政府行政行为在科技园区形成过程中的高效组织能力，另一方面是由于科技园区在发展初期的市场失灵情况造成的。随着科技园区的不断发展，战略性新兴产业在完成了企业集中，逐步形成集群发展模式的情况下，政府的他组织作用相较于市场机制而言具有明显的不足，也不符合战略性新兴产业带的发展规律。因此，必须打破以政府他组织作为主导的科技园区培育模式，政府必须逐步让渡出过渡性职能，有组织、规律地向科技园区自组织为主，政府他组织为辅的培育模式转变。

1. 政府作用淡出的必要性

在长吉图先导区内科技园区基础设施和辅助功能已经趋向完善，科技园区内战略性新兴产业带的集群化发展模式已经初步形成，科技园区和战略性新兴产业带如果单纯凭借政府和其下设的科技园区管委会行使政府手段管理，只会维持产业带企业空间集聚的基本形式，很难形成企业间真正的协同合作网络。因此，在科技园区发展的不同阶段，政府必须不断重新检验管委会等派出机构的作用，逐步让渡出可借助市场规律完成的职权，避免行政权力过度干扰科技园区的良性发展。政府淡出则是科技园区发展中不可规避的必然的趋势，这主要基于以下两个方面的原因。

1）产业带的集群化发展规律需要政府职能回归

政府对科技园区的发展实行强力推动政策是在市场失灵的特殊时期进行的，这种行为实际上是在对市场规律的把握下对战略性新兴产业带形成的一种高效推进，是政府干预和宏观调控优势的体现，这样的替代仅仅是加速了战略性新兴产业集群的形成。但是，这种政府他组织模式应该是过渡性和阶段性的，产业带集群化发展仅仅是依托他组织所促成的企业空间集聚形式，其发展的核心和本质还是产业带内部产业上下游之间的合作、产学研之间的合作等多种企业作为核心主体的多种参与模式的实现。如果作为战略性新兴产业发展核心主体的企业对科技园区的发展模式和发展目标并无参与性的情况下，那么科技园区的发展也只不过是政府报告中的规划而已。因此，长吉图先导区要想依托科技园区发展战略性新兴产业带，其首要的工作就是让园区内的企业真正参与到园区的发展中来，切实将企业作为园区的重要组成部分，尊重其发展意愿，度量其发展要求，而政府要真正把工作的重心放到服务上来。同时实践证明，市场调控仍然是相较于政府更为有效地整合和配置资源的方式，因此科技园区在完成企业空间集中后，应该将科技园区运营与管理的权力交还给更能够发挥市场机制作用的组织。虽然很多科技园区管委会并没有介入到产业带内企业实际运营事务中来，但是管委会对整个园区的运营和管理的严格控制，却将科技园区严格地限定在一个有限的行为模式内，管理模式市场化运作带来的效果不能得以体现，政府他组织管理模式的机会成本逐渐加大。在此种意义上，政府他组织作用从科技园区中淡出是符合产业集群式发展规律的职能合理回归。

2）政府失灵决定了政府作用淡出的必要性

相对于市场失灵，有一种观点认为由政府组织的内在缺陷及政府供给与需求的特点所决定的政府活动的高成本、低效率和分配不公平，就是政府失效。而我们在考虑哪种培育模式更加适合长吉图先导区科技园区时，可以从市场失灵和政府失效哪种情况更加严重来加以衡量。在科技园区建设初期，大量的公共设施的投入和建设，使得没有企业愿意承担这样的社会责任，或者某个企业承担这样的社会责任却带来了园区内企业入驻成本的大幅提高，在此时市场失灵带来的负面效应会影响整个科技园区的建设和职能的发挥，因此我们选择政府他组织作为主要的管理模式。但到了科技园区发展期，相对于科技园区形成时的规划定位，政府在发展过程中的政策执行更容易出现政府失效现象。同时，相对于企业而言，政府或者科技园区主管部门并非是直接利益相关者，因此执行效率低也是非常重要的原因。政府多层级制使得决策效率大大降低，同时存在寻租等行为使得政府决策的执行力也远远不如市场机制有效，在此时政府失效带来的负面责任会降低战略性新兴产业的发展效率和企业创新积极性的发挥，严重限制了产业的发展。战略性新兴产业随着市场发育程度的提高，往往拥有比政府更具有比较优势的推进科技园区发展的能力。在此意义上，长吉图先导区内科技园区的管理应该逐步回归到市场机制的轨道上来，通过企业联盟或行业协会等非政府组织帮助科技园区实现自组织培育模式。

2. 政府作用淡出的原则

政府作用淡出是长吉图先导区科技园区发展到一定阶段的必然结果。在这样的发展历程中，必须遵循以下基本原则。

1）合理界定政府作用边界原则

政府作用从长吉图先导区科技园区中逐步淡出，必须遵循市场经济的基本规律，并结合本地科技园区发展的实际，明确行政行为的范畴，合理确定政府行为的有效边界，这是实施政府淡出的基本前提。始终值得注意的一点是，政府在长吉图先导区科技园区管理中的淡出，并不是退出，政府只不过将科技园区的管理等职权让渡给科技园区的内部企业组织，仍对科技园区行使监管等宏观调控权力。在此意义上，政府既要审核科技园区中的职能定位总体的制度安排，又要正确处理总体规划与具体制度之间的关系，使之形成系统化的科学体系。政府有效职权范围的界定本身是一项复杂的系统工程，既需要政府管理者在对科技园区发展具有充分的认知的情况下，主动让渡权力，缩减职权范围，又必须充分考虑科技园区对政府服务等方面的需求、政府组织与科技园区发展的适应性、不同战略性新兴产业领域运行的独特性等多方面因素，做出合理并具有操作性的制度安排。

2）适时抉择原则

政府作用淡出的目的是充分利用市场规律和企业参与产业环境管理的积极性，更好地促进长吉图先导区科技园区的发展。从某种意义上来说，这种权力的让渡和转移属于强制性制度变迁，在操作上比诱致性制度变迁具有更大的难度，缩小权力范围的阻力主要来自政府本身。因此，在长吉图先导区内的科技园区已经逐步发展到企业集聚的后期或者要开始产业带集群发展的时候，政府应抓准时机果断推进。这一时机的把握对权力的让渡十分重要，抓住时机，成功变革将会成为长吉图先导区科技园区发展的强大动力，而延误时机不仅仅不利于科技园区的发展，甚至会进一步影响园区内战略性新兴产业的发展，进一步影响吉林省产业结构调整。因此，地方政府要动态地把握科技园区的发展进程，特别是产业带发展程度，注意观察政府作用在各项政策措施执行时是否有效，及时发现恰当的淡出时点。另外，由于政策具有黏性，政府作用在淡出的过程中，要注意克服，防止产生滞留效应。同时，值得注意的一点是，政府淡出机制不可盲目复制，必须针对长吉图先导区每个科技园区的实际发展情况，恰当地选择时机，制定具有针对性的执行方案。

3）谨防波动原则

在政府作用淡出的制度变迁过程中，既要积极推进权力的让渡，又要注意职权转移过程中对增长机制的破坏，注意保持科技园区经济增长的稳定性，保持产业带集群发展的有效性，确保实现平稳过渡。重点应把握时机，统筹规划，加强政府他组织与园区自组织的衔接，防止出现权力的真空地带。同时，在执行淡出方案时，要采取分步渐进实施的办法，逐步推进权力的让渡和转移，成熟一块退出一块，最终实现他组织与自组织的稳定交替。

4）不断学习原则

对于长吉图先导区来说，通过学习推进政府淡出无疑是一种有效途径。以科技园区作为载体发展战略性新兴产业带对长吉图先导区而言，是一个正在成长和摸索中的新生事物，许多方面尤其是政府管理方面还处于探索之中，如何深入把握科技园区发展实际，如何选择政府作用淡出的时机，如何制定行之有效的淡出方案，如何培养科技园区成熟自组织管理模式等诸多问题都还需要进行深入研究。然而在这些方面，发达国家和我国发达省市都有不少可以借鉴的成功和失败经验，特别是对体制转轨有较多的实践。因此，政府要主动学习，善于取经，创新政府淡出机制，更好地激活长吉图先导区科技园区发展活力。

3. 政府作用淡出的要求

1）调整制度

制度和政策往往是政府进行经济社会管理的直接工具，制度和政策的合理性与适用性将直接决定经济社会管理成效的大小。因此，政府在对长吉图先导区科技园区进行管理时要及时整理、调节科技园区中各种不利于或过度干预产业发展的制度，包括各种繁复的审批制度和政策。特别是要及时调整用人制度、财务制度、投资制度等涉及园区发展的重要制度，创新性地针对科技园区和战略性新兴产业的特性制定相应的制度和政策，真正因地制宜地管理科技园区。

2）让渡管理职权

目前，长吉图先导区科技园区仍处在发展初期，各种行业协会、商会非政府组织并未得到成熟的发展，在科技园区的发展中，主要仍是依托政府他组织作为主要的培养模式，管委会作为政府的派出机构，承担了大量的协调和管理等微观职能，将主要职能定位在科技园区的宏观规划、服务平台建设及监督等功能上来。政府应该将过去微观管理、协调科技园区的职能逐步让渡给科技园区的企业联盟或设立的董事会，并通过各种非政府组织协调各方关系，充分发挥自组织的功能。

3）转换招商引资角色

科技园区的发展需要大量的资金支持，对于长吉图先导区而言资本约束严重一直是制约科技园区和战略性新兴产业发展的重要瓶颈，科技园区先期发展往往是主要依靠政府筹资，一方面给政府带来了一定的负担，另一方面筹融资渠道的单一严重制约了科技园区的发展。因此，在科技园区形成后的培养上，一定要重视招商引资的重要性。而政府的淡出恰恰扭转了政府的主体地位，以及企业和各类非政府组织的从属和被动地位，在一定程度上激发了企业参与科技园区管理的主动性，更加有利于利用非政府资本的投入，突出以商招商、以特招商、以大招商、以优招商。

（三）政府是推动科技园区内战略性新兴产业带自组织的主要推动力量

长吉图先导区的科技园区作为战略性新兴产业带发展的载体，全部采用政府为推动主导的模式进行开发建设，主要依靠国家、吉林省等各级政府的优惠政策与其提供的硬件环境进行招商引资，均采用外延式的发展模式，具有显著的他组织色彩。

这种他组织依托政府的高效行政手段在短时间内完成了企业的空间集聚，取代了依靠市场机制长时间才能够完成的产业带演化过程。但是这种高效率的代价就是在这种空间集聚形成的同时并没有完成长时间市场规律下完成的产业带内企业协同创新网络的形成。因而，长吉图先导区内科技园区虽然已经初步形成了战略性新兴产业的地理集中的形式和表象，却缺乏企业集群的内在协同和市场机制下的自主发展演化机制，也就难以将战略性新兴产业带的竞争优势和比较优势发挥出来，无法真正达到产业集群的预期效果。在此意义上，思考并提出培育科技园区自组织发展能力，尝试通过以市场机制为基础的自组织模式最大还原产业带的演化所需的培育环境，让产业带得到持续发展。

1. 科技园区自组织条件要由政府组织

根据上篇中所阐述的科技园区战略性新兴产业带自组织的理论，战略性新兴产业作为以创新为主要标志的产业，为了保持这一创新系统的持续创新能力和成长能力，必须要通过系统的自组织性来实现。在此意义上，长吉图先导区内科技园区发展战略性新兴产业带就必须满足自组织发展的基本条件，即战略性新兴产业带的开放性与远离平衡性。目前，长吉图先导区内科技园区受政府他组织的统一支配，虽然表面上面对的是整个经济系统，但实际上战略性新兴产业带作为一个整体对外仍处于相对封闭状态。长吉图先导区内科技园区对于外部经济系统项目、资金、人才的引进均通过政府的统一安排和规划，管理观念和管理方法仍沿用政府传统行政管理的方式。根据国内外战略性新兴产业带发展的成功经验来看，长吉图先导区要想实现自组织开放性条件，政府和科技园区内企业必须大力延揽具有相关管理经验的国内外人才，鼓励具有海外留学经验的工程师等创业，这些人员对所处战略性新兴产业的发展形势十分了解，具有发展高科技的、先进的技术和市场、经营的先进经验，同时会带来先进产业带开放的文化观念和生产模式，并可以引领产业带进入国外市场。同时，政府也应加大与国外其他地区的联系与开放度，通过文化、经济和政治等多方合作，为战略性新兴产业带带来更多的学习、交流和合作的机会。此外，在自组织的非平衡态条件建设上，主要要打破企业单打独斗的稳定局面，通过科技园区战略性新兴产业带内部的合作创新网络的形成，形成多种发展模式。这就要求政府及下设的管委会给产业带内企业多提供信息交流的机会，通过政府的中介作用，增强企业间的信任，增加企业的合作机会。最后，在强化非线性作用方面，政府的政策和措施无疑是最有效的催化剂。政府应推动学院化的建设方针，利用长吉图先导区的技术和智力优势，发展高层次教育，培养科技人才，鼓励创业，推动建设与教育合作，形成教学与科研、生产相结合的良性循环。

可见，长吉图先导区内科技园区战略性新兴产业带自组织模式所需要的开放性、非平衡性和非线性等基本条件，均需要在政府及下设的科技园区管委会的主导下来逐步地组织和推进。

2. 产业带自组织行为要由政府推进

根据国内外产业发展的成功经验，由政府他组织作为主导力量形成的产业带要想实现管理方式的转变，必须在政府遵从产业带自组织规律下推动方可实现。首先，长吉图先导区内科技园区战略性新兴产业带的主体地位要得到政府的承认。科技园区战略性新兴产业带自组织主体是产业带形成的协会、商会等组织，而政府应逐步成为科技园区创新系统的一部分，而不是指挥和支配产业带发展的特定干预力量。虽然政府在科技园区微观管理的作用被逐步弱化，但是作为自组织主体的协会和商会等却要通过政府的承认和认可，才可以在科技园区内部行使其职责，并且要接受政府和科技园区内企业的监督。一旦自组织主体在科技园区的发展过程中出现任何违规行为，政府有权取消其管理职能。其次，长吉图先导区内科技园区战略性新兴产业带采用自组织模式发展的时机要由政府决定。科技园区是否具有自组织能力，或者科技园区在何时可以采取自组织模式，是需要在政府主动让渡对科技园区微观管理权的情况下才能够实现的。如果政府不主动让渡或逐步退出科技园区的管理，科技园区就不可能成功地采用自组织模式。

可见，要想实现政府他组织和产业带自组织两种管理模式的转变，必须由政府抓准时机，果断推进。

第三节　长吉图先导区科技园区内战略性新兴产业带关键要素的培育

一　长吉图先导区科技园区战略性新兴产业带的竞争合作机制和技术学习机制培育

（一）竞争合作机制的培育

创造价值是一个合作的过程，而攫取价值是一个竞争的过程，因此价值实现的过程实际上是一个充满竞争和合作的过程，而价值实现的程度取决于竞争和合作机制发挥的程度。也就是说，竞争和合作机制发挥得越充分，价值实现的程度就越大。结合战略新兴性产业的特点及产业集群发展的理论不难发现，科技园区内战略性新兴产业带的价值实现同样受到竞争和合作机制的影响。因此，长吉图先导区在培育战略性新兴产业带的过程中，要想尽可能做到最大价值的实现,就要不断培养和鼓励科技园区产业带的竞争和合作能力,避免企业孤军奋战。

1. 竞争合作机制对战略性新兴产业带发展的必要性

1) 企业竞争能提高长吉图先导区战略性新兴产业带的整体竞争力

依托科技园区发展战略性新兴产业带为产业发展带来了企业的空间集聚,而空间集聚使得产业带内部企业间的竞争更加激烈。虽然竞争会给产业带内的一些企业带来一定的威胁,但是通过竞争这种有效的市场组织方式,会保留住有市场竞争力和比较优势的企业,从而增强了整个产业带的市场竞争力和产业比较优势,整体上提高了战略性新兴产业带的竞争力。这对战略性新兴产业带的影响主要体现在以下两个方面。

一是推动长吉图先导区战略性新兴产业带的技术创新能力。大量事实表明,企业间的竞争是推动企业进行创新的主要动力之一,同时企业间竞争的强度也决定了企业创新的强度。因此,长吉图先导区产业带内部企业间的竞争,势必会推动产业带整体创新能力的增加,降低产业带总体的生产成本,提高产品和服务的质量水平,增强整个产业带和科技园区的竞争优势。

二是促进长吉图先导区战略性新兴产业带的合理调整和分工。竞争是进行产业分工和产业链调整的有效方式。长吉图先导区产业带内的企业集聚在科技园区中,通过相互比较形成对产业产品或技术的市场衡量标准。根据对技术先进性的掌握程度,可以更加有利于企业对于目标市场的确定,比如,对于拥有最先进技术的企业,可以以高端产品市场作为主要目标,注重保持技术的创新能力;而对于拥有一般技术的企业,可以以中低端产品市场作为目标,在提升技术创新能力的同时注重产品生产成本的降低。竞争为产业带内部的不同企业在产业发展中的定位及今后的战略设定提供了更加清晰的辨识环境。

2) 企业合作能提高长吉图先导区战略性新兴产业带的整体价值

产业带内的企业的合作行为产生协同效应。协同合作的理念表达了依托科技园区发展产业带的一个核心概念,即战略性新兴产业带的整体价值是大于产业带内各个企业价值的简单加总,就是产业带内企业之间的合作比任何一个企业单打独斗获得的赢利更高。长吉图先导区战略性新兴产业带内合作创造价值的方式主要有以下两种。

一是业务行为的共享。合作能够分摊职能业务成本。产业带内企业间是否能够形成外部规模经济效益,取决于企业在进行研发、生产、营销、物流及售后等产业链各个环节的价值活动,并通过对产品整个成本结构的控制,获得更大的收益。而依托科技园区培育长吉图先导区战略性新兴产业带的优势在于,科技园区将为产业带内企业的研发提供基础设施的支持。比如,科技园区会为产业带的发展建立公共的实验室,弥补了中小企业由于资金约束的实验设备不足的情况；另外会为产业提供中试平台，避免了企业租用中试场地和重复建设场地。另外，由于科技园区的集聚效应，产业链上下游企业可以减少大量的物流配送成本，同时在采购方面也可以进行统一配送等模式降低成本。

二是资源的共享。由于产业带内企业依托科技园区形成空间集聚，产业带内的企业可以共享科技园区提供的有形资源和无形资源。对于有形资源的共享，主要是对科技园区现代化的基础设施和其他各种配套的共享，这些设施基本上由政府提供，在很大程度上降低了企业生产成本。对于无形资源的共享，主要体现在科技园区内聚集了大量的高校、科研院所等研发机构，会为企业带了大量的产业技术信息和管理支持，通过知识的外溢效应加速技术的传播与交流。另外，行业协会及其他服务和中介机构也会为企业带来大量的产业发展信息和提供更广的企业交流平台，更有利于产业链上下游之间的合作关系的建立和维护。产业带内企业对无形资源的共享，除了体现在各种正式或非正式的信息交流上外，产业带合力打造的品牌效应和区域形象会使产业带内的每一个企业都受益，尤其是中小企业可以借助产业带整体品牌效应、产业带内核心企业和大企业的带动效应，获得更多的市场认同和发展空间。

3）竞争和合作机制能提高长吉图先导区战略性新兴产业带的持续发展能力

产业带的发展不是靠某个核心企业或大企业发展单独拉动或支撑的，必须依靠产业带内企业整体发展共同支撑，通过合力维持产业带的高速发展。进入长吉图先导区科技园区的企业一般属于中小企业，创新能力和市场竞争能力有限，虽然是同处在一个战略性新兴产业带内部的竞争企业，但是面对动态市场和以创新及全球化为特征的经济环境，只能通过合作来提高研发能力、降低成本，以及开发新产品和新市场的能力，保持企业在市场上的比较优势。归根到底，竞争和合作的根本动力来自企业对持续发展能力的追求，具体体现在以下几个方面。

一是竞争和合作机制是提高企业战略灵活性的重要途径。竞争和合作机制的建立可以帮助企业提高资源的利用效率，降低生产成本，同时又可以通过合作网络的作用，实行多元化战略或多元化经营，从而提高企业的灵活发展。竞争和合作机制建立的成败不仅取决于产业带内部个别企业经营管理的质量，而且产业带的发展取决于整个链条中所有企业经营管理的质量，同时受到产业带内部各个企业或多数企业形成的合作网络实施水平和企业间合作的程度的影响，并且受到网络内部资源配置能力和风险利益分配的能力的制约。

二是竞争和合作机制帮助高新技术企业实现持续性创新。由于战略性新兴产业具有明显的创新特性，而单一高新技术企业创新活动具有不确定性，无法准确预期，这对企业的发展带来很大的风险，很多企业正是因为这个原因而放弃创新策略。但是高技术企业竞争力的源泉就是对创新的不断追求。通过合作机制形成创新主体、创新资源和创新项目在产业带内的集聚,通过大数平均提高产业带整体的创新平均收益率。而在此过程中,高技术企业也通过合作行为分摊了创新的成本,使得创新行为的风险降低,达到一个企业能够接受的水平。同时,在合作机制的作用下,合作企业间形成了一个紧密联系的利益共同体,有助于获得更多的创新资源。与此同时,通过竞争机制,使得企业更加具有危机意识,为了获得或者保持更多的市场竞争力,企业不得不选择进行创新行为,而长期的创新行为会内化成企业的创新文化,使其保持源源不断的创新动力。首先竞争为高技术企业带来技术创新的动力。高技术企业不同于其他类型的企业,创新是其获得市场竞争力的根本。在激烈的市场竞争下,企业为了生存和发展,不得不选择以创新战略作为自身发展的核心战略。此外,竞争机制不仅使企业在成长初期为了获得企业生存所需的市场资源而进行创新,同时也能为企业带来持续性创新的动力。但高技术企业获得一定的市场竞争后,为了保持自己的技术领先地位,长期保有市场竞争,必然会选择持续性的创新。一旦创新内化为企业文化中重要的一部分,就会不断地反作用于企业发展模式,使得创新战略也内化为企业发展的根本模式。综上所述,合作机制降低了企业创新的不确定性,而竞争机制带来了创新的动力。

三是竞争和合作是实现企业跨越式发展的重要途径。技术的先进性对于战略性新兴产业发展而言具有至关重要的战略意义。长吉图先导区战略性新兴产业的发展在一些领域具有其先进性和竞争力,但是在更多领域中由于其起步晚已经落后于国内和国际先进水平,想要追赶或超越具有相当大的难度。尤其是目前在高技术领域,各种技术的研发和市场化周期明显缩短,如果一个高新技术企业自己投入和研发,既不能保证其收益,又不能保证其先进性。如果企业错过了某个技术研发时期,无法依靠自身的能力在短时间内完成技术的跨越式发展,那么竞争合作机制往往通过技术联盟或企业联营等形式,可以实现短时间内的技术突破。

2. 多种方式培育科技园区战略性新兴产业带的竞争合作机制

竞争和合作机制是提升长吉图先导区战略性新兴产业带竞争优势的重要举措。培育产业带自身的竞争和合作机制,修炼"内功",发展自身实力和抗风险能力是产业带发展的根本。长吉图先导区在培育科技园区战略性新兴产业带的内部竞争和合作机制时应采用多种方法集成的方式综合培养。

1) 技术合作

产业技术的发展是战略性新兴产业发展的基础。根据国内外的实践经验,长吉图先导区在培育战略性新兴产业带的竞争和合作机制时,尤其要注重通过技术合作和项目合作来实现企业间的互相联系和频繁往来。提升产业带内高新技术企业的技术创新能力,高端发展整个产业带,又有利于科技园区创新合作网络的形成。目前，比较适用于长吉图先导区科技园区的技术合作模式主要有技术的合作开发模式、技术转移模式和工艺创新模式三种。

2）人才交流

企业间的竞争归根到底是人才的竞争，而人才交流是增强企业间交流的有效途径。这种交流既可以是同行业企业之间的人才交流，也可以是企业与科研机构间的人才交流，还可以是关联产业间的人才交流。通过不断地相互交流和相互学习，既提高了企业员工的素质，又加强了企业与外界的沟通。如果长吉图先导区科技园区能将这种人才交流机制形成一种园区确定性的机制，促成园区企业间经常性的人才往来，那么自然会促成园区竞争和合作机制的形成和完善。

3）产业关联

产业关联是实现长吉图先导区科技园区内企业合作的一种有效途径，也是实现战略性新兴产业协同发展的有效手段。科技园区内形成的战略性新兴产业带，往往是由大量产业内企业构成的，所以产业关联关系在企业入驻科技园区之时，就已经被有形或无形地建立起来了。这种关系不同于上述两种需要有意识地推进，而往往随着科技园区的发展就已逐步形成了。同时，企业之所以进入科技园区，一方面是科技园区为其提供了大量的资源；另一方面是为其展示了产业发展的基本链式结构。随着经济全球一体化的到来，现代企业已经逐步意识到企业的竞争已不仅仅是产品的竞争，更是对资源配置能力的竞争，而合作网络的建立，无疑是提高资源配置能力，获得产业信息的最有效手段。

4）信息共享

信息对企业而言已经成为一种重要的生产要素，其实产业相关信息对企业的发展至关重要，然而相关信息的获取又极其困难。企业一方面想对企业内部信息保密；另一方面却想知道其他企业发展的相关信息。战略性新兴产业的发展与信息的关系更为密切，因为其产业本身的产品周期已经被大大缩短，产业发展形势、产业前沿技术情况等关键信息会关系到企业的生存。在这一现实面前，解决矛盾的最好途径就是信息共享，而信息共享行为的发生对企业间竞争和合作的推动作用是巨大的。一方面，信息的共享让企业得到了发展中所需要的重要标准，依靠信息的共享企业可以更加了解整个产业和市场的发展状况，更加有利于企业制定切合实际的发展规划，同类企业实力的增加无疑会加剧产业竞争的局面。另一方面，信息共享行为的发生需要企业间不断地交流，在信息共享的过程中也有利于企业间的相互了解和建立信任，而这又为企业间的合作提供了有利条件。

（二）技术学习机制的培育

近年来，吉林省战略性新兴产业竞争力不断增强，但战略性新兴产业的发展的现状仍不容盲目乐观，深层次产业问题依然存在。吉林省战略性新兴产业发展仍处于起步阶段，产业技术创新能力和产业竞争力与发达省份及国外先进产业水平相比仍有很大距离。大量研究表明，技术创新能力不足是导致产业发展缓慢、产业竞争力低下和产业发展后劲不足的主要原因。随着全球对战略性新兴产业问题的关注，吉林省战略性新兴产业将会面临更加严峻的局面。依托科技园区发展战略性新兴产业带是目前各国或各地区普遍采取的一种发展战略性新兴产业的方式，但是发展情况却各不相同。根据国内外科技园发展的经验发现，产业带发展的内生力量是决定产业带是否能够健康持续发展的主要决定力量。对于战略性新兴产业带而言，技术创新能力是战略性新兴产业进化的核心动因，然而随着全球化和知识经济时代的到来，技术创新能力不再是产业带或其内部组织通过内部强化能够获得的，而是通过技术学习学习机制获取的。因此，政府需要通过不断强化长吉图科技园区内的战略性新兴产业带的技术学习机制来获得产业带持续发展的动力。

1. 长吉图先导区科技园区内战略性新兴产业带培育技术学习机制的必要性

产业带的发展是一个内在强化的循环累积过程，但是依靠单个产业带自身静态的比较优势不足以持久抵御市场带来的变迁。因此，长吉图先导区需要通过不断更新知识和提高技术能力，来提升产业带整体技术能力，进而提升产业带的整体竞争力，而这种内在提升的根本途径就来自技术学习机制。促进长吉图科技园区内部的技术学习机制是为了促进产业带内的知识流动，其核心目的是促使技术及人、财、物等技术创新要素在科技园区内的有效流动和合理组合，以优化和完善资源配置机制，形成良好的技术创新环境。同时，科技园区内战略性新兴产业带的技术学习机制也是为了实现战略性新兴产业的产业创新。科技园区内创新要素的有效流动和合理组合是基于产业带技术学习机制带来的知识流动，这种知识流动可以表现为技术知识、管理知识等多种形态。多种形式的知识在产业带内部的不断循环流动能够促进产业带产业创新的实现。一个大量、多样、高效的知识流动系统的建立对整个长吉图先导区创新系统来说不仅是重要的而且是必需的。因此，科技园区产业带内的知识流动是整个产业带的产业创新的关键，产业带内知识流动的规模和效率将直接影响科技园区创新系统的结构和运行效率。

科技园区内产业带技术学习机制对长吉图先导区战略性新兴产业带的影响主要体现在以下几个方面。

1）营造长吉图先导区科技园区内战略性新兴产业带的创新氛围

虽然科技园区内单个企业的创新行为是一种具有正外部经济效应的行为，即在单个企业创新实现的价值小于整个社会获得的价值，但是单个企业的创新行为如果不加以引导，在科技园区内只是形成一种单纯的企业行为，很难营造出整个科技园区的创新氛围。这主要是由于创新,无论是技术创新还是其他形式的创新,都是在依靠创新的排他性获得高额的收益,因此,任何营利性企业都不愿意独自承担创新成本而向其他企业分享创新收益。而科技园区内的企业因为竞争和合作机制的作用而存在着某种互动关系,这种互动关系带来的知识交流又会引发科技园区内的技术学习机制,逐步形成一种以互信为基础的园区文化氛围。这种园区氛围一方面可以更多地强化知识的流动;另一方面可以增加产业内的技术合作,形成一种良好的创新氛围。

2) 形成长吉图先导区科技园区内战略性新兴产业带的创新动力

属于同一战略性新兴产业类型的企业在科技园区内集聚,一方面强化了企业间的信息交流,为企业带来差异化发展的压力;另一方面主要市场的同一性加大了企业对创新的需求。这种对差异化和创新的需求,加大了科技园区内同类企业间的竞争压力,同时也带来了科技园区内企业的创新动力。这种企业创新动力不断地增强了科技园区内战略性新兴产业带的持续创新能力。反过来,企业的创新动力又迫使企业不断地进行学习,通过知识交流来进一步增强企业的创新能力。这种渐进式的创新动力的加强有助于企业改进技术、更新设备、开发产品、完善服务及开拓市场。因此,发生在产业带内的持续的比较和竞争压力将成为长吉图先导区科技园区内战略性新兴产业带发展的创新动力。

3) 提高长吉图先导区科技园区内战略性新兴产业带的创新效率

长吉图先导区内的科技园区不仅为企业提供空间集聚的土地,同时也为企业提供了各种先进的基础条件和企业所需的其他配套服务。在科技园区进入企业填充阶段的后期,由于大量企业的入驻也会吸引更多产业发展所需资源的形成和引入,专业化分工逐步形成且不断完善。专业化的分工为单个企业带来了实现创新的规模经济性,在享受共享性资源带来的投入成本降低的同时,提高了单个企业的创新效率。科技园区由于提供了共享性的创新资源,而避免了创新资源的重复购买或建设,也提高了产业带的综合创新效率。同时,技术学习和合作机制也为产业带内企业分摊了创新的初始成本和风险,并在一定意义上共享了创新收益。科技园区产业带内部由于信任而产生的技术合作相较于一般的合作网络而言更为稳定和持久,并且合作的成本较低,从而产业带创新效率的提高也是稳定而持久的。因此,产业带通过技术学习机制和持续稳定的互动关系可以极大地提高长吉图先导区科技园区内战略性新兴产业带的创新效率。

4) 增加长吉图先导区科技园区内战略性新兴产业带的创新频率

通过技术学习机制而形成的知识和信息的流动会在科技园区产业带内部形成一种知识溢出效应,即与企业发展有关的各种知识会被共享和仿效。由于企业集聚与科技园区,产业带内部知识的溢出效应,相较于地理上分散的企业间而言,在时间上会大大缩短,从而增加了科技园区内的创新频率。同时,技术学习机制会加强企业间的信息交流，如企业与供应商之间或企业与物流企业之间，这种紧密的联系可以缩短反馈环，从而增加创新频率。此外，由于科技园区内部知识的持续积累，使得该产业带内拥有大量的产业信息和创新经验，从而缩短了创新时间。目前，维持企业或产业的创新优势的难度逐步加大，要保持或增强长吉图先导区战略性新兴产业的动态竞争优势，科技园区内各企业必须加快创新频率。

2. 长吉图先导区科技园区内战略性新兴产业带技术学习机制的培育

1）长吉图先导区科技园区内战略性新兴产业带技术学习系统

产业带是处在同一地理区域内的同一产业类型的企业组成的集合体。根据魏江、魏永于2004年提出的产业集群学习系统，长吉图先导区科技园区内战略性新兴产业带的技术学习系统是一个包含核心网络、辅助网络和外围网络三层网络的复杂系统。其中，产业带的核心网络和辅助网络属于科技园区所包含的资源，而外围网络是科技园区之外的。三层网络是整个技术学习系统的三个子系统，其中核心网络中所包含的企业集群是技术学习的主体，而辅助网络和外围网络为核心网络提供技术学习所需的资源。核心网络子系统内部企业间，以及三层网络子系统之间通过多种途径的信息交流和互动，构成了长吉图先导区产业带的技术学习系统（图8-3）。

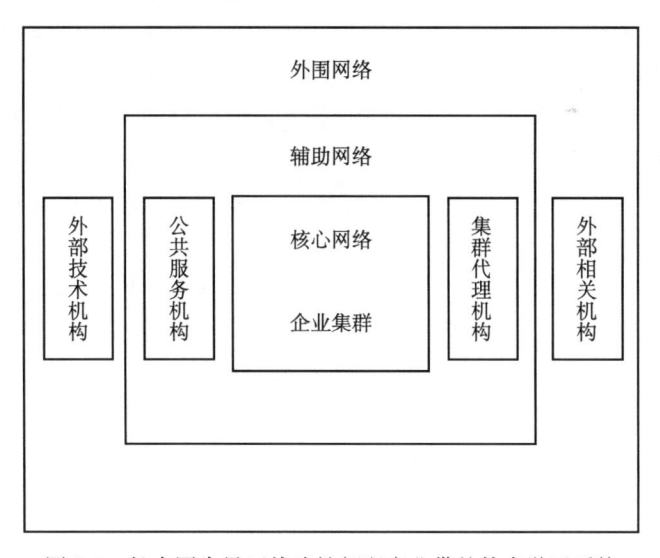

图8-3 长吉图先导区战略性新兴产业带的技术学习系统

核心网络的产业带技术学习是长吉图先导区战略性新兴产业带内企业主体之间的互动学习过程，它包括了企业之间的知识流动和相互作用模式。辅助网络的产业带技术学习途径是长吉图先导区战略性新兴产业带的辅助网络向核心网络知识流入的过程，它通过科技园区内的公共服务机构、产业带代理机构向产业带内的企业提供技术知识和信息支持。这里的产业带代理机构是指由政府或产业带内的企业共同发起设立的机构，如行业协会、质量监督委员会、企业家协会等，它们主要负责产业带创新网络形成和发展过程中所必需的协调活动。公共服务机构是指从事知识创造、提供管理和技术服务的独立机构，如科研机构、生产力中心、孵化器、技术转移中心等。外围网络的产业带技术学习是长吉图先导区战略性新兴产业带的外围网络向核心网络知识流入的过程，外围网络向核心网络知识流入可能直接向核心网络传递知识信息，也可能通过辅助网络的中间传递来实现。

2）长吉图先导区科技园区内战略性新兴产业带技术学习途径

技术学习的过程实际上是各种知识在企业间传递的过程，只有真正形成知识的流动，才能够完成学习过程。促成知识在核心网络内部企业主体之间，以及核心网络与辅助网络、外围网络之间传递的途径主要有员工流动、非正式交流、教育和培训、研发合作和产业链内部互动等传递方式。

（1）员工流动。核心网络内部及其与辅助网络、外围网络间员工的交流是实现技术学习的直接途径。企业技术学习的主体是企业员工，通过企业或其与各种机构之间的员工交流，能让企业员工直接掌握与工作职能相关的知识技能，从而达到企业整体技术水平的提高。一是核心网络内部员工间交流。核心网络内部战略性新兴产业带内企业间员工的流动要明显快于辅助网络和外围网络，这一方面是由于企业间空间距离较小，工作环境比较相似，员工对其他企业的熟悉度比区外企业要好；另一方面是由于产业带内企业间员工流动的交易成本和转换成本较低所致。同时，产业带内企业同属某一相同产业，因此企业内部人才结构具有一定的相似性，在科技园区这一较小的区域具有较低的搜寻成本及交易成本。此外，产业带内的企业由于同属一个科技园区，园区共同的人文环境使得员工在交流上更加容易，不易产生文化隔阂，调整和适应的成本相对较低。但值得注意的是，产业带内部的企业间适当的员工流动有利于知识的传递，过少地流动容易束缚产业带的发展思路，而过度地流动又会对产业带内企业正常的生产经营效率带来极大的影响。二是核心网络与辅助网络和外围网络间的人才流动。从辅助网络和外围网络与产业带核心网络间的人才流动比较典型的有高校毕业生进入企业工作；科研机构与企业合作过程中的人才流动；管理咨询机构服务机构为企业提供服务过程中的人才交流等。

辅助网络和外围网络与核心网络之间的人才交流是实现知识流动的重要途径，这些机构能够弥补企业在发展过程中知识的不足，并提供更多适用于企业的知识，但这种人才流动方式没有企业间流动频繁。总体上看，员工流动是产业集群技术学习的直接途径，通过员工流动为企业带来新思想、新知识和新技能，从而促进了企业知识和技能的更新和加强，这样可以使得企业能够更快地适应外部技术和市场的不确定性。从产业带层面上看,员工的流动使得产业带内的交流增多,知识传播状态更加活跃。

(2)非正式交流。非正式交流主要表现在核心网络内的企业主体之间,以及与辅助网络、外围网络之间通过非正式的社会交往方式达到知识传递和交流的效果。由于科技园区为产业带的发展提供一定的空间范围,这种地理上的临近有助于企业家之间或者企业家与专家、学者之间经常性的碰面或交往。而这种交往为企业获取发展所需要的信息提供了一种很好的知识传递环境,往往更加有利于企业所需隐性知识的扩散和传播。产业带内企业之间由于存在竞争,所以正式的知识交流往往不容易发生,而非正式交流不仅避免了企业间对直接利益冲突的顾虑,而且更加容易发生。这种同类企业间的非正式交流往往主要表现为企业高层管理者之间的交流,虽然员工间交流发生得更加频繁,但是员工获取的知识和信息对企业发展的影响往往并不明显,而高层管理者之间的交流在一定程度上会对企业未来发展方向、企业经营管理模式等关键因素产生一定的作用,应该受到关注。因此,长吉图先导区内科技园区应当经常为企业间提供这种交流的机会,通过座谈会等多种形式促进企业高层管理者的交往。此外,核心网络与辅助网络和外围网络之间的非正式交往也主要表现为企业高层管理者与专家、学者之间的交流。如果说企业间竞争机制起到更主要的作用的话,那么企业与辅助网络和外围网络间的交流主要依靠合作机制在发挥作用。因此,这种交流受到利益的约束作用并不明显,也更加容易发生。长吉图先导区内科技园区管委会应当作为企业与外围机构间的桥梁,增加企业与各种机构交流互动的机会。无论是核心网络内部还是其与辅助网络和核心网络之间的非正式交流,更加容易使其转化为人际交往,通过交往的加深,信任等感情因素比较容易建立起来,因而促进了科技园区内企业间知识传递网络的形成。

(3)教育和培训。为企业提供教育和培训的机构主要有高校等教育机构或者专门的培训机构。依托科技园区发展战略性新兴产业带的一个主要的优势就是在科技园区内部就包含一定数量的教育机构或专业培训机构,因此,通过教育和培训促进知识的传递和更新在科技园区内更加容易发生。而且企业与教育和培训机构间的交流可以使企业员工获得更加系统化的技术和管理知识,对提高员工知识技能水平具有直接的促进作用。需要注意的一点是,虽然利用科技园区内部的教育和培训资源更加容易,但是由于同处一个区域位置,企业与教育和培训机构的知识技能范围具有较大的雷同性,为了避免思维的固化,也应该适当地选择区域外围网络中的教育和培训机构,适时更新企业的知识结构。

(4)研发合作。核心网络内企业之间及其与辅助网络和外围网络各机构之间的合作是产业带内知识传递和扩散的最直接的形式。科技园区内企业之间由于更容易形成正式或非正式交往机会,所以核心网络产业带内企业间更容易建立合作关系,如合作开发项目等形式。由于地理上的邻近、产业的关联性和相同的文化背景等原因,核心网络企业之间总是直接或间接地发生信息的交流互动。从创新行为上看,产业带内企业之间技术和知识互动形成了这一战略性新兴产业的创新网络。从纵向上看,产业链上下游之间的互动关系,根据产业分工合理分配产业利润,并且在产业协同和利润分配过程中自然地完成了产业链上下游之间的信息和知识的交流。从横向上看,则主要表现为产业带同类企业间竞争和合作关系,其中竞争占主导地位。这种由横向和纵向关系交互形成的复杂的创新网络,更加清晰地描述了产业带内企业之间以信任为纽带的合作关系和基于这种合作关系的信息和知识的相互流动情况。而核心网络与辅助网络和外围网络机构之间的合作往往以机构向企业提供有偿服务的形式。比如,企业委托高校、科研院所进行技术开发或者与其合作开发某一技术等。这种有偿的委托代理关系使得企业能够更加直接地获得高校和科研院所直接的知识支撑。

(5)产业链内部互动。用户和供应商等产业链内部的交流也是企业获取外部知识的重要途径。通过用户反馈回来的产品或技术信息帮助企业获得一手的需求市场信息,是企业技术变革和创新的重要来源。而供应商提供的材料特性等知识也给企业的技术变革提供了重要方向。在产业链内部进行知识的传递和交流时需要注意,产业链的稳定是保证技术学习持久性和有效性的重要因素。因此,长吉图先导区科技园区内产业带应该注重其内部关系的稳定,通过核心企业的带动或者企业间的协同发展,形成持久性的需求关系,稳定产业带内知识流的循环。

二 长吉图先导区科技园区战略性新兴产业带的政府支持功能的强化

目前,政府仍然是长吉图先导区科技园区发展的主导力量。在前面我们已经详细论述了政府他组织模式已经逐渐不适应产业带发展的要求,需要逐步让渡其在科技园区微观经营管理中的职权,将职能范围逐步限定在对科技园区的宏观规划和监管范围内。虽然,目前这种职能的让渡在短期内还不具备让渡职权的条件,但是为了满足科技园区内战略性新兴产业发展的需求,政府应当以此为目标逐步培养适合的第三方组织,并在适当的时机促成这种权力的转移。由于前面已经详细阐述了现阶段即政府他组织时期,政府的支持性政策的侧重点的范围,所以此部分主要论述政府让渡微观经营管理权后,行使宏观监管调控的权力范围。

虽然在科技园区集群化发展阶段,市场机制的作用明显优于政府的作用,但是在市场机制固有的缺陷和我国市场机制并不完善的现实面前,政府适当地支持对长吉图先导区的发展还是十分必要的。通过政府对长吉图先导区及长吉图先导区内科技园区的产业布局及调整，在市场机制失灵时提供适合的公共产品，以及对市场和科技园区管理的监督管理工作都是今后政府应该完成的主要工作。

（一）系统的产业布局和调整

政府应当根据吉林省发展的中长期规划对长吉图先导区科技园区内的战略性新兴产业进行合理的产业布局和适时的产业引导，使其符合吉林省经济发展的大局，重点突出，科学发展，形成吉林省未来产业发展的新格局。

1. 加强产业政策的引导作用，促进优势特色战略性新兴产业带的形成和发展

目前，长吉图先导区科技园区均是在各级政府的组织下建立起来的，政府通过高效的行政手段和系统化的产业布局思想，在长吉图先导区已经初步形成了战略性新兴产业带的分布格局。通过对38个省级及以上开发区的调研发现，现代农业和高技术产业主要集中在长春市和吉林市，而现代服务业主要集中在延边朝鲜族自治州，形成三点呼应发展的战略性新兴产业格局。吉林省通过对产业布局的统筹规划已经初步达成了一定的效果，产业政策也在逐步地发挥作用。但是在调研过程中我们发现，虽然长吉图先导区内各地市的产业布局已经初步形成，但是生物制药等战略性新兴产业仍然比较分散，同一产业往往分布在多个开发区内，而单一开发区内的战略性新兴产业带的规模往往较小，没有真正形成战略性新兴产业的集聚化发展，产业带在一定程度上存在集而不聚的现象，产业带的集群优势未能显现出来。因此，政府应对长吉图先导区内科技园区进行深入的调研，找出战略性新兴产业带优势发挥的主要影响因素，有的放矢地改进目前长吉图先导区内科技园区发展中存在的问题，促进吉林省战略性新兴产业带的良性发展，并形成具有长吉图先导区特色的优势产业带，带动整个吉林省产业的全面和高水平发展。

2. 注重产业政策体系的完整和执行的深入

目前，吉林省十分重视战略性新兴产业的发展，产业政策也注重对战略性新兴产业的培育。但是，政府政策的制定出处并不统一，缺乏部门间的协同，使得目前吉林省产业政策体系并不清晰。各主管部门根据其本身的职能范围制定相应各项政策，存在政策的脱节，甚至有些政策相互矛盾，这样十分不利于战略性新兴产业的持续性发展。政府应当注重产业政策体系的完整性和系统性，各部门在制定政策时应当仔细研究现有的产业政策，并且积极听取其他相关部门的建议，注重政策的互补性，避免产业政策的重复和矛盾，并且注重产业政策推行的顺序和时效性。此外，政府应当规划实施完整的产业支持性政策体系，明确对产业分布、产业规模、建设重点等方面提出具体要求，并以法律、

法规等形式保证产业政策的实施和落实，完善金融、管理、贸易等保障体系的政策配套程度。同时，在调研中还发现，科技园区内很多企业对政府政策的了解不足，使得很多企业并没有享受到产业政策带来的相关优惠条件，产业政策未能切实地发挥作用。针对这一问题，长吉图先导区内科技园区管委会应当作为政策落实的主要执行者，帮助园区内企业深入了解并且利用相关的产业政策，让企业从政府政策中得到切实的利益，发挥产业政策对产业的促进和保护作用。

3. 将产业政策的重点从对企业的支持转移到对战略性新兴产业带的培育上来

虽然企业的发展也能够对区域经济的发展起到一定的带动作用，但是归根到底只有形成产业化的发展才能够对区域经济发展起到真正持久的推动作用。在对目前吉林省战略性新兴产业政策的研究中发现，产业政策的重点均放在企业的发展上，很多产业的发展主要依靠一两个规模较大的企业，产业的支持性政策也主要是使这些企业成为主要的受益者，对于产业内的中小企业的扶持力度明显不足。虽然核心企业对产业具有一定的带动作用，但是产业带的协同发展才是战略性新兴产业持久、健康发展的保证。因此，政府应当对产业带内具有发展潜力的中小企业加大扶持力度。同时发现，吉林省的产业政策没有将产业链的完整性作为培育的重点，只是主要关注个别节点位的发展与培育。产业链上配套节点位的发展不仅关系到产业链上核心企业的发展，也关系到长吉图先导区内这一产业的发展潜力。因此，政府在制定产业政策时应当以产业带的发展作为产业政策的落脚点，以产业带完整、健康的发展作为主要参考的标准，切实做到战略性新兴产业的发展。

（二）提供完善的公共服务

科技园区内公共服务体系的建立具有巨大的正外部性，是科技园区帮助战略性新兴产业带发展的重要支撑体系，然而市场机制在公共服务的提供上相较于政府行为却具有明显的不足，因此长吉图先导区科技园区内战略性新兴产业带的发展需要由政府为其提供辅助产业发展的各种公共服务。

1. 为科技园区提供现代化的基础设施

基础设施的建设是科技园区发展的基本保障。长吉图先导区科技园区初期都是由政府出资或融资进行修建的，为科技园区提供了较为完善的基础设施。随着战略性新兴产业入驻科技园区，不同产业对开发区的基础设施的要求不尽相同，尤其是对于一些高技术产业对现代化基础设施的要求很高，或者有一些特殊、额外的要求。另外，随着科技园区的不断发展，科技园区内的基础设施存在维护和完善问题。然而，基础设施的建设初期投资很大，回收期很长，很少有企业愿意承担这一责任。因此，吉林省及各级政府就成为基础设施建设和维护的主要执行者。其中，主要包括对现代化的基础设施、便利的交通通信设施及配套的生产服务设施等做好及时的维护和更新工作，为科技园区的发展打好基础。在调研中我们发现，政府提供的基础设施在各个园区具有一定的雷同性，并没有考虑到个别战略性新兴产业发展的特殊性，如大数据产业对通信设施的要求很高等。政府应当在基础设施建设的基础上，对于园区企业入驻后的特殊要求给予足够的重视，切实做到提供完善的现代化基础设施。另外，政府在基础设施后期的维护上可以适时地利用市场机制，尝试采用服务外包等形式。

2. 在科技园区内建立完善的社会服务体系

政府除了应为科技园区提供健全的基础设施以外，还应在科技园区内配套企业发展所需要的社会服务体系。由于科技园区内的企业大多属于中小企业，相较于大企业而言，并不具备完善的现代组织结构和企业经营管理体系。因此，政府应在科技园区内为其配套企业发展所需要的信息咨询机构、金融服务机构、管理咨询机构、法律咨询机构等，帮助企业完成企业孵化过程，并扶植其逐步壮大。其中，在调研中发现，人才问题是目前制约长吉图先导区科技园区内企业的一项重要的问题。政府应当深入科技园区内的中小企业，切实了解到中小企业内人才引进等机制存在的问题，帮助企业解决这些问题。在我国其他省市在此方面已经有了一些创新性的尝试，如使用灵活的用人机制鼓励国内外科研院所的专家到企业兼职，定期为中小企业提供人才培训等方式，切实贯彻服务型政府的理念。

3. 为战略性新兴产业带配套专业技术服务

战略性新兴产业对于技术创新具有较高的要求，可以说技术的研发和技术成果的转化是关系到战略性新兴产业发展的关键性因素。而技术创新和市场化的高要求与中小企业资源有限性的矛盾却严重制约着中小企业的发展。在此情况下，政府应当为战略性新兴产业带的发展努力配套相应的专业技术服务体系。首先，在园区内引入相关产业的科研机构、高校或其他专业性的机构，为产业的发展提供有力的技术和人才支撑。其次，在园区内建设企业技术创新所需要的实验场地并配套高端的实验器材和设备，园区内企业可以通过租用的方式以较低成本完成技术的研发，这样的做法既促进了产业带的技术创新水平，政府又可再逐步回收成本。再次，在园区内为企业建立中试基地，帮助企业实现技术的市场化。最后，在园区内成立技术成果转移平台，建立健全技术的交易制度。

（三）建立健全市场及科技园区经营管理监管体制

在政府逐渐淡出科技园区经营管理领域时，将权力逐步让渡给企业联盟、行业协会等第三方组织，通过科技园区内产业的自组织，利用市场机制找到适合科技园区发展的正确路径。与此同时，并不是政府从此就与科技园区的经营管理再无关系，而是站在监管者的角度，一方面通过对产业市场秩序的管理，营造公平竞争的市场环境，创造良好的市场氛围；另一方面通过对科技园区经济管理行为进行监察，对科技园区经营管理效果的评价，给予中肯的评定和建议。

1. 营造良好的市场环境

科技园区内战略性新兴产业在集群化发展过程中，无论是产业本身的发展还是科技园区的发展都将充分发挥市场机制的重要作用，然而我国市场机制仍然处于不断地完善过程中，其本身还存在很多的不足和缺陷。在此情况下，就要求在市场机制发挥应有作用的前提下，政府也要实时对其进行监控。一旦发现市场失灵的现象，就要由政府出面进行适当的调整和调节，帮助市场合理有序的发展。此外，除了对市场机制的不足的弥补以外，政府也应主动创造良好的市场环境，建立良好的市场氛围，维持健康的市场秩序。首先，政府应当充分行使其社会管理职能，维护好市场秩序，提倡公平竞争的市场氛围，为产业发展创造良好的市场环境。其次，政府应当积极实施和落实相关法律法规中对于财产权利的保护、对于合同执行的规定，依法维持健康的市场秩序。其中，产权制度的建立和对知识产权的法律保护对战略性新兴产业发展尤为重要。战略性新兴产业的发展要求其技术具有一定的领先性，尤其注重原发性技术的研发。而在技术产业化的过程中，如果失去了法律的保护，很容易出现技术泄露等情况，会带来巨大的经济损失。因此，吉林省在推进战略性新兴产业的发展过程中，要尤其注重配套法律、法规体系的建立，并且要切实地落实下去。

政府对产业市场环境的监管，还体现在与市场有关的执法执政部门的服务意识和服务能力上。吉林省不仅应当注重产业市场的硬服务，更要注重市场的软服务。政府的硬服务主要包括如企业的工商注册、资格认定、税收、年检等工作，这些项目是企业成立和发展所必须要完成的内容，其相关部门的工作效率、服务态度和服务意识在一定程度上体现了一个地区市场体制的完善程度及政府的服务能力。但硬服务并不是政府市场服务的全部体现，政府对于产业市场的重视程度主要是由其提供的软服务决定的。也就是说，政府在市场配套的服务项目的完善程度才是政府真正能力的体现。软环境是指政府的服务质量和办事效率等政府服务意识和服务能力，这些才是直接影响到创业者投资者信心的重要因素。而在调研中我们发现，政府对于产业市场软环境的营造与发达地区具有较大的差距，政府的服务意识尚显不足。因此，政府应当着重软环境的营造，通过对相关服务部门的监管，并且从服务于社会的角度整合办公程序，提高办公效率。创造一个和谐、高效的环境来吸引和鼓励创业者和投资者。

2. 建立良好的科技园区经营管理评价体系

政府在科技园区微观经营管理领域逐步淡出，将权力让渡给科技园区内企业联盟或行业协会等组织，这些组织在市场机制的引导下管理科技园区。第三方组织在科技园区的发展过程中能够有效地弥补市场失灵和政府失灵，发挥着政府和市场所不能发挥的重要作用。权力的让渡伴随着责任的让渡，为了让第三方组织更好地发挥在科技园区经营管理中的优势，科技园区要采取企业和政府双重监督的体制。但是就目前长吉图先导区第三方组织的发展情况来看，第三方组织要具有成熟的制度框架和经营管理水平还要有相当长的一段时间，为了弥补第三方组织自身发展上的缺陷，政府的监管还是十分必要的。另外，管理科技园区的第三方组织一般是由科技园区内企业组成的企业联盟或行业协会等，它们往往通过推举代理人或外聘管理者等方式进行管理，承担着众多企业对科技园区经营管理的愿望。为了规避这种代理制度带来的风险，合理利用经营管理资金或者企业联盟基金，最大化地实现科技园区内企业的利益，为科技园区的发展做出最大的贡献，就需要通过政府监管来约束第三方组织，避免权力寻租等腐败现象的发生。最后，科技园区成立之初是由政府作为最大的出资方，在第三方组织对科技园区进行经营管理的过程中，政府也要通过提供公共服务而逐步回收前期投入的资金，实际上政府仍是科技园区的重要主体之一，也就有权力行使监督权。

政府在对第三方组织经营管理活动进行监督时要避免形式主义，要切实地将监督工作做到实处。目前，我国在科技园区的管理中一般均采取政府管理的方式，可借鉴的经验不足，这就需要政府在进行权力让渡之初，就要制定完善的监督管理体制，树立先进的监督管理理念，始终坚持依法监督、有效监督、透明监督的基本原则。同时，由于我国在传统的行政管理体制中一直对监督的重视程度不足，对于监督的制度化和规范化的要求不高，这在一定程度上制约着监督机制的发展。要做好政府对第三方组织的监督管理工作，首先政府在对第三方组织进行监督时，要注意其监督的范围，与科技园区内企业的监督形成有效的互补，比如，园区内企业对于第三方组织的资金使用情况，经营管理绩效等方面进行监督，目的是保护自身利益不受侵害，而政府对第三方组织的监督主要集中在其资金运作方式是否合法，其对科技园区未来发展规划的实施是否科学，目的是保证科技园区健康有序的不断升级和发展。另外，由于这种科技园区自组织方式在实践中并没有广泛的推行，所以相关的法律法规并不完善，吉林省应针对长吉图先导区科技园区发展的实际，有效地制定相关的法规，一方面使得权力监督行为有法可依，另一方面也避免政府在监督过程中出现腐败等现象。

三 长吉图先导区科技园区战略性新兴产业带的创新支持体系的培育

（一）科技企业孵化器

科技企业孵化器是长吉图先导区科技园区创新支持体系的重要组成部分，

是在长吉图先导区科技园区中低成本或无偿为初创期企业提供研究、生产、经营的场地，配套相应的通信、网络与办公等方面的硬件共享设施，并提供政策、融资、法律和市场推广等方面的软环境支持，旨在对高新技术成果、科技型企业和创业企业进行孵化，使创新成果尽快形成商品进入市场，培育企业家，提供综合服务帮助新兴的中小企业成熟长大形成规模，降低创业企业的风险和成本，提高企业成活率和成功率。换言之，科技企业孵化器就是为科技型中小企业提供除企业创新以外的一切初创时期生存和发展所需的资源。

企业孵化器具有聚集创业资源、节约创业成本、推动企业集群化发展、提供创业的相关公共服务及培育创业企业和企业家等重要功能，是科技园区创新支持体系的重要组成部分。由于科技企业孵化器的重要职能是帮助中小企业渡过企业初创时期，而此时期中小企业资金实力有限，因而在实践中科技企业孵化器一般以社会公益为宗旨，以推进创新为目标，更加强调其公益性而非赢利性，故而在长吉图先导区一般由吉林省或各地市政府提供。在中小企业通过孵化器获得多方服务和资源，使企业获得发展的同时，有效地推进了长吉图先导区科技园区内科技成果的转化，扶植了一批具有创新能力的企业，提供了更多的就业岗位，进一步提升了科技园区乃至长吉图先导区的创新能力，增强了吉林省产业的市场竞争力。

政府作为孵化器建设的主体，要充分发挥其作用。首先，政府要根据长吉图先导区科技园区发展的实际，分别制定适合科技企业发展的孵化器发展战略。由于不同战略性新兴产业的发展要求不尽相同，所以吉林省各科技园区在其孵化器的建设上要充分考虑其拟发展的战略性新兴产业的特点，制订切实的推动计划和优惠政策。同时，要有效整合科技园区内的丰富的科技资源，促进产学研的紧密合作。值得注意的是，在我们对吉林省科技园区孵化器的调研中发现，目前科技园区中的孵化器并不重视孵化器本身的管理，而更像是看门人。实际上，孵化器的管理对孵化器作用的发挥起着至关重要的作用。因此，各科技园区要注意加强孵化器管理团队的建设，通过多种方式吸引和激励人才，尤其要注重孵化器管理者的培养和激励。其次，政府要将孵化器作为战略性新兴产业发展的基地。在调研中发现，长吉图先导区很多科技园区孵化器并不注重孵化器内产业的发展，只是努力地去填充具有孵化潜力的企业。而实际上，由于资源有限性的限制，长吉图先导区内的科技园区必须按照拟发展的产业布局来进行实际的运作，忽视产业的发展而只从企业这一微观视角入手，孵化器带来的经济效应会十分有限，并不符合资源最大程度利用的原则。因此，科技园区在对孵化器内企业进行筛选时要以产业作为出发点和落脚点，不能盲目地以数量作为目的。最后，政府要注重对企业项目的评估和孵化器整体绩效的评价。政府先期进行大量投入的目的是通过孵化器的带动作用提升整个科技园区的创新能力，因此对于孵化器内产出绩效的评估就显得十分重要。这一方面体现在要对进入孵化器的企业所持有的项目进行先期的技术经济评估，通过充分的技术预测、市场预测和社会效益预测等，选定最具有发展潜力的项目；另一方面要周期性地对孵化器整体的产出情况做出合理的评价，如成功孵化了多少家企业，孵化器内企业整体的收入情况，技术成果转移的数量等。

（二）中试基地

科技园区内企业的技术创新能力并不能直接转化为物质形态的现实生产力，促进区域经济的发展，只有技术真正实现了市场化并被市场广泛接受后，才能真正成为区域经济发展的重要推动力。长吉图先导区具有丰富的科研资源，但是科技与市场的脱节造成了一部分科技资源的省外转移，未能转化为本省的生产力，另一部分科技资源未能转化而直接浪费了，大大降低了技术创新的积极性。技术创新在完成技术鉴定和技术实现市场化之间，还要经历一个物化和熟化的过程，而这个过程需要在中试基地内完成。同时，技术在市场化之前要通过中试产品的试销，把握市场需求的数量和要求，进行合理的市场定位，确定合理的市场价格及生产规模。

目前，长吉图先导区内中试基地一般由具有一定实力的企业、科研院所自行建设，自行使用。中小企业一方面迫于生存的需要，要进行科技成果转化，另一方面却没有足够的资金建设中试基地，所以往往略过此环节直接完成市场化运作，这在很大程度上加大了技术成果转化的风险。科技园区作为战略性新兴产业发展的载体，目前对技术创新和技术市场化两个领域都已经获得了足够的重视，而中试环节却未能引起足够的重视。实际上，针对于科技园区内拟发展的战略性新兴产业的特点建设中试基地是十分重要的工作。科技园区根据产业布局为需要技术成果转化的产业建立中试基地是符合经济规律的行为。由于属于同一产业的企业的技术具有较为雷同的特性，其物化和熟化的过程也比较相似。那么一个中试基地可以同时被多家企业共同使用，是一种符合经济规律的行为。一方面中小企业降低了技术转化风险；另一方面政府可以通过收取一定费用的方式逐步回收资金，属于一种双赢的行为。同时，中试基地的建设还有利于提高科技园区内技术成果转化的成功率，提高科技园区的公共服务水平。此外，建设中试基地不一定要政府投资，政府要注重统筹规划，多方融资，市场化运作，吸引企业或科研院所加盟，一方面可以缓解政府财政紧张的局面；另一方面可以鼓励科技园区公共服务的企业化运作。

第九章　依托科技园区培育长吉图先导区战略性新兴产业带的对策建议

基于产业集群在我国的发展现状，为了支持和促进产业集群的发展，吉林省政府可以从以下几个方面采取措施。

一　制定完善的体制机制和配套的法律法规

产业集群的良性发展需要政府制定相应的政策与制度的支持，因此在整个发展过程中，政府要履行其职责，发挥最为基本的作用。

第一，政府要制定促进产业集群良性发展的规则制度，并为规则制度的顺利实施保驾护航；针对发展过程中所碰到的问题，要制定相应的法律法规，从而保证经济在市场条件下的正常平稳运行。随着时代的发展，政府的观念也在转变，不断鼓励基础性的研究，积极制定并实施相应的法律法规，保证市场竞争的公平性，针对企业制定相关的政策法规，建立自由企业制度，激发企业活力，将创新应用到产业集群的方方面面。在创新活动中，政府较多地起到引导的作用，一般可以通过政策、法律等较为宏观的层面来作用创新活动。更多地促进产学研结合，如支持企业与高等院校的合作创新，保护创新成果，多种手段促进创新成果的商业化。

第二，重视中小企业的发展，培育以中小企业为核心的产业集群，同时，要建立保护中小企业发展的法律法规，支持中小企业的良性发展。当前的市场经济需要法律法规的支持与维护。一直以来，我国都没有一部以中小企业为对象的促进法，政府的管理往往找不到依据。2003年正式实施的《中华人民共和国中小企业促进法》可以说是中小企业发展历程中的里程碑，从此以后，政府不但可以有"法"可依，还可以最大限度地促进中小企业的发展，保护它们的合法权益并规范它们的行为。

通过法律法规来规范中小企业的发展，不仅可以解决作为市场主体时所产生的司法问题，还可以由宏观层面对进行扶持、帮助，保护处于市场竞争中的弱势群体。因此，该手段又可以体现在市场经济中国家的民主、正义、保护弱者等积极向上的"正能量"。在法律法规允许的范围内，营造公开、公正、公平的市场竞争氛围，引导发展方向，扶持中小企业快速良好的发展。我国要完善中小企业基本法，让中小企业的生存与发展等成长问题有"法"可依，快速发展。

第九章　依托科技园区培育长吉图先导区战略性新兴产业带的对策建议

通过研究西方发达国家对中小企业所实施的各种政策后发现，在现代国际经济中，发达国家非常重视法律法规对中小企业的扶持与帮助，均针对中小企业的发展立法，同时，还通过政府声明或其他援助对中小企业实施相应的扶持政策。综观世界各国针对中小企业的法律法规，我们可将其分为三个层次：一是反对垄断的法律，如美国于1890年颁布的《谢尔曼反托拉斯法》（Sherman Antitrust Act）及1941年颁布的《反托拉斯法》（Antitrust laws）；日本于1947年颁布的《关于禁止私人垄断和确保公正交易的法律》；还有双边国际条约中也包括了大量的反垄断条款，如《罗马条约》《日内瓦国际贸易规则》等。二是保护中小企业的法律，如美国的《小企业促进法》，它是1890年《谢尔曼反托拉斯法》开始的同情独立企业的漫长立法史的重要里程碑，此外，还有《机会均等法》。日本有《中小企业基本法》《中小企业厅设置法》。韩国有《中小企业基本法》《中小企业振兴法》《中小企业协同法》；德国于1957年颁布的《反限制竞争法》。三是专业性、区域性或行业性的法律法规，如美国于1982年颁布的《中小企业技术创新开发法》；日本的《中小企业金融公库法》《国民金融公库法》《工商组合中央金库法》《中小企业现代化资金助成法》等。

我国现在也有较多保护中小企业生存与发展的法律法规，如《中华人民共和国中小企业促进法》，这是中小企业发展的基本法之一，其次还有《反不正当竞争法》《知识产权法》《公司法》等相关的法律法规，而国家也较多地发布了很多保护中小企业发展的政策意见，如《关于中小企业金融担保行业管理办法》《关于中小企业质量工作的意见》《关于加强中小企业信用管理的意见》等。这些意见都从不同角度、不同层面对中小企业的发展发挥着重要的作用。综观上述法律法规，明显发现其中存在的诸多不足，如对中小企业所有权益的保护力度较小，许多法规都是没有明确立法，而是政策性地下发文件，故其效力不高，且涉及范围较小，整体性、系统性较差，同时某些条款与WTO的基本规则和精神有出入，需要再做一定的调整。因此，我国要针对中小企业的发展建立完善的体制机制和法律法规，需要借鉴发达国家的成熟经验。从国家层面制定和颁布保护和支持中小企业发展的法律法规，以WTO的基本条款为基础，剔除与WTO基本规则和精神有出入的法律法规，建立自由的市场经济机制和自由企业制度，营造良好的投资氛围，提高中小企业的法律保障质量。

构建良性的创新机制。完善体制机制，确保长吉图先导区创新集群可持续发展。我们需要对创新集群进行有目的和有意识的培养，它是一种新的组织方式，只有这样才能维护其良性的创新涌现。首先，吉林省应该吸取西方的先进的创新集群成功经验，以便建设成良性发展的长吉图先导区创新集群的体质。其次，吉林省应该目光高远，借助长吉图先导区当前的各种优势产业和完善的基础设施，来规划长吉图先导区创新集群发展的技术方向，充分发挥各方的积极性，由此实现长吉图先导区创新集群的跨越式发展，充分发挥吉林省的创新优势。完善现有的信用、金融、知识产权等体系制度，加强创新集群内各创新主体关于信用、金融、知识产权等方面的观念及意识，从而形成有关信用体系、金融体系、知识产权保护制度等的法律法规，政府也根据相应的法律法规建设其相应的监督管理的组织形式，明确创新集群内的创新主体在进行创新活动过程中的需求可以与政府部门直接对接，同时可以快速简捷地解决需求及问题。创新集群内不同的创新主体有着不同的需求，而随着社会的进步与发展，越来越多的主体对产权及利益的分配方式的观点有所转变，加强知识产权保护也越来越深入人心，因此，在现有法律法规的基础上，继续巩固知识产权保护法的地位，完善保护法的内容及形式，同时加强对知识产权法的宣传，从而使知识产权保护法更好地运用在日常的生产生活中。建立创新网络风险预警机制。由于创新的不确定性，创新集群的创新活动往往会遇到风险，为了规避这种风险吉林省政府应该对长吉图先导区创新集群在创新活动过程中所有的数据及参数进行有效的对比及监管，预防风险的出现，并且完善参数阈值，同时实时献策长吉图先导区创新集群动态变化中的复杂网络结构，然后具体评估集群创新能力和创新绩效。当创新集群的网络结构相关的参数超过了警戒线时，那么政府就应该进行相关的政府干预措施，从而实现长吉图先导区创新集群的良性发展。

二 优化创新集群发展环境

当前，长吉图先导区环境改进仍有待提升。针对当前我国创新集群的形成与发展过程，我国政府必须担负起引导的作用，因为在市场经济条件下通过自组织形式形成创新集群的过程不仅需要较长的时间，还需要较多的创新资源，而我国现在还不具备自组织形成的环境。近几年，政府尝试了较多种提升长吉图先导区创业环境的方式方法，不但规划了基础设施的建设，还更进一步完善了配套环境，为企业在创新环境方面的发展给予了实质性的支持。虽然有一定比例的企业对长吉图先导区当地政府的工作与努力在一定程度上给予了肯定，但进一步完善相关的政策法规也是非常有必要的。目前，吉林省政府较为重视对外的招商引资，特别是对跨国公司和大企业的引进，因此，长吉图先导区整个集群对发展自己核心竞争力的意识较为淡薄，更多地依赖迁入企业的外溢。集群内具有创新能力及核心竞争力的中小企业得不到相应的重视，从而阻碍了中小企业的创新发展。同时，由于政府相关政策的落实情况较不理想，所以大多数中小企业并没有享受到应有的优惠政策。

政府应该在机构设置、项目审批、基地建设和市场管理方面制定相应的优化与改进措施，完善基础设施的建设，从而达到简化流程、强化服务，为产业集群发展提供良好的创新环境。具体措施有：提升相关部门的工作效能，简化工作流程、降低成本、合理有效地运用网络手段等，从本质上控制外部成本；政府要放宽创业门槛，更多地发挥市场经济条件，开发资源，整合利用资源的作用。针对性地选择重点行业、重点企业，并提供更多的优惠政策，促进重点行业及企业的发展，制定及实施相应的帮扶政策，更多地让利于企业，为创新集群内的中小企业提供相关的金融融资服务，并为专业及技术人员提供基础的生活环境，所需的生活设施、工作环境、教育环境等，从而为他们在此集中办企业创造良好的条件。

营造有利于创新创业的环境，强化各主体的创新动力。为长吉图先导区创新集群能得以良好发展提供硬件和软件方面的支撑。所谓硬件条件指的是交通、通信、相应的生活设施（水、电、暖、气等）、网络等基础设施的建设。软件条件指的是市场、政策、人文、教育、娱乐等生产生活环境。完善公信体系，减少网络交易成本，提高积累社会资本的能力。以创新集群的市场需求为基本点，进一步完善更加有助于企业创新和发展的环境。

在制定相关的政策方面，政府要在了解长吉图先导区所在的区域特点的基础之上，制定具有区域特点并适合区域发展的政策方针，充分考虑政策应有的公平性。加强践行长吉图先导区方针，推动长吉图先导区创新平台的发展，优化集群内现有的业务流程，创新工作方法，集中优化创新资源。在制定政策的同时，大胆起用试验性政策，如对科技创新成果的所有权及其收益权进行改革；对企业内部进行股权重新分配，从而激励创新发展；优惠重点行业及企业的税收等具有创新性的政策改革。营造一个适宜创新的机制与环境，从而不断进行创新创业活动，允许失败的发生，重新营造集群内对失败者及失败的包容的环境氛围，促进产学研在创新活动上的融合，构造集群内的创新网络，制定有利于行业及企业发展的优惠政策，让利于企业，有效落实政策，简化政策落实的步骤，减少企业与政府的冲突，让中小企业投放更多的精力进行研发。同时，对集群内的资本市场进行调整，优化税收环境，从而保障企业的可持续发展。

三 构建区域创新网络系统

构建区域创新网络系统，即在区域内企业之间，以及企业与科研机构和政府之间长期合作的基础上建立稳定的合作关系。产业集群，"集"是网络构建的过程，"群"是网络构建的结果；"集群"是对表象的概括，"结网"才是本质目的。产业集群实质上更像一张"网"，或者类似于一个生态系统。龙头企业与配套企业、企业与科研机构、企业与政府组织都按照一定的分工协作关系在网络系统中不断运作，网络结构纷繁复杂，网络节点也在不断变化。因此，把握网络系统的基本架构与发展方向才是政府在产业集群发展中发挥作用的基点。

第一，提高资源配置效率，培育扶持龙头企业。在集群中中小企业发展到一定数量和水平时，必须培育扶持龙头企业，充分发挥龙头企业的带动作用。从表面上看，这样的做法不利于规模较小的中小企业的发展，但在资源有限的条件下，必须先使一部分基础雄厚、具有潜力的企业壮大起来，再发挥其对中小企业的带动作用。龙头企业、规模企业、骨干企业、品牌企业是产业集群网络系统中的关键节点，只有把有限的创新资源选择性地向它们倾斜，才能不断壮大节点实力，延伸拓展产业链条，创造出更多的相关行业配套需求，进而带动中小企业的发展。

第二，创造产业环境，协调分工合作。合理的分工与紧密的合作是产业集群存在的价值，协同创新是产业集群内主体不断发展的根本动力。产业集群的核心竞争力主要源于劳动力等初级生产要素低廉的成本。粗放的分工、低效的合作及平淡的创新氛围是阻碍产业集群发展的主要因素。因此，政府一方面要将引导产业集群发展的工作重点放在提高产业集群的空间集中度、产业集中度和行业集中度上，关注集群内各产业之间关联程度的提高；另一方面政府要采用适当的措施提高集群中企业家、管理者及技术人员乃至企业工人的素质水平，引导企业在发展战略、制度文化、科学技术等多方面实现创新提升，形成产业集群的特色及持久的核心竞争力。

第三，构建良好的创新环境，促进集群中创新主体发挥协同效应。政府的主要职责是建立适合当地创业和创新的体制环境，组建相关的非正式的职能部门为产业集群发展提供便利条件，在企业和各类机构之间建立稳定的合作关系，进而提高产业集群的整体优势。具体而言，地方政府应致力于体制创新、区位政策创新、专业市场建设、信用体系建设、区域营销协会组建，技术中心等长吉图服务机构的构建。具体服务项目包括：鼓励建立创业企业咨询公司，帮助企业解决在发展战略、企业结构和运作及人才评价等方面的问题；鼓励设立律师事务所和资产评估事务所等组织，为长吉图先导区内产业集群中的相关企业提供适当的服务；通过集会、俱乐部、研讨会等多种方式，促进证券公司、风险投资商与企业的沟通交流，为企业提供资金服务；举办商品博览会和商贸交易会，以提高企业和产品的对外影响力和市场知名度，实施区域整体营销策略，创建区域性的知名品牌，开发交易市场，扩大市场规模。

第四，调整网络结构，优化网络节点。适当调整网络结构，降低长吉图先导区创新集群风险。由于长吉图先导区创新集群网络具有较短的平均路径、不均匀的分布和较高的聚集系数，整个网络呈现出小世界效应、无标度特征及群落特性。一方面，有利于长吉图先导区创新集群在更广泛的范围内、通过更短的传递路径而有效整合创新资源，提高资源的利用效率和创新能力；另一方面，

第九章 依托科技园区培育长吉图先导区战略性新兴产业带的对策建议

网络结构也容易形成路径依赖，导致创新锁定和创新惰性，从而限制了集群创新能力和发展潜力，因此需要对集群网络结构进行调整，以降低集群风险。

将分散的创新性资源和社会资源相连接，从而使整个集群体系抵抗风险的能力得到提高。通过引入良性竞争机制从而达到降低创新集群体系的风险性，通过减少体系内所有节点的资源和网络联系，来降低整个体系中各个网络节点度的不均匀程度。建立或发展拥有创新能力和经济能力的网络节点，为创新集群体系的远期发展提供保障，引导原有核心主体不断增强其创新能力以保持其领先地位，通过筛选、竞争将创新能力不足的网络节点淘汰掉，从而将集群的整体竞争能力提升上去。

引导长吉图先导区创新集群与国内外其他企业建立稳定的联系，增强它们之间的沟通与联系，从而降低集群体系内部网络各节点之间的锁定效应。群落特征是长吉图先导区创新集群网络的主要特征，且体系内部群落间聚集程度较高，而对网络内部各主体相互间的高度依赖性，使得集群内部与集群外企业之间的沟通与合作出现了障碍。这影响了集群创新能力的发展，同时对体系的产业创新氛围与产出效率造成了影响，而要消除集群群落内部网络各个节点间的锁定效应，最为关键的是构建一个开放的、包容的创新集群综合网络。紧密长吉图先导区创新体系与国内外其他地区集群的联系，把握创新发展的最新信息和发展方向。与此同时，吸引更多具有创新能力的群落参与到体系中，从而提高整个体系的创新能力。

目前，吉林省长吉图先导区的网络中的创新源节点的类型、数目和规模急需提高和完善。在集群创新网络中，形成各种各样的网络节点类型，其中含有企业、高校、科研院所、政府、长吉图先导区组织等，其中企业、高校和科研院所属于创新源的网络节点。其中，网络节点中最主要的是高校、科研院所和大型企业。网络中的旁支节点由数目众多的中小企业组成。每种节点含有不同的资源与作用，以企业的角度来看待，创新集群内成员存在着技术能力差异性，绝大多数中小企业缺乏自我创新能力的问题，主要借鉴于他人创新模式，这使得许多产品大量重复，不能很好地满足市场需要，这种对创新消极的态度在体系中传播，会导致整个集群的风险持续增加。同时，中小企业面临着较高的市场开发成本，面临的市场风险较大。

完善网络节点，改善集散节点与非集散节点的形式。网络中节点的组成与结构的完善，是为了让不同形式的节点在数目上得以协调，并使网络中集散节点与非集散节点的数目相符，整个网络中主体之间的组成更加完善。如果各不相同的网络节点能够形成良好的互动与选择机制，那么网络就可以达到一种动态平衡的状态，推动集群网络的健康与可持续的发展，提高创新思维。长吉图先导区创新集群内的中小企业仍具有同质化倾向，因此应强化主体的自主创新意识，建立起优胜劣汰的选择机制，引导和扶持具有成长力、创新潜力的企业快速发展，推动整个网络的创新能力的提升。

第五，充分发挥中介组织作用，推动中介机构发展。政府的政策措施和制度安排对于集群中节点之间的联系有着重要的影响，中介机构在集群创建发展过程中，起着承上启下的桥梁与纽带作用。一方面，中介机构能够为企业提供专业化的管理咨询，帮助企业了解市场形势，获得投资机会；另一方面，中介机构掌握高等院校及科研院所的创新资源与技术优势，帮助企业与高校、科研院所建立需求对接，实现科技成果的转移转化。推动中介结构发展，完善中介机构服务功能，应重点从以下几方面入手：第一，要努力推动金融机构的快速发展，为创新集群的建设和各类创新活动的开展提供强有力的资金支持。第二，完善创新各个环节中中介机构的服务职能，搭建有利于企业与高校及科研院所之间进行有效信息沟通、技术交流和成果转化的平台。第三，强化中介机构开发技术市场和加速成果转化的功能，促进集群内的创新主体有效实现科技成果转化、获取创新利润进而缩短创新周期。

第六，强化集群内各主体的结网意识，有效实现官产学研金的真正结合。受传统思想文化束缚和保守的心理影响，大多数企业满足于现有的技术产品，对于开展外部合作创新具有一定的排斥心理，导致集群内各创新主体之间的合作意识较为淡薄，创新网络仍需进一步完善。因此，政府应发挥作用，提高各类创新活动参与主体之间的合作意识，加强不同主体之间的交流与合作，强化集群内各主体的结网意识，有效实现官产学研金的真正结合，推动创新集群的形成和发展。

四 依托园区推动产业发展

要有效依托产业园区，加快促进长吉图先导区战略性新兴产业带形成与发展。首先，政府应集中资源优先建设完善重点科技园区的基础设施和辅助设施，降低产业发展成本。同时，要不断提升服务水平，建立重大项目协调服务绿色通道，招商、税务、人保等相关部门在园区服务中心集中办公。不断优化领导挂点重大项目制度，完善项目推进调度服务机制，积极协调企业在生产经营中的用水、用电、用气、用工、资金等各种问题，确保企业正常顺利生产。

其次，强化招商引资，引导和吸引大企业落户园区。采取"以商招商"的方式实现优势产业聚集。以投资商需求为所有工作的出发点，把招商引资作为园区建设的"生命线"，加大产业链招商、以商招商、园区招商、联合招商力度，实行企业自主招商和委托代理招商相结合，项目招商和以商引商相结合，新项目招商与已落户项目增资扩产相结合的办法，充分发挥各方面的积极要素和作用，推进招商引资机制创新、方式创新，提高招商引资水平，形成战略性新兴产业聚集发展的效应。同时，在大型核心企业缺乏的情况下，政府应紧盯行业龙头骨干企业，积极引进战略合作伙伴，积极创建条件吸引大企业落户园区，引进实施一批能有效带动结构调整和产业升级的好项目，不断延伸产业链，增加附加值，形成新的强大生产能力。

最后，设立科技园区战略性新兴产业协作与发展基金。长吉图先导区内依托科技园区选择培育的战略性新兴产业有相似的情况，然而每个区域从自身发展的角度考虑，难免会保护和限制资源及要素自由流动，不利于区域协作和长吉图先导区战略性新兴产业带的形成与发展，在现有的体制下，难以形成有效的产业链分工协作关系。因此，借鉴欧盟一体化和美国田纳西河流域合作开发中的成功经验，设立吉林省长吉图先导区战略性新兴产业协作与发展基金，主要对跨市域产业合作中利益受损或较少获利的地区给予补贴，为跨市域合作研发项目提供融资功能，对长吉图先导区战略性新兴产业具有牵动性的重大基础设施建设项目提供配套资金支持等，从而推动各地加强协作，依托科技园区合力打造长吉图先导区战略性新兴产业带。

五 培育区域诚信文化

在全球经济一体化的时代，人已由独立的自然人变为社会人，同样的，组织也成为社会组织。在现代市场经济的条件下，促进人与人、人与组织、组织与组织之间持久交往的根本就是它们之间建立起来的诚信文化。在我国，由于市场经济体制的高速发展和信用体制建设的相对落后，使得一些企业乘机获利，造成信用缺失的恶性循环。这同时也造成了长吉图先导区科技园区内企业间联系的缺乏，从而使科技园区的集聚效应未能很好地发挥。因此，吉林省应借着市场经济的不断完善和社会对诚信文化的需求意识不断提高之机，大力加强吉林省的诚信文化建设，完善社会信用体制。

1. 提升政府本身的诚信水平

政府是规范社会行为的重要保证，因此政府信用是社会信用的核心组成部分，并关系着社会信用体制能否实施及实施效果的重要影响因素。由于文化建设工作本身是自上而下发展的过程，所以吉林省政府在实施培育区域诚信文化建设举措之前，首先要规范政府自身的行为，提高吉林省政府在社会中的信用度。首先，吉林省政府要积极转变政府角色，加强政府的服务水平和执政能力，提升行政人员的业务素质能力，避免施政能力或执行能力差而导致的政府失信行为。其次，加强行政人员的诚信文化教育工作，不断强化其诚信意识，牢固树立执政为民的思想，培养良好的职业道德和职业操守，并把行政人员的信用评价作为考核的重要内容。最后，吉林省政府要建立政务信息公开制度，对于涉及群众利益的各种决策，如各种收费等现象，一定要接受群众的意见和监督，提高政策的透明度，实施民主化、制度化和透明化的管理体制，增强政府的信用度。

2. 建立健全社会诚信评价体制

吉林省应积极建立覆盖全社会的信用记录和监督制度，以个人信用体制的不断完善为依托，不断建立和健全组织的信用档案，对组织的信用状况实行跟踪登记和实时监督，并对组织的信用状况进行周期性的评价，并对其信用信息向社会公开，接受社会的监督。对于缺乏诚信的社会组织给予不同程度的处罚。为了调动起整个社会对诚信文化建设的重视程度，政府应当大力推动非政府组织在诚信文化建设中的作用：一方面加强了社会各界对组织诚信建设的参与，便于诚信文化的建立；另一方面避免了政府权力带来的寻租等腐败现象，并同时减轻了政府的负担。

3. 完善诚信文化建设的法律体系

由于诚信文化的建设涉及社会生活的方方面面，为了更好地培育吉林省的诚信文化，使其能够更加制度化和规范化，就需要吉林省政府不断加强和完善相应的法律和法规。首先，政府要通过法律法规来约束市场的失信行为。市场经济下的违规失信行为，大多是体制不健全和法律不健全造成的。吉林省政府应对市场加大监管力度，对组织在市场内的行为进行严格的规定，以确保市场的有序进行，避免违规失信行为的发生。其次，政府要通过法律法规来营造一个公平诚信的市场外部环境。市场是处在社会大系统下的一个子系统，社会系统的诚信文化将直接影响市场信用体系的发挥。依靠健全的法律法规体系规范社会行为，引导加强社会组织诚信文化意识的建立。

4. 加强诚信文化的社会监督功能

诚信文化的建设不是仅仅依靠政府和企业的力量就可以建立并良性运转的，它要在最广的范围充分利用社会各界的力量才能实现。因此，社会大众的监督对于诚信文化的建立和信用机制的实施起到重要的作用。首先，要充分利用大众传媒的舆论影响和监督作用。通过舆论的引导力量，在社会范围内树立诚信意识，曝光政府和组织的失信行为，倡导诚信的社会风尚。同时，要充分利用社会中介组织等第三方组织的辅助和监督作用。一方面，社会中介组织可以作为信用信息收集、信用数据处理、信用机制评价等主要的实施者，成为辅助政府建立信用体制的重要社会力量，充分利用其组织资源，为诚信文化的建设和宣传贡献力量。另一方面，社会中介组织可以作为信用体制的主要监督者。通过社会化的信用监督机制，采取市场化的运作模式，依托法律法规的保障，有效地实施信用的监督作用。

综上所述，诚信文化的建立是社会组织交往的最根本的保障。吉林省政府应积极培育区域诚信文化，从根本上加强企业间交往的可能，为长吉图先导区科技园区战略性新兴产业带的发展提供有力的文化保证，并逐步加强科技园区内企业间的交往和合作，达到集聚和协同的效果。

六 重视人力资源开发

战略性新兴产业所需的人才结构要高于传统产业，对于高技术人才的需求明显加大。而高技术人才一直是战略性新兴产业在国内、国际竞争中的重要稀缺资源。目前，吉林省一方面处于经济发展的转轨时期，尤其注重战略性新兴产业的发展，对高技术人才具有较大的需求；另一方面吉林省的经济发展仍处在较为落后的水平，缺乏吸引人才的经济、社会和人文环境，人才引进困难，人才流失严重。面对现实与需求的重大矛盾，吉林省需要进一步解放思想，实施创新的人才战略，促进吉林省战略性新兴产业的发展。

一是推行灵活的人力资源使用机制。针对吉林省在人才引进中存在的困难，政府应该创新性地实行多种用人机制，充分利用现有的人才资源，最大限度地挖掘现有人才的使用效率。首先，吉林省政府应当鼓励企业加大与科研院所的合作力度，实施灵活性的人才聘任制度，采用合作科研、提供咨询等方式，将科研院所中的优秀人才引入到企业中来，为企业服务。其次，以项目、技术等形式为依托，将国内发达地区和国外优秀人才的智力成果引入到吉林省。吉林省政府应鼓励企业积极地同发达地区和国外的企业和科研院所合作，将其优秀的智力资源引入到吉林省，弥补吉林省人才资源不足的现状。最后，充分利用人力资源中介组织的作用。在吉林省范围内大力培养人才中介组织，发挥中介组织在人才引进、培训等方面的作用，帮助企业解决人才短缺的问题。

二是建立完善的人力资源激励机制。吉林省政府和企业应当通过有效的人才激励政策，留住吉林省的高技术人才资源，避免人才流失问题的发生。首先，吉林省政府应该进一步加强科技创新的支持力度，鼓励企业加大研发投入，为人才提供良好的发展空间和发展环境。并且，吉林省政府要进一步加大人才开发的财政投入，增加培训资源开发的投入，加强人才培训的支持力度，为高技术人才提供良好的自我升值空间。其次，吉林省政府应鼓励和培养企业建立先进的收入分配机制。通过技术入股、项目入股等方式吸引并留住高端技术和管理人才，并通过激励性的报酬机制，鼓励高技术人才充分发挥其才智。最后，吉林省政府和企业要为高技术人才打造良好生活环境。

参考文献

敖永春，金霞.2012.基于产业选择理论的战略性新兴产业研究.企业活力，(5)：5-8.
敖永春，金霞.2012.区域战略性新兴产业选择基准和方法研究——以重庆市工业行业为例.科技管理研究，(17)：121-124.
蔡宁，杨闩柱.2003.基于企业集群的工业园区发展研究.中国农村经济，(1)：53-59.
曹海华.2011.长吉图开发开放先导区产业集聚与吉林省经济发展关系研究.吉林财经大学研究生学位论文.
车松虎.2010.长春市产业布局演变研究.吉林大学研究生学位论文.
陈刚.2004.新兴产业形成与发展的机理探析.理论导刊，(02)：40-42.
陈弘.2009.现代中药产业集群模式与发展研究.中南大学研究生学位论文.
陈秀珍.2013.战略性新兴产业的发展条件.北京：中国经济出版社.
陈矗.2010.培育和发展战略性新兴产业的现实背景和战略意义.学习月刊，(19)研究生学位论文.
程桔华.2012.中关村翠湖科技园：高端产业加速器.中关村，(5)：20-25.
程宇，肖文涛.2012.地方政府竞争背景下的战略性新兴产业选择.福建论坛（人文社会科学版），(02)：30-35.
程智坚.2011-11-26."奢岭品牌"的集聚效应.吉林日报，6版.
狄乾斌，周乐萍.2011.中国战略性新兴产业培育与发展路径探讨.经济与管理，(07).
2003.东北区域创新集群建设.高科技与产业化，(1)：24-26.
董微微.2013.基于复杂网络的创新集群形成与发展机理研究.吉林大学研究生学位论文.
窦虎.2007.基于产业集群的政府角色研究.山东大学研究生学位论文.
杜丹，李奎.2011.广东发展战略性新兴产业的政策选择.特区经济，(02).
范思立.2008-12-25."长东北"战略支撑长春振兴.中国经济时报，6版.
2013-07-10.风化八年写下中国汽车工业史上浓墨重彩的一笔.长春日报，13版.
付广军.2011.税收与战略性新兴产业.北京：中国市场出版社.
傅翠晓.2012.基于技术路线图的新兴产业发展战略制定研究——以上海机器人产业为例.创新科技，(11)：29-31.

傅培瑜. 2010. 我国战略性新兴产业发展的研究. 东北财经大学研究生学位论文.
高兴. 牛津科学园. http://www.techcn.com.cn/index.php?doc-view-141360 [2010-01-24].
龚惠群, 黄超, 王永顺. 2011. 战略性新兴产业的成长规律、培育经验及启示//《科技进步与对策》学术年会 (2011) "军民融合发展论坛"论文集: 84-87.
顾海峰. 2011. 战略性新兴产业培育、升级与金融支持. 改革, (02).
关伟. 2007. 产业带的研究进展与展望. 地理教育, (06).
官锡强. 发展产业集群与实施工业兴桂战略//《实施工业兴桂战略加快构建和谐广西》论文集: 62-68.
郭晓娟. 2006. 加强孵化器功能促进专利产业化——英国牛津大学科技园的成功之道. 中国高校科技与产业化, (Z1): 62-64.
2010. 国内要闻. 信息通信, (5): 4-6.
海波. 2013-04-25. 不辱使命埋头苦干握沙成团率先发展. 吉林日报, 6版.
郝凤霞. 2011. 本土市场驱动下的战略性新兴产业成长路径分析. 同济大学经管学院研究生学位论文.
郝明丽. 2011. 区域战略性新兴产业选择评价研究. 华北水利水电学院学报 (社科版), (04): 91-93.
郝明丽. 2012. 河南省战略性新兴产业选择研究. 郑州大学硕士学位论文.
何淳宽. 2000. 中小企业技术创新的特点与模式. 国际技术经济研究, (3): 38-45.
何加群. 2013. 中国战略性新兴产业研究与发展. 北京: 机械工业出版社.
何佳颖. 2009. 东西部合作视角下甘肃省产业园区发展研究. 西北师范大学研究生学位论文.
贺正楚, 张训, 陈文俊, 等. 2013. 战略性新兴产业的产业选择问题研究. 湖南大学学报 (社会科学版), (01): 63-68.
侯志茹. 2007. 东北地区产业集群发展动力机制研究. 东北师范大学研究生学位论文.
胡海峰, 孙飞. 2010. 我国战略性新兴产业培育中的金融支持体系研究. 新视野, (06).
胡宇辰, 吴群. 2004. 基于产业集群发展的政府职能分析. 经济问题探索, (11): 19-22.
黄海霞. 2010. 全球战略性新兴产业攻略. 瞭望, (09): 13-15.
纪衍茜. 2011. 政府在战略性新兴产业培育与发展过程中的作用研究. 东北财经大学硕士/博士学位论文.
2011. 技术立国战略的典范——日本筑波科学城. 杭州科技, (5): 58, 59.
贾建锋, 运丽梅, 单翔, 等. 2011. 发展战略性新兴产业的经验与对策建议. 东北大学工商管理学院研究生学位论文.
矫艳萍. 2012. 集群视角下新兴产业发展对策研究. 吉林大学研究生学位论文.
2012-12-04. 净月国家高新区全力打造创新型生态城. 长春日报, 10版.
2011. 科学规划发展的杰作——台湾新竹科技园. 杭州科技, (5): 60-62.
匡吉伟, 司马岩, 苏日, 等. 2006-09-11. 新竹园区面临发展尴尬"台湾硅谷"逐渐褪色. 中国高新技术产业导报, A08.
老关. 机构解读国务院关于发展新兴产业的决定. http://blog.sina.com.cn/s/blog_65406a370100m9ih.html [2010-10-19].
黎春秋. 2011. 县域战略性新兴产业选择与培育研究. 中南大学研究生学位论文.

李爱香，陈峰.2012.基于需求拉动战略性新兴产业培育机制研究——以嘉兴市为例.中国商贸，(05).

李北伟，董微微.2013.创新集群研究进展与未来展望.技术经济与管理研究，(7)：36-41.

李博.2011-09-20.突围地缘经济：长吉图的东北亚出路.21世纪经济报道，7版.

李晖.2008.产业集群区域品牌形成关键要素分析及其建设途径研究.吉林大学研究生学位论文.

李娟，熊飞，程军，等.2010.加快中关村科技园区建设的建议——以丰台科技园区为例.科技管理研究，(7)：68-70.

李丽.2011.我省沿边开放与"哈大齐"、"长吉图"对接与互动战略研究.黑龙江大学研究生学位论文.

李栎.2009.技术路线图的发展与应用分析.图书与情报，(3)：8-13.

李强，郑江淮.2011.我国战略性新兴产业的选择——基于突破性技术创新的视角.创新，(06)：49-54，127.

李天舒，张天维.2010.战略性新兴产业的领域选择和政策取向.特区经济，(10)研究生学位论文.

李泽聿.2012.国际视野下我国战略性新兴产业技术联盟发展模式的选择研究.东华大学硕士学位论文.

李竹兵.2012.国内战略性新兴产业发展比较及对天津的启示.天津师范大学津沽学院研究生学位论文.

梁晨.2013.创新集群知识资源配置模式研究.吉林大学研究生学位论文.

刘富铀.2003.企业技术创新的投入、收益与激励研究.天津大学研究生学位论文.

刘洪昌.2011.中国战略性新兴产业的选择原则及培育政策取向研究.科学学与科学技术管理，(3)：87-92.

刘洪昌，武博.2010.战略性新兴产业的选择原则及培育政策取向.现代经济探讨，(10)：56-59.

刘华.2012.对培育发展战略性新兴产业相关问题的探讨.苏州科技学院学报（社会科学版），(02)：23-25.

刘杰，陈海军.2011.适应长吉一体化发展推进十大功能区建设.新长征，(12)：28-30.

刘若霞，黄寰，朱文翅，等.2012.论以战略性新兴产业培育区域先导产业.天府新论，(03).

刘旭旭.2011.区域战略性新兴产业选择理论与方法研究.辽宁大学硕士学位论文.

刘艳，刘东.2002.关于发展南京产业集群的研究.南京社会科学，(S1)：147-152.

马建会.2007.产业集群成长机理研究.暨南大学研究生学位论文.

孟凡明，郭琳.2012-11-06.热烈庆祝长春西新国家经济技术开发区正式更名为长春汽车国家经济技术开发区.长春日报，6版.

苗立峰.2013.战略性新兴产业培育和发展中的商业模式.科技智囊，(08).

那丹丹.2011.黑龙江省培育和发展战略性新兴产业研究.黑龙江对外经贸，(11).

宁维.2009."长吉图"上升为国家战略将成沿边开发开放示范.经济视角（上），(12)：4，5.

牛立超. 2011. 战略性新兴产业发展与演进研究. 首都经济贸易大学博士学位论文.
欧阳佳妮. 2011. 基于生态学视角的战略性新兴产业选择——以武汉城市圈为例. 湖北大学学报（哲学社会科学版），（01）: 77-83.
欧阳峣，生延超. 2010. 战略性新兴产业研究述评. 湖南社会科学，（05）.
潘成云. 2001. 产业生命周期规律、异化及其影响——以我国高新技术产业为例. 扬州大学学报（人文社会科学版），（5）: 73-76.
祁明军. 2012. 高科技园区建设发展的问题及对策——以海淀北部园区建设发展为例. 当代经济，（15）: 15-17.
覃世利. 2013. 重庆战略性新兴产业培育策略研究. 西南大学硕士学位论文.
单欣. 2012-03-09. 凭借东北亚博览会东风吉林开发区呈现梯度发展新格局. 国际商报，B2版.
沈孟康. 2012. 因子分析法对区域战略性新兴产业选择的实证研究. 企业经济，（09）.
盛洪昌，盛守一. 2011. 长吉图战略性新兴产业培育发展的方向与路径选择. 产业与科技论坛，（10）: 40-42.
宋河发，万劲波，任中保. 2010. 我国战略性新兴产业内涵特征、产业选择与发展政策研究. 科技促进发展，（09）: 7-14.
孙鹏，车闻. 2012-05-11. 强力推进百里车城全面振兴. 长春日报，10版.
孙鹏. 2012-05-06. 全力向世界级汽车产业基地迈进. 长春日报，1版.
汪杰. 2011. 长兴县战略新兴产业选择研究. 浙江工业大学研究生学位论文.
汪军. 2011. 加快培育战略新兴产业推动科学发展新跨越. 发展，（10）.
汪艳红. 2007. 新兴产业的培育与发展研究. 吉林大学硕士学位论文.
王春艳. 2010. 战略性新兴产业发展的国际比较及对我国的启示. 河北大学经济学院研究生学位论文.
王栋. 2013-06-06. 从转变到巨变. 图们江报，1版.
王欢. 2012. 战略性新兴产业成长机理与发展策略研究. 山东财经大学硕士学位论文.
王启章. 2012. 长吉图开发开放先导区建设与东北亚区域合作关系研究. 延边大学研究生学位论文.
王蕊. 2004. 基于知识管理的产业集群研究. 天津大学研究生学位论文.
王淑凤. 2010. 战略性新兴产业发展政策研究. 科技信息，（33）: 274, 275.
王旺兴，李艳. 2003. 产业集群内的知识流动与创新机制. 科技与管理，（3）: 42-44.
王玮. 2006. 区域高新技术型主导产业选择的分析. 同济大学研究生学位论文.
王小野. 《长吉图开发开放先导区规划》8月30日已获批. http://www.bioon.com/organization/shenyang/406524.shtml ［2009-09-01］.
王延伟，张丽娟. 2013. 吉林省战略性新兴产业现状分析与政策建议. 科技管理研究，（7）: 45-47, 59.
王玉梅. 2012. 发展战略新兴产业的问题探讨. 经济研究导刊，（04）: 204-206.
王子阳. 2013-05-10. 珲春出口加工区发展势头良好. 吉林日报，1版.
王祖继. 2010-07-15. 强力拓展战略性新兴产业发展空间. 中国经济导报，C1版.
魏江，魏勇. 2004. 产业集群学习机制多层解析. 中国软科学，（1）: 121-125, 136.

吴德进. 2011. 加快福建战略性新兴产业培育与发展探究. 福建论坛（人文社会科学版），（03）.

吴金猛. 2001. 晋江市中小企业技术创新调查. 厦门大学研究生学位论文.

吴其旺，倪合金. 2011. 安徽培育和发展战略性新兴产业的路径与措施研究. 现代营销（学苑版），（12）：140-143.

吴晓军. 2003. 论地方政府与欠发达地区产业集群成长. 企业经济，（10）：7-9.

吴晓军. 2004. 产业集群与工业园区建设. 江西财经大学研究生学位论文.

吴宣恭. 2002. 企业集群的优势及形成机理. 经济纵横，（11）：2-5.

吴艳. 2012. 基于知识发现的战略性新兴产业识别与布局研究. 长沙理工大学硕士学位论文.

夏云龙. 2011. 我国战略性新兴产业发展模式研究. 上海交通大学硕士学位论文.

相恒波. 2013-02-04. 珲春出口加工区经济指标创历史新高. 延边日报（汉），1版.

肖兴志. 2010. 发展战略、产业升级与战略性新兴产业选择. 财经问题研究，（08）：40-47.

肖兴志. 2011. 中国战略性新兴产业发展战略研究. 经济研究参考，（7）：47-60.

谢国忠，杨松华. 2000. 高科园区展理论探讨. 中外企业文化，（16）：56-60.

谢士杰. 长吉图开放开发研讨会在长春召开（图）. http：//www.chinadaily.com.cn/zgzx/2009-09/03/content_ 8650352.htm ［2009-09-03］.

熊勇清，曾铁铮，李世才. 2012. 战略性新兴产业培育和成长环境：评价模型及应用. 软科学，（08）.

熊勇清. 2013. 战略性新兴产业与传统产业互动耦合发展研究. 北京：经济科学出版社.

徐莉，邓昇. 2011. 战略性新兴产业研究综述. 科技广场，（12）.

许波. 2009. 工业园区建设的研究与评价. 西北师范大学研究生学位论文.

许健. 2013. 大力发展战略新兴产业培育突破跨越发展新优势. 山东经济战略研究，（06）.

杨爱杰. 2008. 高科技产业集群的组织生态研究. 武汉理工大学研究生学位论文.

杨凯淇. 吉林省侨办主任范飞新春贺辞. http：//www.chinanews.com.cn/zgqj/news/2010/02-05/2111715.shtml ［2010-02-05］.

杨明，王灿. 2004-10-16. 丰满开发区：吉林对外开放的一扇窗口. 中国国门时报.

杨志萍. 2012. 长春市高新区外宣材料汉译英翻译及项目报告. 吉林大学研究生学位论文.

叶安宁. 2007. 主导产业选择基准研究. 厦门大学研究生学位论文.

佚名. 我国经济技术开发区的发展特征及动力机制_国民经济论文. http：//www.chinesejy.com/Article/430/472/2006/2006061571531.html.

2010. 意义：得天独厚长吉图，国家方略史无前. 新长征（党版），（1）：9-12.

有缘天空. 各国高科技园区比较研究. http：//blog.sina.com.cn/s/blog_ 51fed4be0100zgh6.html ［2011-11-16］.

袁艳平. 2012. 战略性新兴产业链构建整合研究. 西南财经大学研究生学位论文.

苑广继. 2012. 黑龙江省战略性新兴产业发展问题研究. 东北农业大学硕士学位论文.

张峰，杨建君，黄丽宁. 2012. 战略性新兴产业研究现状评述：一个新的研究框架. 科技管理研究，（05）：18-22，29.

张红辉. 2005. 吉林省产业结构调整与产业集群形成. 东北师范大学研究生学位论文.

张汇楠. 2013. 基于SWOT分析的战略性新兴产业发展研究. 长春理工大学学报（社会科学

版），（1）：74-76.
张慧民．2006．产业集群与工业园区发展的机理与应用．西南财经大学研究生学位论文．
张健民．2012．安徽省战略性新兴产业选择和发展研究．安徽工业大学硕士学位论文．
张强．2011．透视资本市场支持战略性新兴产业培育和发展．财经界，（01）．
张少春．2010．中国战略性新兴产业发展与财政政策．北京：经济科学出版社．
张天维，胡莺．2010．新兴产业的战略性体现、相关问题及对策．学术交流，（07）研究生学位论文．
张玉强．2012．国内战略性新兴产业培育研究的述评．中国科技论坛，（10）．
张玉强．2012．战略性新兴产业培育模式的比较研究．改革与战略，（08）．
赵东波，栾春梅．2007．合作共赢：打造东北对外开发新门户．东北亚论坛，（06）：27-30.
赵刚，程建润，林源园．2010．战略性新兴产业发展的战略问题．科技创新与生产力，（08）研究生学位论文．
赵海东．2006．产业集群的经济效应分析．黑龙江社会科学，（2）：74-76.
赵玲．2011．基于主体功能区划的吉林省城市化机制与路径选择．东北师范大学研究生学位论文．
赵延年．2001-09-03．关于培育和发展战略性新兴产业若干问题的思考//第八届沈阳科学学术年会论文集：1461-1465.
赵艳荣．2011．长吉图开发开放先导区的SWOT分析．吉林省教育学院学报，（1）：92-94.
周春花．2012．济南市战略新兴产业协同发展研究．中国证券期货，（11）．
朱根甲．2002-08-16．"三区"互动昂龙头．中国民族报，第3版．
朱佩娟．2006．快速城市化背景下湖南战略产业研究．湖南师范大学研究生学位论文．
朱勤虎．2006．沿东陇海线产业带发展研究．南京农业大学研究生学位论文．
朱瑞博．2010．中国战略性新兴产业培育及其政策取向．改革，（03）．
庄培章．2003．构建我国中小企业的政府支持体系．华侨大学学报（哲学社会科学版），（1）：48-53.

后 记

当今世界新技术、新产业迅猛发展，孕育着新一轮产业革命，新兴产业正在成为引领未来经济社会发展的重要力量，世界主要国家纷纷调整发展战略，大力培育新兴产业，抢占未来经济科技竞争的制高点。当前，我国正逐步通过宏观引导和统筹规划，明确发展目标、重点方向和主要任务，采取有力措施，强化政策支持，完善体制机制，促进战略性新兴产业快速健康发展。

长吉图先导区拥有吉林省多数优势产业资源，是吉林省改革发展、开发开放的前沿阵地，此区域应抓住这一改革的契机，从战略和全局的高度，科学判断未来需求变化和技术发展趋势，大力培育发展具有吉林省区域特色的战略性新兴产业，加快形成支撑吉林省经济社会可持续发展的支柱性和先导性产业，优化升级产业结构，提高发展质量和效益，进而提升我国在东北亚区域的战略地位。

本书是毛健、李北伟于2011年承担的国家软科学研究计划重大项目——依托科技园区培育发展长吉图新兴产业带的战略与对策研究（2011GXS2D019）的研究成果。全书共分为上下两篇，对依托科技园区发展战略性新兴产业带这一问题进行了较为详细的论述。其中，上篇共四章，主要是对基本概念的界定、对基本理论的阐述和国内外优秀实践的总结和评述；下篇共五章，主要通过对区域的定位、发展目标、产业现状和产业布局等问题的深入把握，为长吉图先导区战略性新兴产业的发展建立备选产业集、选择优先发展产业领域、设计产业发展路径和筹划产业发展模式。全书综合运用宏观经济学、产业经济学等理论，通过实地调研、深入访谈和专家研讨等方法掌握了吉林省省级及以上开发区内新兴产业发展的一手资料，详细了解了吉林省战略性新兴产业发展的具体领域及其技术发展情况，以此为基础绘制了吉林省战略性新兴产业发展的技术路线图，可供政府宏观决策部门、企业高层管理部门、从事区域发展与产业政策研究的部门等相关人员及各界人士阅读。

本书由毛健教授和李北伟教授编著。参加课题研究和本书编著工作的有王树贵、董碧松、富金鑫、张鑫琦、赵玲、肖静、徐越、李晴、刘源、许云帆、陈阳阳、单继民、魏昌龙、王亚、吴腾枫等。

后　记

　　在本书付梓之际，感谢科技部领导对本书研究、出版工作的信任与支持。同时，本研究项目的实施和本书的编著、出版工作得到了吉林省科技厅、吉林省发改委，以及长春市、吉林市和延边朝鲜族自治州各开发区单位领导和工作人员的大力支持，在此一并表示感谢！

　　受笔者时间、精力和学识的限制，书中难免存在一些疏漏和不足之处，恳请读者批评指正！此外，由于区域产业发展速度较快，在撰写本书时，调研所获数据可能已经发生变化，在此敬请读者谅解！

"中国软科学研究丛书"已出版书目

《区域技术标准创新——北京地区实证研究》

《中外合资企业合作冲突防范管理》

《可持续发展中的科技创新——滨海新区实证研究》

《中国汽车产业自主创新战略》

《区域金融可持续发展论——基于制度的视角》

《中国科技力量布局分析与优化》

《促进老龄产业发展的机制和政策》

《政府科技投入与企业 R&D——实证研究与政策选择》

《沿海开放城市信息化带动工业化战略》

《全球化中的技术垄断与技术扩散》

《基因资源知识产权理论》

《跨国公司在华研发——发展、影响及对策研究》

《中国粮食安全发展战略与对策》

《地理信息资源产权研究》

《第四方物流理论与实践》

《西部生态脆弱贫困区优势产业培育》

《中国经济区——经济区空间演化机理及持续发展路径研究》

《研发外包：模式、机理及动态演化》

《中国纺织产业集群的演化理论与实证分析》

《国有森林资源产权制度变迁与改革研究》

《文化创意产业集群发展理论与实践》

《中国失业预警：理论、技术和方法》

《黑龙江省大豆产业发展战略研究》

《中小企业虚拟组织》

《气候变化对中国经济社会可持续发展的影响与应对》

《公共政策的风险评价》

《科技人力资源流动的个体选择与宏观表征》

《大型企业集团创新治理》

《我国小城镇可持续发展研究》

《食品安全法律控制研究》

《中国资源循环利用产业发展研究》

《新兴产业培育与发展研究——以安徽省为例》

《中国矿产地战略储备研究》

《中国经济增长可持续性——基于增长源泉的研究》

《归国留学人员的高技术创业》

《城市能源生态化供应与管理》

《技术对外依存与创新战略》

《高技术服务业创新：模式与案例》

《中外文化创意产业政策研究》

《稳粮增收长效机制研究》

《科技创新系统研究：基于资源型经济转型案例的探讨》

《金融发展促进技术创新研究》

《气象灾害防御体系构建》

《中国城镇居民物质消费水平变化趋势研究（1957—2011）》

《企业环境成本控制与评价研究》
《产品循环再利用运作管理》
《人才集聚的理论分析与实证研究》
《服务创新与服务业的升级发展》
《传统产业转型升级理论与政策研究》
《甘肃省区域创新体系建设》